KB037469

누구의 책임인가?

텔레비전 뉴스 프레임

푸른솔

누구의 책임인가? – 텔레비전 뉴스 프레임

2016년 8월 2일 초판 인쇄
2016년 8월 10일 초판 발행

저자 / 샨토 아이엔가
역자 / 안병규
발행자 / 박흥주
영업부 / 장상진
관리부 / 이수경
발행처 / 도서출판 푸른솔
편집부 / 715-2493
영업부 / 704-2571
팩스 / 3273-4649
디자인 / 여백 커뮤니케이션
주소 / 서울시 마포구 삼개로 20 근신빌딩 별관 302
등록번호 / 제 1-825

값 / 25,000원

ISBN: 978-89-93596-67-0 (93330)

IS ANYONE RESPONSIBLE?: How Television Frames Political Issues
by Shanto Iyengar

Licensed by The University of Chicago Press, Chicago, Illinois, U.S.A.
© 1991 by The University of Chicago
All rights reserved.

Korean translation © 2016 by Prunsol Publishing Company

이 책의 한국어판 저작권은 대니홍 에이전시를 통한 저작권사와의 독점 계약으로 푸른솔에 있습니다.
저작권법에 의해 한국 내에서 보호를 받는 저작물이므로 무단전재와 복제를 금합니다.

IS ANYONE RESPONSIBLE?

How Television Frames Political Issues

누구의 책임인가?

텔레비전 뉴스 프레임

샨토 아이엔가 지음

안병규 옮김

푸른솔

차례

역자
서문

본서의 저자인 샨토 아이엔가는 1987년 도널드 킨더(Donald R. Kinder)와 함께 발표한 『중요한 뉴스(News that Matters)』의 저자이기도 하다. 흔히 그 연구서는 매스커뮤니케이션 효과 연구에서 중요한 도약을 이룬 성과물 중 하나로 인정받고 있는데, 그것은 이전의 버나드 코헨(Bernard Cohen)이나 맥콤스와 쇼(MaCombs & Shaw) 등이 주장한 매스미디어의 의제설정(agenda-setting) 효과를 내용 분석, 현장 실험, 국민설문조사 종단분석 등 다원적 방법론을 통해 검증했기 때문이다. 그 연구서는 또 '뉴스미디어가 어떤 의제에 대해서는 관심을 유도하는 반면, 어떤 의제에 대해서는 무관심하게 대응함으로써 정부나 대통령, 정책, 그리고 공직 후보자에 대한 국민의 판단 기준에 영향을 미친다'는 의제설정의 2차 효과, 즉 점화 효과(priming effects)의 가설을 제시하고 검증했다는 측면에서도 중요한 저작으로 평가받고 있다.

1991년에 출판한 본 연구서는『중요한 뉴스』의 후속 연구로 텔레비전 뉴스 형식(formats), 즉 텔레비전 뉴스 프레임(frames)을 정치적 책임성과의 상관관계 속에서 조명한 역작으로 평가받고 있다. 이 연구서에서 저자는 텔레비전 뉴스가 국가적인 이슈나 사건을 어떻게 제시하는가에 따라 국민에 의해 선출된 공직자에 대한 국민적 통제권이 영향을 받는지, 다시 말해 텔레비전의 뉴스 프레임이 민주 정부의 핵심 수단이라 할 수 있는 정부에 대한 시민 통제권(civic control)에 실제로 영향을 미치는지 파악하고자 한다. 이를 위해 저자는 텔레비전 뉴스 전체를 '일화적 프레임(episodic frames)'과 '주제적 프레임(thematic frames)'으로 구분할 수 있다고 전제한다. 여기에서 일화적 프레임은 특정 사건이나 특정 사례에 주로 초점을 맞추는 기사를 말하는 반면, 주제적 프레임은 정치적 이슈나 사건을 전반적인 맥락, 즉 좀 더 구조적인 관점에서 제시하는 기사를 말한다. 저자는 이런 기본 가정을 바탕으로 텔레비전 뉴스에 대한 내용 분석, 조작된 실제 뉴스 프로그램을 피험자에게 직접 보여주고 효과를 알아보는 현장 실험, 그리고 국민설문조사에 대한 종단분석을 시도한다.

이런 다원적인 분석 결과 저자는 텔레비전 뉴스 프레임이 정치적 이슈에 대한 국민의 책임 부과 방식, 즉 책임성 귀인에 영향을 미친다는 사실을 밝혀낸다. 좀 더 구체적으로 말하면, 일화적 프레임에 노출된 뉴스 시청자는 특정 이슈나 사회 문제를 전반적이고 구조적인 측면에서 이해하기보다는 개별 행위자의 행동 방식이나 성격적 결함의 문제로 인식하게 된다. 그 결과 그런 문제에 대한 원인이나 해결에 대해서도 사회적 책임을 부과하기보다는 개별 행위자에게 책임을 부과하게 된다는 것이다. 문제는 이런 일화적 프레임이 텔레비전 뉴스를 사실상 지배하고 있다는 점이다. 따라서 저자는 이 두 요인이 결합되어 있는 현실을 바탕으로 텔레비전 뉴스는 정치적 이슈나 사회적 문제의 원인이나 해결 모두에서 선출된 공직자에 대해 상대적으로 낮은 책임을 부과하도록 유도하고, 결과적으로 공직자에 대한 국민적 통제권을 약화시키는 데 기여하게 된다는 결론을 내린다. 그리고 그것은 결국 미국 민주주의의 정상적인 작동방식에 심대한 악영향을 미치고 있다고 지적한다. 이러한 연구 결과는 텔레비전 뉴스가 여전히 지배적인 영향력을 행사하고 있고, 거기에서 일화적 프레임이 지배적인 지위를 차지하고 있는 우리의 경우에도 시사하는 바가 많다고 하겠다.

본서 각 장에 대한 간략한 요약은 머리말에 이미 자세히 기술되어 있기 때문에 생략하기로 한다. 다만 프레임의 번역과 관련해 몇 마디 덧붙이고자 한다. 영어 원문에서 효과와 함께 사용된 프레임은 모두 동사로서의 프레이밍(framing)이었다. 따라서 '프레임 효과'는 원문 표기에 따르면 '프레이밍 효과(framing effects)'로 우리말로 번역하면 '틀짓기 효과' 정도로 번역될 수 있을 것이다. 하지만 굳이 우리말 '틀짓기 효과'로 번역하지 않은 이유, 또 굳이 영문 발음 '프레이밍 효과'로 번역하지 않은 이유는 일반적으로, 더 나아가서는 학계에서도 '프레임 효과'라는 말이 이미 보편적으로 사용되고 있기 때문이다. 따라서 본서에 사용된 '프레임 효과'라는 용어는 학문적 엄밀성보다는 현실성을 염두에 둔 표기법이라 하겠다.

본서를 번역하는 데 많은 어려움이 있었다. 특히 저자의 커뮤니케이션 이론에서부터 인지과학, 그리고 통계학에 이르기까지의 방대한 지식을 제대로 이해하고 번역하는 일은 매우 어려운 일이었다. 특히 복잡하고 까다로운 통계치를 해석하고 이해하는 데 어려움이 많았는데, 그때마다 동료학자인 이병섭 교수님의 친절한 도움을 받았다. 이 자리를 빌어 감사의 말씀을 전한다. 그럼에도 불구하고 혹 잘못된 번역이 있다면 그것은 오로지 역자의 협량한 지식에 그 원인이 있음을 분명히 하고자 한다. 비록 여러 가지로 부족한 부분이 있긴 하지만 이 책이 커뮤니케이션, 특히 정치 커뮤니케이션을 연구하는 학도, 학자 그리고 뉴스 미디어에 관심을 가지고 있는 모든 독자들에게 조금이라도 도움이 될 수 있기를 기대해 본다. 본서의 필요성에 공감하고 기꺼이 출판을 맡아 준 푸른솔의 박홍주 대표님과 여백커뮤니케이션의 정용기 대표님, 책의 표지와 본문의 그림 및 표 작성에 도움을 준 여백커뮤니케이션의 디자인팀, 표와 그림의 밑작업에 도움을 준 최정아, 엄지현, 배은진 학생, 그리고 음으로 양으로 가장 많은 도움을 주었던 나의 가족에게도 감사의 말씀을 드린다.

2016년 여름

김해 신어산 자락에서

안병규

감사의
말

　본 연구 작업은 많은 분들의 도움과 지원으로 수행될 수 있었다. 먼저 연구가 진행되는 동안 여러 단계에서 도움을 준 스토니브룩(Stony Brook) 뉴욕주립대학(State of University)과 로스앤젤레스(Los Angeles) 캘리포니아 주립대학(University of California)의 대학원, 학부생들에게 고마움을 전하고 싶다. 특히 숄레 코루쉬(Sholeh Khorooshi)에게 고마움을 전하고 싶은데, 그것은 그녀의 도움이 없었다면 본 연구가 진행될 수 없었기 때문이다. 그녀는 실험에 필요한 모든 자료를 모아 새로운 편집본을 "창조했고," 날마다 진행되는 실험에도 도움을 주었다. 킴벌리 헤일리그(Kimberly Heilig), 실보 레나르트(Silvo Lenart), 그리고 켄릭 렁(Kenrick Leung)은 전문가이자 믿을 만한 코더(coders)였다. 아담 베하르(Adam Behar), 토니 블룸(Tony Bloome), 제임스 로(James Lo), 그리고 아담 사이먼(Adam Simon)은 네트워크의 뉴스 기사를 찾기 위해 밴더빌트 초록(Vanderbilt Abstracts)을 고통스러울 정도로 샅샅이 뒤졌다. 스토니브룩의 키 박(Kee Park)과 제프 타넨바움(Jeff Tanenbaum), UCLA의 프래딥 치버(Pradeep Chibber)는 관련 자료와 관련해 매우 긴요한 도움을 주었다. 아담 사이먼은 답답해 보이는 표를 매끈한 그래프로 바꿔주었다.

실험에 필요한 재정은 미국국립과학재단(National Science Foundation)의 정치학 프로그램 연구비를 통해 충당되었다(SES84-20160). 그리고 추가적인 연구비가 캘리포니아 주립대학의 대학평의회(Academic Senate)로부터 지원되었다. 특히 존 앤드 메어리 마클 재단(John and Mary R. Markle Foundation)에서 지원한 연구비는 필자가 감당해야 될 강의 부담을 줄여주었고, 그 결과 제시간에 원고를 마칠 수 있었다.

여러 동료 학자와 지인에게도 감사의 말을 전하고 싶다. 이들은 본 연구가 제시한 분석과 주장이 담긴 원고를 꼼꼼히 읽고 유용한 답장을 보내주는 친절을 베풀었다. 캐슬린 맥그로(Katheleen McGraw)와 로버트 와이어 주니어(Robert S. Wyer, Jr.)는 본 연구와 관련된 인지심리학과 사회심리학 연구 작업을 소개시켜 주었다. 토마스 슈와르츠(Thomas Schwartz)는 경제학 연구 문헌에서 프레임의 사례를 파악하는 데 도움을 주었다. 벤자민 페이지(Benjamin Page)와 사무엘 팝킨(Samuel Popkin)은 초고 원고와 관련해 상당량에 해당하는 매우 중요한 피드백을 해 주었다. 스티븐 안솔라베르(Stephen Ansolabehere)와 조지 체벨리스(George Tsebelis)는 중요한 이슈에 대한 지침을 제공해 주었다. 엘렌 롭(Ellen Robb)의 교정은 지적인 측면에서나 형식적인 측면에서 모두 원고를 더 튼실하게 해주었다.

마지막으로 내 가족 - 엘렌(Ellen), 니킬(Nikhil), 그리고 란자나(Ranjana) - 에게 고맙다는 말을 전하고 싶다. 이들은 지적, 정서적, 그리고 동기의 측면에서도 늘 자양분의 역할을 해 주었다.

머리말

20세기 후반을 텔레비전 시대로 기록한다고 해도 무리는 아닐 것이다. 오늘날 평범한 미국인들은 잠에서 깨어나 활동하는 시간 중 상당히 많은 시간을 텔레비전 시청에 할애하는데, 그 시간은 대인간 상호작용(interpersonal interaction)에 할애하는 시간보다도 많다. 또 행동과학(behavioral sciences) 출신의 학자들은 텔레비전이라는 매체에 매료된 나머지 폭력의 부추김에서부터 이타주의의 학습에 이르기까지 셀 수 없는 만화경 같은 효과들이 텔레비전 시청으로부터 발생하고 있다고 주장한다. 최근에 편찬된 사회과학 연구 문헌은 사회적 행동에 대한 텔레비전의 효과가, 그것이 사회적이든 혹은 반사회적이든, 적어도 1,043개에 이른다고 밝혔다.[1]

텔레비전이 공적 사안과 관련될 경우, 그 영향은 일반적으로 비난의 대상이 되어왔다. 그것은 매스커뮤니케이션의 지배적 형태로서의 텔레비전이 투표율 저하, 선거에서의 본질적 이슈 외면, 정당 역할의 쇠퇴, 현직(incumbents)의 자동적 재선, 문제 해결 전략보다 수사적, 상징적 전략 사용에 대한 지도자들의 선호도 증가, 그리고 여타의 정치 체제의 근본적 변화 등을 포함, 다양한 사회적 병폐에 기여해 온 것으로 여겨지고 있기 때문이다.[2] 예를 들면, 레이건(Reagan) 대통령의 전례 없는 국민적 인기와 정책의 대성공은 텔레비전에 대처하는 그의 남다른 능력 때문이라는 점은 일반적으로 널리 수용되고 있는 사실이다.[3]

그러나 텔레비전이 정치 과정에 미치는 영향과 관련된 주장의 대부분이 확고한 증거에 입각해 있는 것은 아니다. 일부의 경우 텔레비전의 영향을 여타의 원인적 요인의 영향으로부터 분리하는 것이 사실상 불가능하다는 점이 밝혀지기도 했다. 또 그런 주장의 일부는 상호 모순적인 입장을 취하기도 한다. 예를 들면, 텔레비전 뉴스를 본질적으로 기존 체제에 "적대적(adversarial)"인 것으로 보는 사람들은 텔레비전이 정치에 대한 국민적 냉소주의를 낳는다고 주장하지만, 텔레비전 뉴스를 기본적으로 "복종적(deferential)"인 것으로 보는 사람들은 텔레비전이 기존 정치 체제를 오히려 옹호하는 역할을 한다고 주장하기 때문이다.

정치와 관련해 텔레비전의 영향력이 경험적으로 입증된 유일한 영역은 여론이다. 대부분의 미국인들에게 공적 사안의 세계는 주로 텔레비전 뉴스쇼(news shows)의 '빛과 소리(son et lumière)' 속에 존재한다. 그리고 국민의 "마음의 눈(mind's eye)"으로서의 텔레비전은 사실상 정치적 의제를 설정하는 역할을 한다. 다시 말해, 텔레비전 뉴스 보도에서 반복되는 주제나 이슈는 시청자의 의식에서 더 중요하게 여겨지게 된다는 것이다.[4] 특히 텔레비전 뉴스가 강조하는 이슈나 사건은 공직자를 평가하고 후보자를 선택하는 기준에 많은 영향을 미친다.[5] 이와 함께 텔레비전 뉴스가 시청자를 설득해 견해를 바꾸게 한다는 증거도 있다. 즉, 기사의 내용이 특정한 정책이나 프로그램에 유리하게 윤색될 경우, 그런 정책이나 프로그램에 대한 국민의 지지는 상승하게 된다는 것이다.[6]

이 연구에서는 여론에 미치는 텔레비전의 영향력에 대한 분석을 정치적 책임성(responsibility)과 책무성(accountability)이라는 중대한 문제로까지 확장한다. 특히 본 연구는 개별적인 정치 이슈에 대한 "일화적(episodic)" 및 "주제적(thematic)" 뉴스 형식, 즉 "프레임(frames)"이 그 이슈에 대한 시청자의 책임성 귀인(attributions of responsibility)에 얼마나 많은 영향을 미치는지 그 직접적인 영향과 함께 전체로서의 여론에 미치는 간접적인 영향 모두에 대해 살펴본다. 이를 위해 본 연구에서는 정치적 이슈를 다루고 있는 모든 뉴스는 사실상 일화적 프레임 혹은 주제적 프레임 중 하나를 뉴스 형식으로 취한다는 것을 전제(premise)로 삼는다. 여기에서 뉴스 형식으로서 일화적 프레임은 특정한 사건(specific events)이나 특정한 사례(particular cases)에 주로 초점을 맞추는 기사를 말하는 반면, 주제적 프레임은 어느 정도 전체적 맥락(general context) 속에서 정치적 이슈나 사건을 조명하는 기사를 말한다.

일반적으로 텔레비전 뉴스가 정치적 이슈를 묘사하는 데 있어서 매우 일화적이라는 사실은 이미 잘 알려져 있다.[7] 예를 들면, 1980년대 네트워크 뉴스는 테러의 특정 행위(particular acts)에 대한 보도와 관련해서는 수백 개에 이르는 기사를 쏟아냈지만, 테러의 사회경제적 혹은 정치적 배경과 관련해서는 사실상 어떠한 보도도 하지 않았다.[8] 그런 텔레비전의 일화적 프레임에 대한 의존성은 필연적으로 지구온난화와 같이 특정 사건으로 쉽게 변형되지 않는 이슈에 대해서는 사실상 보도하지 를 초래하게 된다.[9]

또 그런 텔레비전 뉴스의 지배적 형식으로서의 일화적 프레임은 네트워크의 뉴스 아이템 선정뿐만 아니라 정치적 이슈에 대한 국민의 책임성 귀인에도 영향을 미친다. 특히 본 연구는 일화적 프레임에 노출된 시청자들이 문제의 원인이 된 공직자에 대해 상대적으로 약한 책임을 부과하고, 또 그 문제 해결에 대해서도 이들에 대해 상대적으로 낮은 책임을 부과한다는 사실을 보여준다. 다시 말해, 텔레비전은 국민들로 하여금 국가적 이슈에 대한 책임을 정치적 행위자들에게 부과하지 못하도록 방해함으로써 결과적으로 국민 스스로 선택한 대표자들과 또 국민 자신이 원하는 정책에 대한 스스로의 통제권을 취약하게 만드는 역할을 한다는 것이다.

책임성 귀인과 뉴스 프레임에 대한 기본 개념은 1장과 2장에 개괄적으로 서술된다. 거기에서의 핵심 주장(argument)은 시민 통제권(civic control) 행사에 결정적 역할을 하는 책임성 귀인이 텔레비전 뉴스의 이슈 프레임 방식과 매우 밀접한 상관관계에 놓여 있다는 것이다. 그리고 뉴스를 주제적 혹은 일화적 형식으로 제시함으로써 텔레비전은 현재의 문제와 상황을 야기한 원인(원인 책임성), 또 이런 문제나 상황의 해결책(해결 책임성) 모두에 대한 책임성 귀인에 영향을 미친다는 점이 지적된다.

본 연구는 네트워크 뉴스에 대한 내용 분석(content analysis), 현장 실험(field experiments), 그리고 국민설문조사에 대한 상관 분석(correlational analysis) 등을 포함하는 다중 연구 방법(multiple research methods)을 통해 프레임 효과를 탐구했는데, 3장은 이런 방법들에 대해 기술한다.

4장과 5장은 범죄, 국제 테러, 빈곤, 실업, 그리고 인종 불평등 등 5가지 이슈와 관련해 1981년과 1986년 사이에 방송되었던 네트워크 뉴스 보도에서의 주제적, 일화적 프레임의 정도에 대해 살펴본다. 그 결과 빈곤, 범죄, 테러에 대한 뉴스 보도에서는 일화적 프레임이 지배적이었고, 인종 불평등에 대한 보도에서는 일화적 프레임과 주제적 프레임 모두 상대적으로 균형감 있게 등장했으며, 실업에 대한 보도에서는 주제적 보도가 주를 이뤘다는 사실이 밝혀진다. 이후 이 두 장은 네트워크의 프레임이 원인 및 해결 책임성 귀인에 미치는 영향력을 검증하는 다양한 실험에 대해 기술한다. 거기에서 실업을 예외로 하면, 뉴스 보도의 이슈 프레임 방식, 즉 뉴스를 일화적 혹은 주제적으로 프레임했는지에 따라 책임성 귀인은 매우 민감하게 반응했다는 사실이 드러난다. 예를 들면, 주제적 보도는 정부나 사회에 대한 책임성 귀인을 증가시켰지만 일화적 보도는 그와 반대되는 효과를 보여주었다. 일화적 프레임과 주제적 프레임 사이의 차이 이외에도, 뉴스의 여타 측면들 역시 책임성 귀인에 영향을 미친다는 것이 발견되었다. 예를 들면, 빈곤 문제의 경우 가난한 흑인에 대한 뉴스 보도는 가난한 백인에 대한 뉴스 보도보다 상대적으로 더 높은 개인적 책임성 귀인을 유발하는 경향이 있었다. 마찬가지로 백인 범죄자를 묘사하는 뉴스 보도는 흑인이 저지른 범죄 행위에 대한 뉴스 보도보다 범죄에 대한 사회적 책임성 귀인을 상대적으로 더 많이 유발시켰다.

6장은 분석의 초점을 이란-콘트라(Iran-Contra) 사건으로 전환한다. 그리고 뉴스 보도에 대한 분석은 형식적 프레임(stylistic frames)이 아닌 주제(subject matter)의 측면에서 이루어진다. 먼저 1986년 11월과 1987년 9월 사이에 방송된 이란-콘트라 사건 기사의 내용이 분석되는데, 그 결과 이란-콘트라 사건에 대한 보도는 사건의 정치적 의미 혹은 사건의 정책적 의미 중 하나를 중심으로 이루어졌다는 사실이 드러난다. 다시 말해, 이란-콘트라 사건을 다룬 보도는 이란에 대한 무기 판매를 둘러싼 국내의 정치적 논란을 중심으로 보도한 뉴스 기사(정치 프레임)와 레이건 정부가 의도한 정책적 목적에 초점을 맞춰 보도한 뉴스 기사(정책 프레임)로 구별될 수 있었다는 것이다. 이후 두 프레임이 귀인에 미치는 영향력이 검토되는데, 그 결과 이 두 뉴스 프레임 모두 시청자의 대통령 책임성 귀인 정도에 영향을 미쳤다는 사실이 밝혀진다. 특히 대통령의 책임성은 정치적 프레임 조건에서 강화된 것으로 드러났다. 따라서 무기 판매에 대한 정치적 프레임은 레이건 대통령의 지지율을 약화시키는 요인으로 작용하게 되었다는 것이 밝혀진다. 그러나 정책적 프레임 조건에서는 책임성 귀인이 대통령의 특정한 자질(예를 들면, 레이건의 사실 관계 파악 능력 부족)에 맞춰지기보다는 상황적 압박 요인들(예를 들면, 이란-이라크 전쟁)에 좀 더 맞추어지는 경향성을 보였다. 그 결과 정책 프레임은 레이건 대통령의 지지율을 방어하는 요인으로 작용하게 되었음이 드러난다.

7장과 8장은 뉴스 프레임이 암시하는 책임성 귀인이 정치적 의견이나 태도에 대한 관련 단서(relevant cue)로 작용하는지를 알아본다. 다시 말해, 이슈의 원인이나 해결 책임성 귀인이 이슈에 대한 정치적 의견에 영향을 미치는지의 여부를 알아보는 것이 이 두 장을 관통하는 질문이라는 것이다. 7장은 책임성 귀인이 강력한 단서로 작용하긴 하지만 이슈 한정적 의견(issue-specific opinion) 단서라는 것을 보여준다. 그것은 빈곤에 대한 의견은 빈곤에 대한 책임성 귀인에 의해서만 크게 영향을 받았고, 또 테러에 대한 의견은 테러에 대한 책임성 귀인에 의해서만 큰 영향을 받았기 때문이다. 8장은 당파성과 같은 장기적(long-standing) 요인과 뉴스 프레임이 암시하는 단기적 책임성 귀인이 전반적 정치 의견에 얼마나 큰 영향력을 미치는지를 상호 비교한다. 그 결과 전자가 후자보다 더 강력한 영향력을 행사한다는 사실이 밝혀진다.

9장은 미디어 프레임 효과의 잠재적 한계에 대해 다룬다. 첫 번째 한계는 프레임 효과에 대한 민감도(susceptibility) 측면에서의 개인차와 관련된다. 거기에서 정치적 이념(political ideology)이나 정당 일체감(party identification)과 같은 수용자 특성은 프레임 효과를 사실상 좌우했지만 시청자의 학력을 포함한 또 다른 특성은 의미 있는 영향력을 행사하지 못했다는 점이 밝혀진다. 두 번째 한계는 특정 이슈에 대한 책임성 귀인이 관련된 여타 이슈에 대한 책임성 귀인에 얼마나 영향을 미치는지와 관련된다. 예를 들면, 빈곤에 대한 일화적 프레임은 인종 불평등에 대한 책임성 귀인에 영향을 미치는가? 이에 대한 연구 결과는 빈곤과 실업과 같이 밀접하게 관련된 이슈에서조차도 프레임의 누수(spillover) 효과는 사실상 없다는 것을 밝혀주었다. 즉, 프레임 효과는 다루어지는 이슈 자체에 한정되었다는 것이다.

맺음말은 프레임 효과와 이미 증명된 여타 여론에 대한 미디어 효과 사이의 유사점들에 대해 논의한다. 먼저 이런 효과를 정보의 접근성 (information accessibility)의 관점에서 바라보는 개괄적인 심리학적 설명이 제시된다. 그런 후 정치 엘리트에 대한 텔레비전 뉴스의 전략적 가치와 텔레비전이 이념적 추론에 미치는 영향을 포함, 프레임이 만들어내는 정치적 효과에 대해 조목조목 밝힌다. 그 결과 이슈를 주로 별개의 사건이나 사례로 묘사함으로써 텔레비전 뉴스는 이들 이슈 사이에 존재하는 상호 관련성에 대한 인식을 방해하고, 결과적으로 미 국민 여론의 이념적 제한 (ideological constraint), 즉 일관성 부재에 기여하게 된다는 사실이 밝혀진다. 같은 방식으로 텔레비전이 좀 더 일반적이고 주제적인 정보에 초점을 맞추기보다 특정 일화, 개별 범죄자, 희생자 혹은 여타 행위자에 대해 일관되게 초점을 맞춤으로써 사회적 요인이나 대통령과 같은 정치인들이 자신의 행위에 대해 마땅히 져야 될 정치적 책임에 대한 국민적 부과를 방해한다는 사실도 밝혀진다. 결국 이런 효과는 선출직 공직자나 공공 기관들이 미국 국민에 대해 져야 될 책임을 약화시키는 역할을 수행하게 된다는 점이 지적된다.

1장

책임이 중요한 이유

평범한 미국인들에게 공적 사안의 진행 과정은 실로 "저 너머에 존재하는 수수께끼(the mystery off there)"와 같다. 대부분의 미국인들은 시사적인 이슈나 사건에 대해 매우 빈약한 정보를 가지고 있다. 그리고 모든 정치적 이슈는 사실상 개인의 경험을 벗어나 존재한다. 그러나 빈약한 시민의 지식이 정치적 의견 표명을 방해하지는 않는다. 실제로 대부분의 미국인들은 광범위한 이슈에 대해 정책적 호불호를 드러낼 수 있고 또 드러내고 있다. 따라서 여론 연구의 최대 난점은 대부분의 정치적 이슈가 낮은 수준의 개인적 관련성과 가시성(visibility)을 가지고 있다는 점, 그럼에도 불구하고 이들 이슈에 대해 대부분의 사람들이 과도하게 의견-정책 우선순위와 공직자에 대한 평가 등등-을 표명하고 있다는 점, 이 두 측면이 모순되지 않고 조화를 이루도록 하는 것이 되어왔다. 민권법의 제정, 새롭게 자유를 얻은 동유럽 국가에 대한 경제적 원조, 혹은 국제 마약 대책과 관련된 정상회담에서 부시(Bush) 대통령이 거둔 성과와 같은 일들은 일상사와는 상당한 거리가 있는 이슈들이다. 따라서 그런 이슈가 지닌 정치적 의미를 제대로 이해할 수 있는 사람은 매우 소수일 수밖에 없다. 그럼에도 불구하고 이러한 이슈에 대해 사람들은 도대체 어떻게 의견 표명을 할 수 있게 되는가?

　정치적 이슈를 어떻게 이해하는가에 대한 일반적 통념에 따르면 특정 이슈에 대한 국민의 의견은 대체로 "포괄적(global)" 세계관이나 혹은 "영역 한정적(domain-specific)" 단서에 의해 도출된다. 고전적인 포괄적 관점은 진보적(liberal) 혹은 보수적(conservative) 이념, 소속 정당(political party affiliation), 주관적 유용성, 사적 이해관계, 그리고 사회경제적 및 문화적 가치관과 같은 것들을 무엇보다도 중요한, 다시 말해 보다 더 상위의 구성체(constructs)로 여긴다. 이를테면, 포괄적 관점은 "진보적" 혹은 "보수적"이라고 분류될 수 있는 사람들의 경우 공적 이슈 전반에 대해 나름대로의 명료한 의견 목록(opinion profiles)을 가지고 있다고 가정한다. 그러나 포괄적 관점에 관한 대부분의 경험적 연구 결과는 이슈 한정적(issue-specific) 의견과 추상적(abstract) 세계관 사이의 관련성이 실제로는 매우 미미한 수준에 불과하다는 것을 밝혀주었다.[1]

　포괄적 관점 증거 부족에 대한 대응으로 연구자들은 정치적 의견 형성에 대한 보다 더 협소하고 개별적 특성이 강조되는 개념화를 시도하기 시작했다. 이런 좀 더 새롭고 "영역 한정적인" 접근 방법은 의견이란 특정 이슈와 관련된 보다 협소하고 제한된 고려사항에 의존한다고 가정한다.[2]

본서는 여론의 영역 한정적 이론을 주장한다. 그것에 따르면 어떤 정치적 이슈에 관한 의견을 결정하는 주요한 요인은 문제가 되고 있는 바로 그 이슈에 대한 책임(responsibility)을 어떻게 부과하는가의 문제가 된다. 다시 말해, 사람들은 정치적 이슈를 책임에 대한 질문으로 전환시킴으로써 문제를 단순화시키는 경향이 있는데, 그 결과 이슈에 대한 사람들의 의견은 그런 이슈에 대한 자신의 답변(answers)으로부터 그 이슈에 대한 책임 질문(questions)으로 이동하게 된다는 것이다. 이 이론에 따르면, 여론 연구의 가장 중요한 임무는 사람들이 정치적 이슈에 대한 책임을 어떻게 부과하는지를 파악하는 것이 된다.

국가적 이슈에 대한 책임성 부과

책임성 귀인(attributions of responsibility), 즉 책임을 부과하는 것은 모든 사회적 지식의 핵심 요소다. 그러한 책임은 다양한 기준에 의해 부과될 수 있다. 하지만 심리학 연구는 특별히 설득력 있는 기준으로 원인(causality)과 해결(treatment)이라는 두 측면에 초점을 맞춰왔다. 거기에서 "원인 책임성(causal responsibility)"은 문제의 근원에 초점을 맞추는 반면, "해결 책임성(treatment responsibility)"은 누가 혹은 무엇이 그 문제를 완화시킬 수 힘을 가지고 있는지 혹은 미연에 방지할 수 있었는지에 초점을 맞춘다.[3] 따라서 만약 실업 문제가 원인 책임성의 관점에서 평가되면 관련된 질문은 개별 사람들이 직장을 잃거나 혹은 직장을 구하지 못한 과정에 초점이 맞추어진다. 반면, 해결 책임성에 관점에서 평가되면 관련 질문은 실업을 완화시키거나 혹은 지속시키는 데 누가 힘과 관심을 가지고 있는지를 밝히는데 초점이 맞추어지게 된다.

책임성에 대한 이 두 측면에서의 정의(definitions)는 정치적 이슈나 사건을 이해하는 데 매우 중요하다. 그것은 왜 문제가 생겨나고 어떻게 하면 해결될 수 있는가라는 질문이 정치적 삶에서는 반복적으로 되풀이되는 주제이기 때문이다. 예를 들면, 1988년 대통령 선거에서 미국 유권자들은 연방 정부의 재정 적자, 범죄 문제, 아야툴라 호메이니(Ayatollah Khomeini) 정부에 대한 레이건(Reagan) 정부의 무기 판매, 그리고 여타의 수많은 이슈들에 대해 원인과 해결이라는 두 측면에서 그 책임 소재가 어디에 있는지 생각해야 된다는 요청을 끊임없이 받았다. 정치인들 역시 통상적으로 마치 유권자가 공적 사건에 대한 책임을 어떻게 부과하느냐에 따라 자신의 정치적 미래가 결정될 것처럼 행동한다. 그것은 이들이 유리한 결과에 대해서는 자신의 책임을 주장하면서도 불리한 결과에 대해서는 매우 민첩하게 책임을 부인하거나 회피하는 모습을 보면 쉽게 알 수 있다.[4] 그 한 사례로 부시(Bush) 대통령 측의 1988년 선거 광고 방송을 들 수 있다. 거기에서 부시측은 방송의 초점을 윌리 호튼(Willie Horton) – 매사추세츠(Massachusetts) 교도소로부터 주말 휴가를 허가받고 지내는 동안 한 여성을 강간한 기결수 – 의 행동과 보스턴 하버(Boston Harbor)의 상황에 집중시켰는데, 이를 통해 듀카키스(Dukakis) 주지사가 해결이나 통제의 주체가 아니라 사실상 범죄와 환경오염의 원인 행위자임을 암시적으로 보여주고자 했던 것이다.

대중문화 역시 책임의 관점에서 표현되는 정치적 단서를 제공한다. 예를 들면, 가난이란 가난한 사람의 게으름 때문이고, 따라서 열심히 일하는 것이 경제적 어려움을 벗어날 수 있는 최상의 방법이라는 대중문화의 지배적인 믿음은 가난한 사람들로 하여금 현재 자신의 처지가 자신의 책임임을 "깨닫도록(know)" 만든다. 대중문화의 이런 단서는 실제 사실에 기초한 전문적 내용이 아니다. 그럼에도 불구하고 그런 제한적 내용이 정치적 이슈에 대한 사람들의 책임 부과를 방해하지는 않는다.

일상적 추론에서도 원인 및 해결 책임성의 중요성(prominence) 증거는 풍부하다. 책임성 귀인은 보통 자연적으로 이루어지고 자기 자신에 대한 이미지와 다른 사람들에 대한 평가, 그리고 감정적 흥분에 큰 영향을 미친다.[5] 책임성 귀인은 또 행동에도 매우 강력한 영향을 미친다. 그 결과 그것을 이용한 "오귀인(misattribution)" 기법은 행동 장애를 치료하고, 적극적인 사회 활동을 유인하며, 심지어는 수명을 연장시키고 전반적인 심리적 만족감을 높여주는 데에도 효과적이라는 사실이 밝혀졌다.[6] 이렇게 책임이란 개념은 너무나 압도적이어서 사람들은 완전히 임의적 즉, 우연한 사건처럼 누구의 책임도 따지기 어려운 상황에 처하게 될 경우에는 책임을 날조하는 데까지 나아가기도 한다.[7]

한편, 정치적 추론에 좀 더 많은 관심을 가졌던 몇몇 학자들은 개인이 처한 상황에 대한 책임성 귀인이 정치적 태도에 독립적으로 영향을 미친다는 점을 밝혀내었다. 예를 들면, 개인적으로 겪고 있는 경제적 어려움을 자신의 탓으로 돌리는 사람들은 그 책임을 전체로서의 사회에 돌리는 사람들보다 정부를 훨씬 더 지지하는 경향성을 보인다는 것이다.[8] 이와 함께 "회고적(retrospective)" 투표와 경제적 상황이 선거에 어떤 영향을 미치는지를 밝힌 방대한 연구 결과는 유권자들이 현재 혹은 과거의 국가 경제 상황이 어떠하고 또 어떠했는가에 따라 선거에서 현재 재임 중에 있는 공직자를 보상하거나 응징한다는 점을 밝혀주었다.[9] 하지만 이와 관련해 본서에 제시된 연구 결과의 중요한 의미 중 하나는 텔레비전 뉴스가 오히려 이와 같은 이슈에 대한 시청자의 사회적 책임성 귀인 부과를 방해하고, 그 결과로 앞에 언급된 선거의 "보상-응징(reward-punishment)"의 순환구조를 더 약화시키는 데 기여하고 있다는 것을 밝혀낸 점이라고 하겠다.

요약하면, 국가적 이슈에 대한 원인 및 해결 책임성 귀인이 이들 이슈에 대한 사람들의 의견에 영향을 미칠 것이라는 점을 시사해 주는 많은 증거가 존재한다는 것이다. 또 사람들은 책임에 대해 본능적으로 생각하게 되는데, 그런 책임성 귀인은 하나의 강력한 심리적 단서로 작용하게 된다는 것이다.

이런 이슈 책임성 귀인 과정과 관련해서는 두 개의 서로 다른 설명이 존재한다. 첫 번째 설명은 귀인을 여론에 대한 포괄적 관점의 단순한 연장으로 보고, 문화적 가치관이나 정치적 이념과 같은 고정적이고 내면적인 성향의 산물로 취급하는 것이다. 예를 들어 이런 관점에서 보면, 보수층은 빈곤이나 인종 불평등과 같은 사회적 문제와 관련해 그 책임이 당사자에게 있다고 생각할 가능성이 더 많은 반면, 진보층은 사회나 정치적 행위자들에게 그 책임을 돌릴 가능성이 더 많게 된다. 따라서 이 이론에 따르면 개인이 어떻게 책임을 부과할 것인가는 장기적으로 내면화된 정치적 성향의 산물이 된다.

　또 하나의 설명은 비록 고정된 개인의 성향적 특성이나 문화적 규범이 정치적 이슈에 대한 책임성 귀인에 영향을 미친다는 점을 부인할 수는 없다고 하더라도, 맥락적(contextual) 혹은 상황적(circumstantial) 요인 역시 그만큼 중요하다는 증거도 많다고 주장한다. 상황에 따른 개인의 행동이 일관성보다는 가변성에 의해 특징지어지듯 책임성 귀인 역시 정치적 이슈나 사건이 불거지는 맥락에 따라 달라질 가능성이 있다는 것이다.[10] 그리고 오늘날 그런 맥락적 영향력을 가장 강력하게 행사하는 것은 바로 텔레비전 뉴스라고 주장한다.

2장

뉴스 보도의 프레임 효과

　　몇몇 행동과학의 수렴성 증거(converging evidence)는 사람들이 의사결정을 하거나 판단을 내릴 때, 혹은 자신의 의견을 드러낼 때 맥락적 단서(contextual cues)에 대단히 민감하다는 것을 보여준다. 선택의 문제 (problem of choice)가 "프레임되는(framed)" 방식은 의사결정에 크게 영향을 미칠 수 있는 맥락적 단서다. 가장 일반적인 수준에서 말하면, 프레임이란 개념은 판단이나 선택해야 될 문제가 진술되는 과정에서 혹은 제시되는 과정에서 생기는 미묘한 변화(subtle alterations)를 말한다. 따라서 "프레임 효과(framing effects)"는 그런 변화로부터 비롯되는 결과적인 의사결정 변화를 말한다. 이런 프레임 효과가 상당히 크다는 것은 선택에 대한 실험 연구(experimental studies)나 질문되는 문구의 구성(question wording)이 응답 형태에 미치는 영향에 대한 설문조사 연구(survey studies)를 통해 입증되었다. 이 장에서는 프레임에 관한 실험 및 설문조사 연구 결과를 개괄적으로

검토한다. 그리고 정치적, 사회적 문제에 대한 책임성 귀인의 맥락적 결정 요인으로서의 텔레비전 뉴스를 분석하기 위해 뉴스 프레임 유형에 대해서도 살펴보기로 한다.

프레임: 문헌 연구

인지 심리학자 다니엘 카네만(Daniel Kahneman)과 아모스 트버스키(Amos Tversky)는 동일한 결과를 초래하는 선택임에도 불구하고 묘사되는 용어를 살짝 바꿈으로써 위험 예상(risky prospects)에 대한 선택에 커다란 변화가 초래될 수 있다는 것을 일련의 실험을 통해 증명했다.[1] 선택 가능한 결과가 잠재적 이득(potential gains)의 관점에서 정의될 경우 사람들은 위험을 회피하는 전략을 선택하지만, 동일한 결과가 잠재적 손실(potential losses)을 암시하는 용어로 묘사될 경우에는 위험을 감수하는 경향을 보인다는 것이다. 실험 중 하나에서 카네만과 트버스키는 다음과 같이 질문을 제시했다.

> 미국이 600명의 죽음을 초래할 것으로 예상되는 특이한 아시아 질병에 대해 준비하고 있다고 가정해보자. 그리고 현재 이 질병에 대처할 수 있는 안으로는 두 개의 선택 가능한 프로그램이 제안되어 있고, 그 프로그램의 결과에 대한 정확한 과학적 추정치는 다음과 같다고 가정해 보자.
>
> • 만약 프로그램 A가 채택되면, 200명이 살아남게 될 것이다 -72% 선택

- 만약 프로그램 B가 채택되면, 600명이 살아남을 확률은 1/3이고 아무도 살아남지 못할 확률은 2/30이다 - 28% 선택

   앞의 실험과 다른 실험 참가자들은 이들 두 프로그램에 대한 결과를 다르게 기술한 설명을 먼저 읽고 난 후 동일한 문제지를 읽었다.

- 프로그램 A가 채택되면, 400명이 죽을 것이다 - 22% 선택

- 프로그램 B가 채택되면, 아무도 죽지 않을 확률은 3분의 1이고 600명 모두가 죽을 확률은 3분의 2이다 - 78% 선택[2]

   요컨대, 잠재적 이득("구조될 것")보다 잠재적 손실("죽게 될 것")의 관점에서 선택 가능한 프로그램의 결과를 재진술함으로써 비록 그 선택이 사실상 동일함에도 불구하고 선호도의 구조는 역전되었던 것이다.

   이와 마찬가지로 세금 정책에 대한 선호도 경제적 결과를 다르게 프레임함으로써 조작될 수 있다. 예를 들면, 아이들에 대한 세금은 공제될 것이다와 같이 가족 규모의 세금 결과가 이익의 관점에서 제시되면, 응답자들은 부유한 납세자와 가난한 납세자에게 적용될 수 있는 공제액을 정하는 데 있어서 이 두 집단에 대한 세금을 차별적으로 부과하는 정책에는 대체로 찬성하지 않는다. 하지만 예를 들어, 비록 세율은 낮아지겠지만 자녀가 없는 사람들에겐 추가부담이 될 것이다와 같이 동일한 결과라도 불이익의 관점에서 설문이 구성되면, 응답자들은 부자들이 좀 더 많은 불이익을 감수해야 한다는 데 압도적인 찬성을 보낸다.[3]

프레임 효과는 비실험실의 상황(nonlaboratory settings)에서도 마찬가지로 발견되어 왔다. 예를 들면, 의사와 환자 모두 수술 결과에 대한 통계치가 생존률의 관점에서가 아니라 사망률의 관점에서 제시될 경우 암에 대한 처방으로 수술을 덜 택하는 경향을 보였다.[4] 마찬가지로 탈러(Thaler)는 정유 회사들이 비호감을 야기하는 벌금(penalties)의 관점에서 선택 사항을 묘사하는 것에 대단히 민감하다는 점을 지적했다. 그 결과 현금으로 계산하는 고객에게 제공되는 상대적으로 낮은 기름 가격은 항상 크레딧 카드 벌금(credit card penalty)으로서가 아니라 현금 할인(cash discount)이라는 혜택으로 표현된다는 것이다.[5]

프레임은 그런 선택의 문제가 정치와 관련될 때 선택의 결정요인으로 특별히 중요한 의미를 갖게 된다. 일반적으로 정치적 이슈는 복잡하고, 정치적 담론은 모호하다. 그리고 정치에 대한 국민의 지식수준은 낮다.[6] 여론과 관련된 프레임 효과는 선택 가능한 질문 형식에서 의견 응답의 안정성(stability)에 관심이 많았던 설문조사 연구자들에 의해 검토되었다. 그 결과 설문 문항의 문구나 형식의 눈에 보이지 않는 작은 변화에도 극적인 의견 변화가 발생한다는 것이 밝혀졌다.[7] 예를 들면, 미국인들은 설문 문항이 반대의견(dissent)을 보편적인 민주적 권리로 프레임할 때에는 대체로 반대의견에 관대했지만, 설문 문항이 구체적인 반대 집단을 겨냥할 경우 그런 관용적 태도는 큰 폭으로 줄어들었다.[8] 사회 복지 정책과 관련해서도 지원의 수혜자가 "복지 수혜자(people on welfare)"가 아닌 "가난한 사람들(poor people)"이라고 지칭되자 정부의 현금 지원 확대를 찬성하는 응답자 비율은 뚜렷하게 상승했다.[9]

실험과 설문조사 연구에서 발견된 이런 프레임 효과는 정교하고 전문적인 주제의 영역에서도 광범위하게 나타난다.[10] 요컨대, 프레임 효과가 순진하거나 식견이 부족한 사람들에게만 한정된다고 결론지어서는 안 된다는 것이다. 마찬가지로 프레임 효과가 사소한 문제에만 한정된다고 주장해서도 안 된다. 왜냐하면 비실험실 연구가 보여주듯 프레임 효과는 개인적으로 상당히 중요한 문제에 대한 판단에도 나타나기 때문이다. 카네만과 트버스키가 지적하듯, "질긴 호소력의 측면에서 보면 프레임 효과는 계산 착오(computational errors)라기보다는 인식적 착각(perceptual illusions)과 유사하다."[11]

질문의 구성 방식(question wording)을 제외하면 정치학에서의 맥락적 단서의 영향은 그렇게 큰 주목을 받지 못했다. 그러나 만약 언어 사용의 변화가 응답자의 의견에 그렇게 강력하게 영향을 미칠 수 있다고 한다면, 텔레비전 뉴스 보도의 서로 다른 형식 역시 정치적 선택과 선호도에 유사한 변화를 만들어낼 가능성이 있다고 할 수 있다. 이어지는 논의에서는 네트워크가 일반적으로 뉴스를 제시하는 방식(formats), 즉 프레임에 초점을 맞추기로 한다.

텔레비전 뉴스는 정치적 이슈를 어떻게 프레임하는가?

본서에 설명된 실험은 텔레비전 뉴스 기사의 경우, 제시되는 방식에 따라 항상 "일화적(episodic)" 혹은 "주제적(thematic)"으로 구별될 수 있다는

전제 하에 진행되었다. 여기에서 일화적 뉴스 프레임(episodic news frame)
이라고 하면 그것은 노숙자 혹은 십대 마약 복용자의 어려움이나 항공
기 폭파사건, 혹은 살인 미수 사건처럼 사례 중심(case study) 또는 사건 중
심(event-oriented) 보도의 형식을 취하면서 구체적인 사례의 관점에서 공
적 이슈를 묘사하는 뉴스를 말한다. 이와 반대로 주제적 프레임(thematic
frame)은 공적 이슈를 좀 더 포괄적 혹은 추상적 맥락에 위치시키면서 전반
적 결과나 조건에 초점을 맞춘 "심층보도(takeout)" 혹은 "배경을 설명하는
기사(backgrounder)" 형식을 취하는 뉴스를 말한다. 이런 주제적 보도의 사
례에는 정부의 사회복지 예산의 변화, 정부의 고용 훈련 프로그램 지원에
대한 의회의 논쟁, 테러 활동에 가담하고 있는 집단의 사회적, 정치적 불만,
그리고 형사 재판 과정의 지체에 대한 기사 등이 포함된다. 이러한 일화적
프레임과 주제적 프레임의 근본적 차이는 일화적 프레임이 이슈를 설명하
는 구체적 사건을 주로 묘사하는 반면, 주제적 프레임은 집단적 혹은 일반
적 증거를 주로 제시한다는 점이다. 시각적으로 보면 일화적 보도에는 "좋
은 그림(good pictures)"이 주로 등장하지만 주제적 보도에는 "말하는 사람
(talking heads)"이 주로 등장한다.[12]

  하지만 실제의 경우 완전히 일화적이거나 혹은 완전히 주제적인 뉴스 보
도는 사실상 존재하지 않는다. 예를 들어, 어느 특정 가난한 사람에 대해
정말 상세하고 면밀하게 보도하는 기사가 있다고 하자. 그 때조차도 예외
없이 그 기사에는 전국의 빈곤 정도가 얼마나 심각한지에 대한 앵커나 혹
은 기자의 도입 멘트가 반드시 포함되게 된다. 반대로, 사회복지 프로그램
예산 삭감에 대한 입법 투쟁을 다루는 기사의 경우에도 예산 삭감의 결과

로 문을 닫아야 될 처지에 놓인 보육센터 아이들의 모습이 얼마든지 짧게 등장할 수가 있다. 그럼에도 불구하고 대부분의 경우 이 두 프레임 중 하나가 확고한 지배적 지위를 차지하게 된다는 것이다(복합 프레임 이슈와 관련해서는 3장에서 좀 더 논의된다).

한편, 텔레비전 뉴스는 본질적으로 강력한 상업적 명령(commercial dictates)과 언론의 객관성(journalistic objectivity)이라는 명확한 규범 아래에서 작동하는 21분짜리 "주요 뉴스 제공(headline service)"이라고 할 수 있다.[13] 그리고 이러한 시간(time)과 광고(advertising), 또 직업윤리(professional ethics)가 부과하는 제약은 왜 대부분의 텔레비전 뉴스 보도가 구체적 행위나 돌발적 사건에 주로 초점을 맞추게 되는지를 설명해준다. 일화적 보도는 "사실관계가 분명한(hard)" 뉴스의 현장 취재 보도 형식을 취하면서, 시각적인 측면에서도 자주 자극적이다. 반면, 관련 배경에 초점을 맞추는 주제적 보도는 깊이 있는 해석적 분석을 필요로 한다. 이런 보도는 보다 많은 준비를 필요로 할 뿐만 아니라 편향된 언론이라는 비난에도 쉽게 취약해진다. 게다가 단순하긴 하지만 뉴스 가치가 있다고 여겨지는 모든 이슈에 대해 주제적 배경 지식을 전달할 수 없는 방송 시간의 부족 역시 일화적 보도가 텔레비전 뉴스를 지배하는 한 원인으로 들 수 있다.

텔레비전 뉴스에서 일화적 프레임이 지배적인 지위를 차지한다는 사실은 수많은 연구에서 이미 입증되었다. 예를 들면, 대규모 저항 운동에 대한 텔레비전 뉴스 보도는 통상적으로 그러한 저항을 낳은 이슈보다는 구체적인 저항 행위에 더 초점을 맞춘다. 이런 보도 방식은 베트남 전쟁(Vietnam

War)과 핵에너지 개발을 반대하는 저항 운동에 대한 네트워크의 보도에서 특징적으로 등장했던 점이다.[14] 이와 동일한 보도 방식은 노사 간의 분쟁을 다룬 텔레비전 뉴스에서도 발견된다. 그런 기사는 문제가 된 경제적, 정치적 불만에 대해 많은 시간을 할애하기보다는 피켓을 들고 시위하는 노동자들의 모습에 더 오랫동안 초점을 맞춘다.[15] 마찬가지로 국제 테러에 대한 뉴스에서도 사건 중심 기사가 지배적 지위를 차지하고 있다. 구체적 테러 행위에 대한 정보는 전달하면서 그러한 행위를 가능케 한 역사적, 경제적, 혹은 사회적 선행 요인들에 대한 정보는 제공하지 않는다.[16] 알사이드 (Altheide)는 이란 인질 사태에 대한 텔레비전 보도를 다음과 같이 평가했다.

> 이란 인질 사태에 대한 보도는 배경이나 맥락, 이란의 복잡한 상황, 지금과는 다른 대안적 미국 정책의 가능성, 그리고 초강대국이 지배하는 오늘날 세계의 편협한 정치 행태에 대한 보도라기보다는 인질 석방이라는 하나의 이야기로 축소되었다. 억류된 날들에 대한 계산, 분노한 시위자들, 그리고 감성에 호소하는 인질 친인척들의 모습을 더 많이 내보내는 상황에서 그러한 메시지가 나올 가능성은 사실상 없었다.[17]

마지막으로, 네트워크가 일화적 보도를 선호한다는 것은 선거 운동에 대한 보도에서도 마찬가지로 드러난다. 텔레비전 뉴스에 의해 묘사되듯 선거는 본질적으로 "경마(horse race)"이고, 이 점은 대체로 수용되고 있는 사실이다. 그 결과 이런 보도에서는 여론조사의 최근 순위, 대의원 수, 그리고 대중 집회에 참석한 군중 규모에 관한 기사가 후보자의 이념적 입장이나 이들이 내놓는 정책 공약에 대한 기사보다 훨씬 더 자주 등장하게 된다.[18]

미디어 프레임에 대한 기존 연구는 주로 뉴스 보도의 형식을 설명하고 일화적 뉴스에 대한 수요를 창출하는 방송 산업의 경제적, 조직적, 그리고 그 외의 특징들을 밝히는 데 관심을 가져왔다. 하지만 이러한 연구들은 대체로 선택 가능한 두 개의 뉴스 프레임, 즉 일화적 혹은 주제적 프레임이 시청자의 정치적 선택에 미치는 구체적인 효과를 밝히는 데까지는 나아가지 못했다.[19]

본서의 연구 목적은 국제 테러, 범죄, 빈곤, 실업, 인종 불평등, 그리고 레이건 정부의 "이란-콘트라(Iran-Contra)" 사건 등 당시 논란이 된 여섯 개의 정치 이슈와 관련해 텔레비전의 뉴스 프레임이 정치적 책임성 귀인에 미치는 영향을 알아보는 데 있었다. 연구 결과 일화적 뉴스 프레임을 사용하는가 혹은 주제적 뉴스 프레임을 사용하는가에 따라 정치 이슈에 대한 사람들의 책임성 귀인에 변화가 생긴다는 점이 드러났다. 간단히 말하면, 일화적 프레임은 사회보다 개인에게 책임을 돌리는 경향을 부추겼지만, 주제적 프레임은 그와 반대되는 효과를 유발시켰다. 따라서 텔레비전 뉴스가 주로 일화적이라는 점을 감안하면, 텔레비전 뉴스의 효과는 일반적으로 포괄적인 사회적 힘보다는 개별적 희생자나 가해자에게로 책임성 귀인을 유도할 가능성이 크다고 하겠다. 따라서 프레임의 궁극적인 정치적 효과는 기존체제의 강화로 귀결된다고 할 수 있다.

3장

———

연구 방법

———

커뮤니케이션 연구에서 다양한 연구 방법을 시도하는 것이 중요하다는 점은 오랫동안 인식되어 왔다. 하지만 그러한 시도가 실제로 잘 이루어지지는 않았다.[1] 일반적으로 말해 연구자가 다양한 연구 방법을 시도하는 것은 증거의 인위적 가능성을 좀 더 확실하게 배제할 수 있다는 점에서 매우 중요하다고 할 수 있다.

따라서 본 연구는 다중 연구 방법(multiple-method strategy)을 하나의 전략으로 채택한다. 그리고 그런 전략 속에서 내용 분석(content analysis)과 현장 실험(field experiments), 또 국민설문조사(national surveys)의 상관 분석(correlational analysis)으로부터 도출된 증거들을 제시한다. 내용 분석은 공적 이슈를 다룬 텔레비전 뉴스 보도에서 주제적 혹은 일화적 프레임이 각각 어느 정도 차지하는지 그 비율을 파악하기 위해, 현장 실험은 특정 뉴스 프레임이 책임 귀인에 미치는 영향을 좀 더 엄격하게 검증하기 위해, 그리고 국민설문조사의 상관 분석은 책임성 귀인이 정치적 의견과 태도에 미치는 영향에 대한 증거를 일반화하기 위해 활용되었다.

이슈 표본

사람들이 책임을 어디에 부과할 것인가는 이슈에 따라 다를 것으로 예측되었다. 이를테면, 사람들은 일부 이슈에 대해서는 정부나 사회가 원인과 해결의 측면 모두에서 주요한 책임자라고 생각하겠지만, 일부 이슈에 대해서는 주요한 책임자로 사적 행위자(private actors) 혹은 사적 주체와 공적 주체가 어느 정도 섞여 있다고 생각할 수 있다는 것이다.

본 연구에서는 두 주요 범주에 속하는 이슈(two major categories of issues)와 하나의 구체적인 정부 결정(specific governmental decision) 사항과 관련된 책임성 귀인을 연구 대상으로 설정해 검토했다. 먼저 연구 대상에 포함된 두 주요 범주는 공공 안전(즉, 법과 질서)과 사회복지 즉, 경제복지였다. 거기에서 법과 질서의 범주에는 범죄(crime)와 테러(terrorism)가, 그리고 사회복지의 범주에는 빈곤(poverty), 실업(unemployment), 인종 불평등(racial inequality)이 구체적 이슈로 포함되었다. 이들 다섯 이슈는 최근 미국 정치에서 지속적으로 문제가 되었던 것들이다. 또 본 연구는 최근 가장 논란이 되었던 정부 결정, 즉 이란에 대한 레이건 정부의 군사 장비와 보급품 판매 결정에 대한 뉴스 보도도 함께 검토했다.

내용 분석

내용 분석이란 텍스트의 내용을 분류하기 위한 체계적인 시도로 정의될 수 있다. 여기에서 통칭되는 "텍스트(text)"란 밴터빌트 대학교(Vanderbilt University)의 텔레비전 뉴스 아카이브(Television News Archive)에 수집된 네트워크의 일간 뉴스 보도의 초록(abstracts)을 말한다. 한편, "표본(sample)"은 각각의 연구 대상 이슈와 관련된, 1981년 1월과 1986년 12월 사이 ABC, CBS, NBC가 방송으로 내보낸 모든 뉴스 기사의 초록을 말한다. 이런 기사들은 모두 핵심어 검색(key-word search)을 통해 검색되었다. 즉, 개별 이슈와 관련된 핵심어 목록이 마련되었고, 그 용어들 중 어느 것이라도 언급되고 있는 기사일 경우에는 모두 검토 대상에 포함되었다. 예를 들면, 빈곤의 경우 핵심어에는 "복지(welfare)," "굶주림(hunger)," "영양실조(malnutrition)," "노숙자(homeless)," "노인(elderly)," "장애인(disabled)," "메디케어(Medicare, 의료보험)," 그리고 "부양 자녀(dependent children)" 등이 포함되었다.

이렇게 지속적으로 논란을 야기하는 다섯 이슈와 관련해 검색된 모든 기사는 일화적 혹은 주제적 프레임으로 분류되었다. 일화적 범주(episodic category)에는 이슈를 구체적 사례나 사건으로 주로 묘사하는 기사들이 포함된 반면, 주제적 범주(thematic category)에는 이슈를 집단적 결과, 공공 정책 논쟁, 혹은 역사적인 관점에서 보다 일반적으로 묘사한 기사들이 포함되었다.

일화적 프레임과 주제적 프레임이란 범주는 상당히 간명하고 철저한 개념이었지만, 그렇다고 완전히 일화적이거나 혹은 완전히 주제적인 기사는 사실상 드물었다. 그것은 이를테면, 전국적인 실업률 증가를 다룬 하나의 기사에서 국가 경제 차원에서의 실업의 의미를 살펴보면서도(주제적 프레임) 동시에 실직한 채 생활 보조금을 받고 있는 한 명의 자동차 공장 노동자를 자세히 살펴보는 것(일화적 프레임) 역시 가능했기 때문이다. 반대로 한 개인을 매우 자세히, 또 면밀하게 묘사해 보여주는 기사의 경우에도 기사 도입부에 전반적 문제로서의 빈곤 문제에 대해 앵커가 언급을 할 수도 있었기 때문이다. 따라서 기사는 지배적 프레임(predominant frame)에 의해 분류되었다. 그리고 그 프레임은 텍스트 초록에 등장하는 용어의 수(word count)에 의해 먼저 결정되었다. 요컨대, 빈곤에 관한 기사는 주제적 프레임이 지배적일 때 주제적인 것으로 분류되었다는 것이다. 따라서 먼저 초록이 사용된 용어의 수에 따라 일화적 혹은 주제적 프레임으로 분류되었다. 하지만 초록은 뉴스 원본을 크게 줄인 요약본이다. 일화적 혹은 주제적 프레임에 할애된 용어 수에 따른 이런 분류의 정확성을 알아보기 위해 2차 내용 분석이 시도되었다. 먼저 빈곤과 관련해서는 CBS의 모든 기사에 대해, 다음으로 실업과 테러와 관련해서는 CBS의 대표적인 표본(representative sample) 기사에 대해 좀 더 자세하고 "실제 영상에 근거한(visual)" 내용 분석이 수행되었다(CBS가 선택된 이유는 당시 CBS가 가장 많은 시청자를 확보하고 있었기 때문이다). 거기에서는 주제적 및 일화적 보도에 할애된 실제 방송 시간(actual airtime)이 주요하게 검토되었다. 이와 같이 좀 더 면밀하게 분석된 자료에 의존해 분류를 시도한 결과 실제 대다수의 뉴스 기사는 주제적 혹은 일화적 형식으로 현저하게 기울어져 있음이 밝혀졌다. 예를 들면, 초록을 바탕으로 일화적 프레임이라고 분류된 한 기사의 경우, 그것의 실제 원본 기사에서도 전체 방송 시간 중 평균 약 80퍼센트가 일화적 보도에 할애되고 있다는 것이 밝혀졌다. 따라서 이런 실제 영상 분석은 텍스트를 기반으로 한 기사 분류의 타당성을 더 확고하게 입증해 주는 데 기여했다(내용 분석의 세부적인 내용에 대해서는 부록A를 참조하라. 한편 영상 분석과 관련해서는 4장과 5장의 논의를 참조하라).

현장 실험

실험 연구의 논리는 매우 단순하다. 연구자는 일부 변수를 조작하고 그런 후 연구 대상에 대한 효과를 관찰한다.[2] 여기에 기술된 실험은 모두 정치적 이슈가 프레임되는 방식을 조작하기 위해 설계되었다. 예를 들면, 빈곤 실험1에서 실험 참가자 중 한 집단은 빈곤을 일화적으로 프레임한 뉴스를 시청한 반면, 또 다른 한 집단은 주제적으로 프레임한 뉴스를 시청했다.

한편, 실험 참가자들은 이 두 실험 조건에 무작위로 배정되었다. 그것은 만약 이 두 집단 사이에 어떤 차이가 발생한다면 그것은 사실상 실험 조작, 즉 뉴스 프레임 때문에 발생했다는 것을 분명히 하기 위해서였다. 예를 들어, 만약 주제적 보도를 본 실험 참가자가 책임을 사회의 탓으로 돌린다면, 무작위 배정의 조건에서의 그 차이는 프레임에 의해 야기된 것이라고 할 수 있다는 것이다.[3]

절차

9번의 미디어 프레임 실험에 참여한 피험자들은 서포크 카운티(Suffolk County)의 쓰리 빌리지(Three Village, 뉴욕 주의 롱아일랜드 동부) 주민들이었다. 이들은 "텔레비전 연구(television research)"의 참여 대가로 10달러를 지불한다는 신문과 여타 매체의 광고를 통해 모집되었다. 스토니브룩(Stony Brook)에 위치한 뉴욕주립대학(State University of New York) 캠퍼스 내 미디어 연구실(Media Research Laboratory)에 모인 이들 실험 참가자들은 연구 목적이 "선택적 지각(selective perception)"을 탐구하는 데 있고, 이를 위해 지난해에 방송된 뉴스 기사를 무작위로 선택, 짜깁기한 편집본을 시청하게 될 것이라는 설명을 들었다.[4] 그런 후 뉴스 기사에 대한 반응과 평가를 담은 설문지 작성을 요청받게 될 것이라는 설명도 이어졌다. 비록 연구 목적에 대한 설명은 거짓이었지만 이런 설명은 나름 타당성이 있었는데, 그것은 설문지에 특정 뉴스 기사에 대한 "생각(thoughts), 반응(reactions), 그리고 느낌(feelings)"을 물어보는 몇몇 문항이 포함되어 있었기 때문이다.

안내를 받은 참가자들은 설문 동의서와 개인적 배경, 정치 개입 정도, 미디어 활동, 그리고 당 선호도 등에 관한 간단한 사전 설문지를 작성했다. 그런 후 참가자들은 7개의 기사로 구성된 21분짜리 비디오테이프를 보았는데, 이들 기사에 대해서는 지난 6개월 동안 방송된 네트워크 뉴스 기사 중 대표로 선택된 기사라는 설명이 덧붙여졌다. 실제로 그 기사들은 이전에 세 주요 네트워크 중 하나에서 방송된 적이 있는 실제 기사였다. 한편, 테이프의 네 번째 기사는 실험 조작에 해당하는 기사였다. 이 기사는 실험 설계에 따라 여섯 개의 표적 이슈(target issues) 중 하나를 프레임했다. 이런 "처치(treatment)" 기사의 길이는 2분에서 3분 사이였다. 처치 기사를 뺀 나머지 비디오테이프는 동일했다. 이런 개별 시청 모임에 참여한 평균 참가자 수는 2명이었다.

비디오테이프 시청을 마친 참가자들은 각각 별도로 마련된 방에서 매우 긴 사후 설문지를 작성했다. 거기에는 자신들의 정책 선호도에 관한 다수의 질문뿐 아니라 "표적(target)" 이슈에 대한 원인 및 해결 책임성 귀인을 파악하기 위한 질문, 또 레이건 대통령의 이슈 입장에 대한 평가, 대통령의 전반적인 직무수행, 대통령의 특정 이슈에 대한 직무수행, 대통령의 능력 및 청렴도 등에 대한 평가, 또 다양한 공적 인물, 집단, 기관들에 대한 평가 등이 포함되어 있었다. 사후 질문지가 완성된 후에는 실험에 대한 모든 것들이 참가자들에게 설명되었고 실험 참가비도 마지막으로 지불되었다.[5]

측정 방법

개별 이슈에 대한 원인 및 해결 책임성 귀인은 개방형(open-ended) 질문을 통해 도출되었다. 예를 들면, 개별 참가자들은 먼저 "당신은 _____의 가장 중요한 원인을 무엇이라고 생각하십니까?"란 질문을 받았다. 그런 후 "만약 당신이 _____을 줄일 수 있는 방법을 제안할 것을 요청받는다면 무엇을 제안하시겠습니까?"란 질문을 받았다. 개별 참가자들은 시간에 구애받지 않고 자유롭게 답할 수 있도록 허용되었다.[6] 개별 질문과 관련해서는 최대 서로 다른 4개의 응답까지만 코딩(coding)되었다. 비록 이런 응답이 까다롭고 다량의 코딩 작업이 필요하긴 하지만 비반응성(nonreactivity) 방법과 비교하면 나름 이점을 지녔다고 할 수 있다. 그것은 고정된 선택 문항이 있는 설문조사와 달리 개방형 질문은 응답자들로 하여금 특정한 원인이나 해결책에 대해 생각하도록 유도하는 단서를 제공하지 않기 때문이다. 이와 관련해서는 두 명의 코더가 각각 설문지를 읽고 응답을 분류했다. "원래의 응답(raw)"이 지닌 다양한 범주에도 불구하고 코더 간 일치도(inter-coder agreement)는 만족도를 넘어섰다(부록A를 참조하라).

표본 편향

실험 연구의 아킬레스건은 물론 실험 표본의 대표성(representativeness)이다. 이번 연구에 참가하기로 한 사람들은 현지 지역, 즉 뉴욕 주 서포크 카운티의 주민 구성과 매우 유사하게 구성되었다(표3.1을 참조하라). 또 전형적인 사회심리학 실험과는 달리 대학의 학부생들은 참가자 풀(pool)에서 체계적으로 배제되었다.[7] 그럼에도 불구하고 서포크 카운티가 미국의 축소판이라고 하기는 어렵다. 이를테면, 이번 연구에 참여한 실험 참가자들은 미 유권자의 전형적인 표본과 비교해 좀 더 교육 수준이 높았고, 상대적으로 가톨릭 신자와 유대인들이 많았으며, 좀 더 부유했고, 지난 대통령 선거에서는 평균보다 높은 투표율을 보였다. 이런 차이를 감안하면, 보다 광범위하고 대표적인 전국 표본을 통해 실험 결과를 반복 검증하는 것은 매우 중요한 일이라고 할 수 있다. 따라서 본 연구에서는 몇몇 실험 결과

(experimental findings)에 대해서는 그에 상응하는 전국적인 설문조사에 대한 분석도 함께 이루어졌다.

실제성 대 정확성

현실 자료를 이용한 실험 조작을 함으로써 치르게 되는 대가 중 하나는 일정 정도의 정확성 상실이다. 앞에 설명된 프레임 조작의 핵심은 서로 다른 뉴스 기사에 대한 시청자의 반응을 비교하는 것이었다. 정보나 제시 방식의 측면에서 실험 처치된 기사를 동일하게 만들기 위해 할 수 있는 모든 방법을 동원했다. 먼저 최신 장비를 이용해 처치 기사의 길이를 동일하게 편집했다. 앵커의 도입부 멘트도 최대한 내용이 유사하도록 편집했다. 처치된 기사가 동일한 네트워크에서 발췌되었을 경우에는 동일한 도입 멘트가 사용되었다. 시청자의 관심이나 개입에 대한 잠재력의 측면에서도 처치 기사 사이의 차이가 최소화되도록 예방조치들이 취해졌다.

표3.1 참가자 개요

	실험 참가자 (%)	1980년 NES 표본 (%)	1980년 서포크 카운티[a] (%)
여성	56	57	51
비백인	7	13	8
고교 졸업	37	63	64
대학 재학 경험	33	20	18
대학 졸업	30	17	18
직장인	71	56	58
실업자	7	8	6
은퇴자	5	13	
가정주부	7	18	36
학생	8	3	
육체노동자	24	37	27
사무직	54	31	48
전문직	22	22	26
개신교 신자	36	63	*
가톨릭 신자	42	23	*
유대교인	16	3	*
지난 선거에 투표한 사람	68	62	*
공화당원	25	22	37
민주당원	32	41	23
무당층	29	24	23
수	772	965	

주: 실험 참가자, NES 응답자, 서포크 카운티 주민의 평균 연령은 각각 34, 41, 31세였다.
[a]서포크 카운티의 자료는 롱아일랜드 도시계획국(Long Island Regional Planning Board)로부터 제공받음.
*입수되지 않은 자료임.

그럼에도 불구하고 프레임 조작은 동일한 자극물로 구성되지 못했다. 따라서 실험 결과가 프레임의 차이가 아니라 처치 기사 자체의 특이성 혹은 내용의 차이로 인해 발생될 가능성을 막기 위해, 실험 조건 모두는 시청자 개입 정도를 보여주는 두 지표의 관점에서 비교되었다. 하나는 개방형 원인 및 해결 질문에 대한 응답 수였고, 다른 하나는 기사가 유발하는 감정 수준이었다. 전체 실험 중 어느 한 조건에서도 이와 관련해서 확연한 차이를 보인 곳은 없었다. 다만 두 경우에서만 실험 조건들은 도출된 감정의 수에서 확연한 차이를 보였다.[8] 따라서 전반적으로 보면 각 조건에 프레임된 처치 기사는 자유로운 논평을 끄집어내거나 감정을 자극하는 능력의 측면에서 별다른 차이를 보이지 않았다고 할 수 있다. 마지막으로, 의사 결과(spurious result)의 가능성을 막기 위해 프레임에 대한 실험 검증은 완전히 다른 이슈를 다룬 일단의 기사들을 통해 전반적으로 반복되었다.

요약하면, 본 연구에 사용된 프레임 조작은 심리학 실험실에서 사용되는 것만큼 그렇게 엄격하지는 않았다. 연구에 사용된 기사는 인위적으로 고안된 기사가 아니라 실제 방송된 기사였는데, 이런 실제 기사의 사용은 서로 다른 뉴스 프레임 사이의 외부성 차이(extraneous differences)를 만들어내었다. 그럼에도 불구하고 처치 기사를 청각적, 시각적 측면에서 매우 그럴듯하게 동질화시키고, 또 반복적 검증 전략을 채택함으로써 그런 차이가 작동될 수 있는 여지는 최소화되었다. 따라서 프레임 효과가 발견되고, 그런 효과가 서로 다른 조작물 전체에 걸쳐 발생한다면, 그런 프레임 효과는 뉴스 기사 사이에 존재하는 고유한 차이가 작동할 가능성이 이미 최소화된 효과라고 할 수 있다.

실험 요구 피하기

어떤 실험이든 그 과정에서 연구자는 요구 특성(demand characteristics) − 실험 참가자에게 무엇을 기대하는지 암시하는 실험 상황이나 실험 진행 과정에서의 단서(cues) − 효과를 최소화하는 것이 반드시 필요하다.[9] 본 연구에서도 앞에 언급된 바와 같이 연구의 실제 의도를 사실상 감추고 그럴듯한 연구 의도를 제시하는 것을 포함해 그와 같은 몇몇 예방조치들이 취해졌다.

또 본 실험에 활용된 모든 처치 기사는 네트워크가 사용하는 편집 장비로 편집되었고, 테이프 역시 방송국용 3/4인치를 사용했다. 따라서 참가자들은 뉴스 기사에 가해진 변화를 실제로 눈치 챌 가능성이 거의 없었다. 게다가 편집된 기사 모두가 이미 ABC와 CBS, 또 NBC를 통해 이전에 방송된 실제 기사였기 때문에 편집본은 사실상 실제 방송된 보도 프로그램처럼 보였다. 거기에 더해 책임성 귀인을 파악하기 위한 개방형 질문도 참가자들로 하여금 연구자가 무엇을 하고자 하는지 파악하는 것을 상대적으로 어렵게 만들었다.

한편, 실험 참가자들은 배우자나 친구, 혹은 동료들과 함께 오기를 권유받았는데, 그런 조치는 실험실 특유의 분위기를 완화시키는 효과를 낳았고 동시에 참가의 경제적 동기를 높이는 효과를 낳기도 했다. 두 명이라는 평균적인 모임의 규모는 통상 참가자들이 한 명의 동반자와 함께 준비된 비디오테이프를 봤다는 것을 의미했다. 이외에도 참가자들은 또 커피를 마시거나 신문과 잡지를 읽을 수도 있었다. 마지막으로 실험 요구에 대한 우려로 인해 사후 설문조사만을 선택하지 않을 수 없었다는 점을 밝힌다. 만약 책임성 귀인에 관한 설문 문항들이 사전 및 사후 설문조사 모두에 포함되었더라면 참가자들은 아마도 실험 목적에 대한 의구심을 품었을 수도 있었을 것이다.

상관 분석

프레임이 정치적 책임성 귀인에 미치는 효과가 흥미로운 것은 그런 귀인이 다시 여론에 강력하게 영향을 미친다는 점 때문이다. 이 연구에서는 귀인과 여론 사이의 관련성을 알아보기 위해 상관 분석이 진행되었다. 이런 분석을 위해 서포크 카운티 실험(Suffolk County experiments), 미시간 주립대학(University of Michigan) 정치연구센터(Center for Political Studies)의 다양한 국민설문조사, <뉴욕타임스 New York Times>와 <CBS 뉴스 CBS News>가 공동으로 수행한 설문조사를 통해 얻은 자료를 활용했다.

설문조사 분석에서 검토된 의견은 두 범주로 나누어졌다. 하나는 정부에 대한 전반적 평가(general evaluations)로 거기에는 현직 대통령의 전반적 직무수행, 능력, 청렴도에 대한 질문 등이 포함되었다. 다른 하나는 이슈 한정적 의견(issue-specific opinions)으로 거기에는 대통령의 특정 이슈 영역(예를 들면, 실업 줄이기)에 대한 직무수행, 응답자의 특정 정책 선호도(예를 들면, 민권 프로그램에 대한 추가적인 연방 재정 지원), 그리고 마지막으로 개별 표적 이슈(target issue) 내부의 다양한 집단과 개인(예를 들면, 가난한 사람, 경찰, 카다피 대령)에 대한 평가 등이 포함되었다.

이런 상관 분석에서는 또 몇몇 개인적 특성이 정치적 의견에 미치는 영향도 검토되었다(부록C를 참조하라). 일반적으로 정치적 정당일체감(party identification)과 진보-보수 성향(liberal-conservative orientation)은 "장기적" 즉, 성향적(dispositional) 의견 단서와 가장 밀접하게 관련되어 있다고 여겨진다. 따라서 뒤에 제시될 모든 설문조사 분석에서, 전반적인 정치 평가와 이슈 한정적 의견을 파악할 경우에는 항상 이런 당파적 및 이념적 차이가 고려대상에 포함되었다.

당파성과 이념적 성향 이외에도, 사실에 관한 지식 수준 역시 정치적 의견에 영향을 미칠 수 있다. 그리고 정치 이슈에 대한 식견(information)의 정도는 사람들에 따라 상당한 차이를 보인다. 비록 정치에 대해 식견이 있는 사람과 그렇지 않은 사람이 서로 다른 의견을 표명한다는 사실을 주장할 수 있는 구체적인 이론적 기반이나 증거가 있는 것은 아니지만, 그럼에도 불구하고 이 분석에서는 여론에 대한 책임성 귀인의 효과가 단순히 위장된 식견(information in disguise) 효과에 불과할 가능성을 제거하기 위해 표적 이슈에 대한 식견 측정치도 포함해 검토해 보았다. 마지막으로 사회경제적 지위가 정치적 의견에 미치는 영향도 이 설문조사 분석에 포함시켜 검토했다.

이런 설문조사 분석은 두 단계로 진행되었다. 먼저 특정 이슈 영역 안에서 귀인이 여론과 태도에 미치는 영향이 평가되었다(7장). 예를 들면, 이런 분석은 빈곤을 사회 책임으로 돌리는 사람과 가난한 사람들 자신에게 돌리는 사람 사이에는 사회복지 정책을 선호하는 데 있어 상당한 차이가 있다는 것을 밝혀주었다. 사실상 이 단계의 분석은 책임 귀인이 영역 한정적(domain-specific) 의견 단서로 얼마나 잘 작동하는지를 보여준다. 다음으로 귀인이 대통령의 전반적인 직무수행 평가에 미치는 영향이 평가되었다(8장). 사실상 이 단계의 분석은 책임성 귀인이 전반적 여론 단서로 얼마나 잘 작동하는지를 보여준다.

4장

범죄와 테러 책임성 귀인에 대한 프레임 효과

표면상 범죄(crime)와 테러(terrorism)는 유사한 정치 이슈처럼 보인다. 그 이유는 둘 모두 공공의 안전을 위협하기 때문이다. 하지만 범죄는 보다 더 직접적으로 다가오는 위험이고, 많은 사람들에게는 일상과 전체로서의 사회 문제를 극적으로 연결시켜 주는 강렬한 개인적 경험의 문제이기도 하다. 반면, 테러 위협은 전반적으로 먼 곳의 일이고 가능성도 희박하다. 실제로 테러는 전형적인 매개 이슈(mediated issue)라고 할 수 있다. 테러와 관련해 국민들이 알 수 있는 것은 매스미디어를 통해 전달되는 항공기 납치(aircraft hijackings), 인질극(hostage situations), 폭파 장면 및 그와 유사한 드라마에 국한된다. 비록 극적이긴 하지만 이런 사건들은 사실상 개인과 직접적으로 관련되어 있지 않다.

이 두 이슈의 실제 삶에 대한 상대적 현저성(obtrusiveness) 차이는 프레임 가설(hypothesis)에 중요한 의미를 지닌다. 범죄는 실제 개인에게 가해지는 위협이기 때문에 사람들은 그 이슈에 대해 좀 더 개인적인 친숙함을 가지고 있을 것으로 예측되었다. 따라서 범죄에 대한 책임성 귀인은 프레임과 같은 맥락적 단서에 상대적으로 덜 민감할 것으로 예측되었다. 이와 반대로 테러는 먼 곳에서 벌어지는 잘 이해할 수 없는 분쟁이고, 또 이념적 갈등과 관련되어 있기 때문에 그것에 대한 책임성 귀인은 맥락적 단서, 즉 프레임에 훨씬 더 민감하게 반응할 것으로 예측되었다. 간단히 말해, 귀인에 대한 미디어의 영향력은 범죄에서보다 테러에서 더 클 것으로 예측되었다는 것이다.

텔레비전 뉴스는 범죄와 테러를 어떻게 프레임하는가?

범죄와 테러, 특히 후자는 1980년대의 네트워크 의제에서 가장 중요하게 취급되었다. 1981년과 1986년 사이 ABC, CBS, NBC는 약 1,100개의 범죄 관련 기사를, 그리고 2,000개 이상의 테러 관련 기사를 내보냈다. 개별 네트워크가 월 평균 11개의 테러 관련 기사를 내보낸다는 것은 이례적으로 높은 보도량에 속한다고 할 수 있다. 실제로 이 기간 동안 테러 관련 기사는 빈곤, 실업, 인종 불평등, 범죄에 대한 기사 모두를 합한 것보다 더 많았다. 그리고 이런 기사들을 통해 전달된 항공기 납치(hijackings)와 인질극(hostage situations), 그리고 그와 유사한 사건들의 이미지는 대중의 의식에 깊이 각인되었다.

네트워크들은 대부분의 범죄와 테러 사건을 일화적 관점에서 프레임했다(그림4.1을 참조하라).[1] 예를 들면, 범죄 관련 뉴스의 89퍼센트는 "경찰 사건일지(police-blotter)"와 같은 형식을 취했다. 또 주제적이든 일화적이든 뉴스는 대체로 강력 범죄(violent crime)에 초점을 맞추었다. 따라서 전형적인 범죄 관련 기사는 특정 개인(specific individual) – 범죄자(perpetrator)이든 희생자(victim)이든 – 과 폭력적인 범죄 행위에 초점을 맞추었다.

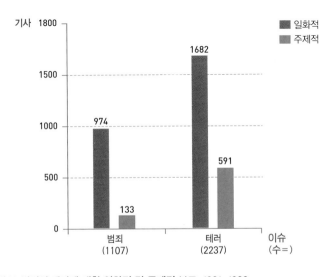

그림4.1 **범죄의 테러에 대한 일화적 및 주제적 보도, 1981~1986**

한편, 테러에 대한 보도는 범죄에 대한 보도와 비교해 상대적으로 더 주제적이긴 했지만, 거기에서 일화적 보도가 차지하는 비율은 3대 2로 여전히 주제적 보도보다 많았다. 예를 들면, 전체 뉴스 기사의 74퍼센트는 특정 테러 행위나 집단, 혹은 희생자나 사건을 생방송으로 보도하는 것이었다. 반면, 테러를 하나의 전반적인 정치 문제로 다룬 기사는 26퍼센트에 불과했다(부록A를 참조하라). 이런 결과는 테러에 대한 네트워크의 보도가 대단히 "사건(event)" 편향적이라고 밝힌 이전의 여타 학자들의 내용 분석과 일치하는 것이다.[2] 이들은 테러 행위에 대한 뉴스 기사의 극적인 성격 때문에 사건 편향성과 그에 수반되는 전반적 배경 정보에 대한 무관심이 생겨난다고 추정했다. 알사이드(Altheide)가 주장하듯,

> 사건의 시각적 측면에 의존하는 텔레비전 뉴스는 수용자 입장에서 보면 더 흥미로울 수 있지만, 사건을 둘러싼 보다 포괄적인 이슈를 이해하는 데 도움이 되는 서사적 해석을 제공할 가능성은 거의 없다. 더 극적인 영상이 테러 전술이나 이후에 이어질 파장과 결합될 경우, 역사나 목적, 그리고 그것의 근본적 원인이라는 좀 더 거대한 이슈보다 이런 시각적 측면이 더 주목을 받게 될 것이다.[3]

테러에 대한 일화적 및 주제적 프레임은 특정 주제(specific subject matter) 범주 안에서 검토되었다. 일화적 보도는 실행 주체의 개인(들), 집단(들), 단체(들)의 국적에 의해 분류되었다. 제3세계의 국적을 가진 사람들이 일화적 보도의 51퍼센트를 차지했다. 이 집단 내에서는 중동인들(Middle Easterners)이 가장 많았고, 그 뒤를 중미인들(Central Americans)이 차지했다. 서구의 테러범도 주요 보도 대상이었는데, 일화적 기사의 34퍼센트를 차지했다.

주제적 뉴스 보도의 33퍼센트는 미국 정부의 대테러 노력(counter-terrorist efforts)에 초점을 맞추었다. 나머지 주제적 기사들은 초점이 되는 주제에 따라 널리 산재해 있었다.

누구의 책임인가?

 범죄는 검토된 이슈 가운데 그 어떤 이슈보다도 원인 및 해결 책임성 귀인에서 가장 높은 평균치(응답자 당 각각 2.7과 2.1)를 도출했다(그림4.2를 참조하라). 그것은 어쩌면 범죄가 테러나 빈곤, 또는 실업이나 인종 불평등보다 사람들이 더 "가깝게 체감할 수 있는(doorstep)" 이슈라는 측면에서 할 말이 더 많았던 것이라고 추정해 볼 수 있다.

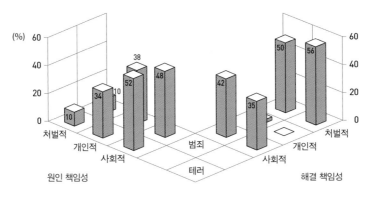

그림4.2 **범죄와 테러에 대한 원인 및 해결 책임성 귀인**

 범죄와 테러에 대한 원인 책임성(causal responsibility)은 죄를 짓거나 테러를 행한 개인, 다양한 사회적 조건, 그리고 충분치 않은 처벌 정책에 초점이 모아졌다.[4] 범죄에 대한 개인적 귀인(individualistic attributions)은 원인에 대한 두 논점을 중심으로 구성되었다. 하나는 탐욕, 인격 장애, 노동회피 욕망과 같은 성격적 결함(character deficiencies), 다른 하나는 불충분한 교육 및 부족한 취업 능력이었다. 반면, 테러에 대한 개인적 원인은 압도적으로 개인의 특성과 결부되었다. 이러한 것들은 주로 정치적 광신주의(political fanaticism), 그와 관련된 인간 생명에 대한 무관심, 그리고 권력욕과 같은 성격적 특징들이었다. 그러나 범죄와 테러에 대한 이런 원인 책임성의 개인적 귀인 수준은 사실상 동일했다(각각 38, 34퍼센트였다).

범죄와 테러에 대한 원인 귀인에서 사회에 대한 언급은 두 가지의 상반된 논지로 구성되었다. 하나는 범죄와 테러를 조장한 다양한 사회적, 경제적, 정치적 조건들에 대한 언급이고, 다른 하나는 범죄를 저지르거나 테러를 행한 사람들을 제대로 처벌하지 못한 사회의 실패에 대한 언급이었다. 전자의 범주는 사회적 원인 책임성(societal causal responsibility)으로 분류되었고 후자의 범주는 처벌적 원인 책임성(punitive causal responsibility)으로 분류되었다.

범죄에 대한 사회적 원인 책임성 귀인에는 경제적 조건, 사회적 차별, 인종 불평등, 빈곤, 그리고 문화적 관습(cultural institutions)에 대한 언급이 포함되었다. 문화적 관습 범주에는 범죄를 미화하고 폭력 사용을 정당화하는 매스미디어와 엔터테인먼트 산업의 역할을 언급한 응답이 포함되었다. 테러에 대한 사회적 원인에는 경제적, 정치적 억압, 그리고 이스라엘에 대한 지원, 가난한 나라에 대한 충분치 않은 경제적 지원, 독재자 편들기, 실익중심의 정치와 같은 미국 정부의 조치와 정책, 또 초강대국과 여타 국가들 – 특히 리비아(Libya) – 에 의한 개입과 같은 국제 정치, 그리고 전통적 관습의 붕괴, 정쟁, 강력한 리더십 부재와 같은 현지의 정치적 혼란 등이 포함되었다. 이런 사회적 귀인은 범죄와 테러에 대한 전체 원인 책임성 귀인에서 각각 48퍼센트와 52퍼센트를 차지했다.

한편, 처벌적 원인 책임성, 즉 사람들이 가혹한 형벌을 피할 수 있기 때문에 범죄와 테러에 가담한다는 주장은 많지 않았다. 이 두 이슈의 원인에 대한 전체 응답 중 약 10퍼센트만이 충분한 처벌 조치가 부족하다고 언급했다.

응답자들은 범죄와 테러, 이 두 이슈에 대한 해결 책임성과 관련해서는 대체로 그 책임이 전체로서의 사회에 있다고 답했다. 개인적 인격 수양이 적절한 해법이라고 응답하는 경우는 거의 없었다. 이것은 응답자들이 범죄자나 테러범이 개과천선할 수 있다거나 혹은 그렇게 할 의지가 있다고 보지 않는다는 것을 보여준다. 따라서 범죄와 테러를 예방하는 방법은 대체로 근본적인 사회경제적 및 정치적 질서를 개선하거나(사회적 해결 책임성, societal treatment responsibility), 그렇지 않으면 보다 엄격하고 확실한 처벌을 부과하는 것(처벌적 해결 책임성, punitive treatment responsibility)이 되었다.

범죄와 관련해 제시된 사회적 해결책에는 빈곤 및 불평등 축소, 사회복귀 프로그램 및 교육 프로그램 제공, 그리고 경제적 삶의 개선 등이 포함되었다. 응답자들은 또 잠재적 해결책으로 국민 의식 강화("범죄 예방 주민 단체 결성," "범죄 희생자가 되지 않는 방법에 대한 시민 교육")를 언급하기도 했다. 이들 네 범주의 사회적 해결책은 전체 범죄 해결책에서 42퍼센트를 차지했다. 한편, 테러와 관련해 제안된 사회적 해결책에는 테러범의 정치적 불만 해소, 압제의 종결, 테러범과의 협상 시 보다 민활한 대처, 국민 의식 고취(예를 들면, "관광객들에게 해당 국가의 정치적 상황에 대해 정보를 제공하는 것") 등이 포함되었다. 이런 사회적 해결 응답은 테러에 대한 전체 해결 응답의 35

퍼센트를 차지했다.

내용과 빈도의 측면 모두에서 이 두 이슈에 대한 지배적인 예방책(prescri-ption)은 테러범과 범죄자에 대한 보복이나 처벌(처벌 해결 책임성)을 보다 엄격하게 부과하는 것이었다. 테러와 관련된 전체 예방책 응답 중 거의 56퍼센트가, 그리고 범죄에 관한 전체 예방책 응답 중 50퍼센트가 이 범주에 포함되었다.

원인과 해결 응답이 각각의 이슈 내부에서 상응하는 정도 역시 이항으로 구성된 "순(net)" 원인 및 해결 책임성 점수의 계산을 통해 검토되었다. 거기에서 원인 책임성의 경우, 낮은 점수는 개인의 성격이나 불충분한 처벌을 원인 책임성으로 언급하는 경향성이 있다는 것을 의미했다. 반면, 높은 점수는 원인 책임성을 지배적인 사회적 조건으로 돌리는 경향성이 있다는 것을 의미했다. 해결 책임성의 경우, 낮은 점수는 낮은 처벌 수준에 그 책임을 돌리는 경향성이 있다는 것을 의미했다. 반면, 높은 점수는 사회에 그 책임을 돌리는 경향성이 있다는 것을 의미했다(부록B를 참조하라).

원인과 해결 책임성 점수의 종합을 통해 모두 네 층위의 서로 다른 유형이 발견되었다. 그것은 다음과 같다.

1. **억제 모델(Deterrence model)**: 개인적 성향이나 불충분한 처벌이 범죄와 테러의 원인이다. 따라서 범죄자와 테러범에 대한 보다 강력한 처벌이 해결책이다.
2. **사회적 모델(Societal model)**: 불충분한 사회적 조건이 범죄와 테러의 원인이다. 따라서 사회적 조건 개선이 해결책이다.

3. **후견 모델**(Guardianship model): 개인적 성향과 불충분한 처벌이 주요한 원인이다. 하지만 사회적 조건 개선이 해결책이다.
4. **처벌 모델**(Punitive model): 불충분한 사회적 조건이 범죄와 테러의 원인이다. 하지만 보다 강력한 처벌이 적절한 해결책이다.

그림4.3은 앞에 언급한 각각의 모델에 해당하는 참가자의 수와 비율을 보여준다. 두 이슈 모두 억제 모델이 가장 빈번하게 적용되었는데, 범죄의 경우 표본의 50퍼센트에 가까웠다. 사회적 그리고 후견 모델은 범죄보다는 테러에 약간 더 많이 적용되었다. 책임성에 대한 처벌 모델은 두 이슈 모두에서 표본의 20퍼센트에 미치지 못했다. 그럼에도 불구하고 전체적으로 보면, 범죄와 테러에 대한 원인 및 해결 책임성의 패턴은 유사했다.[5]

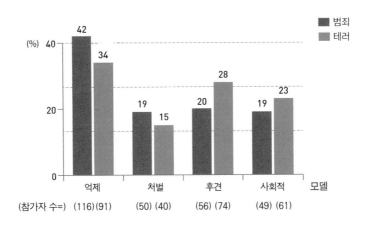

그림4.3 **책임성 모델: 범죄와 테러**

프레임에 대한 실험 검증

테러 실험 1

이 실험은 본질적으로 사람들의 원인 귀인에 대한 탐색적 연구였다. 따라서 실험 조작의 초점은 특정 테러 사건 – TWA 847기의 납치 사건과 뒤따른 베이루트(Beirut)에서의 인질극 – 에 맞추어졌다.[6] 인질들이 석방되자 세 네트워크 모두는 사건의 주요 상황을 상세하게 반복해서 방송했다. 먼저 세 개의 서로 다른 편집본이 만들어졌는데, 그것은 ABC 보도를 바탕으로 제작되었다. 이 중 두 개의 편집본에는 주제적 프레임이 포함된 반면, 나머지 하나에는 일화적 프레임이 포함되었다.

첫 번째 주제적 조건인 "미국의 외교 정책(U.S. Foreign Policy)"은 847기 납치 사건을 미 외교 정책에 대한 정치적 저항 행위로 해석했다. 그 기사는 이스라엘의 전통적 우방으로서 미국의 역할을 먼저 언급했다. 그런 후 이스라엘이 정치범으로 수용하고 있는 레바논 민간인들을 석방시켜야 한다는 납치범들의 주장을 보도했다. 이어 레이건 대통령이 등장했는데, 그는 거기에서 미국은 테러범과는 어떠한 협상도 하지 않을 것이라고 천명했다.

두 번째 주제적 조건인 "레바논의 혼란(Local Turmoil)"은 사건을 오로지 레바논 내의 정치적 투쟁이라는 맥락 안에서만 검토했다. 그 기사는 레바논 정부의 권위 붕괴와 인질을 붙잡고 있는 시아파(Shiite) 단체인 아말(Amal)을 포함해 레바논 내 다양한 준군사적 단체들의 부상에 대해 언급했다. 그리고 아말의 이념에 대한 설명과 영향력 확대에 대해서도 주요하게 언급했다. 하지만 미국, 이스라엘, 혹은 보다 광범위한 중동의 갈등에 대해서는 어떠한 언급도 하지 않았다.

세 번째 조건은 "석방된 인질(Hostages Released)"이라는 비해석적, 일화적 프레임으로 설계되었다. 그 기사는 단순하게 인질이 석방되었다는 소식을 전했다. 거기에서 인질들은 베이루트를 떠나기 전 서로 인사를 나누었다. 그리고 이전에 인질로 잡혀본 경험이 있는 몇몇 사람들이 등장해 인질 당시 자신의 건강과 대처 방식에 대해 언급했다. 이 조건은 납치 사건의 최종 결과에 대한 설명 이외에 어떠한 특정 관점도 제시하지 않았다.

마지막으로 네 번째 조건인 "통제(control)" 조건이 덧붙여졌다. 이 조건에 배정된 참가자들에게는 TWA 납치 사건과 관련된 어떠한 정보도 제공되지 않았다. 납치 사건 대신 이들이 본 기사는 미국의 최근 우주 프로그램 발전상에 관한 것이었다.

이 실험의 주요 목적은 동일한 테러 행위에 대한 서로 다른 뉴스 프레임이 책임성 귀인 변화를 유도할 수 있는지 그 가능성을 검토하는 것이었기 때문에 먼저 몇몇 예측이 이루어졌다. 먼저, 주제적 프레임은 시청자들로 하여금 테러에 대한 책임성 귀인을 사회적 요인으로 유도할 것이지만, 일화적 프레임은 개인이나 처벌 수위에 대해 보다 많은 책임을 부과하도록 유도할 것이라고 예측되었다. 다음으로 통제 조건에 놓인 시청자들은 테러에 대한 설명에서 개인의 책임성 – 테러범의 광신주의, 사악한 의도, 무도덕성(amorality), 그리고 그와 관련된 여타의 성격적 특성들 – 에 대해 언급할 것이라고 예측되었다. 이런 예측은 귀인 이론(attribution theory)을 근거로 도출되었는데, 이 이론은 사람들은 개개인의 행위에 대한 책임을 부과할 때 일반적으로 개인의 동기와 의도에 대해서는 과장하면서 동시에 맥락적 요인(contextual factors)의 역할에 대해서는 과소평가하는 경향이 있다고 주장한다. 심리학자들은 이런 경향을 "근본적 귀인 오류(fundamental attribution error)"라고 한다.[7]

　테러에 대한 원인 책임성 귀인에 관한 프레임 효과를 검증하기 위해 사회적, 처벌적, 개인적 책임성 지수들이 산정되었는데, 그러한 지수는 이들 각각의 책임성과 관련되어 답한 응답 수를 전체 응답 수로 나누어 구했다(그림4.4). 예를 들면, 사회적 원인 책임성의 경우, 그 지수는 정치적 억압이나 여타 사회적 요인을 언급하는 원인 귀인을 전체 귀인에서 나눈 값이었다(부록B를 참조하라). 이런 표준화된 귀인 지표를 얻고, 그것을 사용하는 것은 응답자의 글쓰기 능력, 장황한 답변, 정치적 관심, 그리고 이와 관련된 모든 능력에서 비롯되는 실험 참가자 개인의 개별적 차이에서 비롯되는 오판 가능성을 차단하는 데 기여했다.

　특정 뉴스 프레임이 테러에 대한 원인 책임성 귀인에 미치는 영향의 정도와 관련해서는 그림4.4에 제시되어 있다. 예측대로 사회적 귀인은 비행기 납치 사건이 일화적 관점에서 프레임될 때 가장 낮았다. 그리고 일화적 조건은 '레바논의 혼란'의 주제적 조건과 커다란 차이를 보였다(부록B를 참조하라). 하지만 예측과 달리 두 개의 주제적 조건이 서로 일치하는 응답 형태를 끌어내지는 않았다. 개인적 귀인의 빈도는 주제적인 '미국의 외교 정책'에서 가장 높았지만 주제적인 '레바논의 혼란'에서는 가장 낮았다. 즉, 두 개의 주제적 조건은 개인적 귀인의 수준에서는 상당한 차이를 보였다는 것이다.[8]

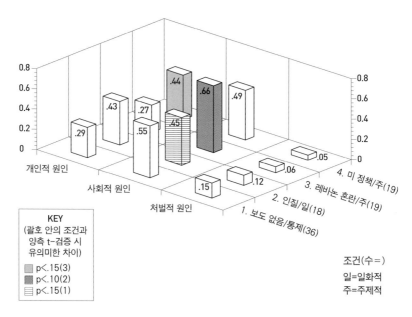

그림4.4 **프레임 효과: 테러 실험 1**

또 하나의 놀라운 결과는 통제 조건에 배정된 참가자들이 원인 책임성을 개별 테러범이 아니라 오히려 사회로 돌렸다는 사실이었다. 이들은 테러에 대한 어떠한 정보도 제공받지 않았다. 그럼에도 불구하고 "근본적 귀인 오류"를 범하기보다 오히려 이슈를 사회적 또는 정치적 문제의 산물로 여기는 경향성을 보여주었다.

마지막으로, 처벌적 책임성을 언급한 참가자 비율과 관련해 네 조건 사이의 차이는 사실상 존재하지 않았다. 네 조건 어디에서도 처벌적 해결 책임성의 비율은 15퍼센트를 넘지 않았다.

따라서 1차 실험 결과는 어쨌든 네트워크의 프레임이 작동하고 있음을 시사해 준다. 그것은 항공기 납치 사건을 레바논 현지의 정치적 격변이라는 맥락 속에 위치시킨 테러에 대한 주제적 프레임이 그 사건에 대한 사회적 원인 귀인을 더 뚜렷하게 만들어주었기 때문이다. 마찬가지로 동일한 항공기 납치 사건에 대한 일화적 프레임이 개별 테러범의 성격적 특징을 시청자의 귀인에서 맨 앞자리, 다시 말해 여타의 조건에서보다 상대적으로 높은 개인적 원인 비율을 차지하도록 만들어주었기 때문이기도 하다.

테러 실험 2

2차 테러 실험은 첫 연구 결과를 좀 더 포괄적으로 반복 실험하는 것으로 설계되었다. 이 실험에서는 모두 7개의 조건이 설정되었는데, 이중 3개는 주제적, 4개는 일화적이었다. 3개의 주제적 프레임 조건 모두는 미 정부 정책에 초점을 맞췄지만 그 정도와 맥락에서는 서로 차이를 보였다. 4개의 일화적 프레임 조건 가운데 3개는 제3세계 테러에 초점을 맞춘 반면, 나머지 하나는 영국의 테러 폭파 사건에 초점을 맞췄다.

첫 번째 주제적 프레임 조건인 "미국의 대테러 정책(U.S. Counter-Terrorism Policy)"은 레이건 대통령이 최근 발표한 "테러와의 전쟁(war on terrorism)"을 보도했다. 거기에서 기사는 테러범을 지원하는 국가에 대한 경제 제재에서부터 군사 보복에 이르기까지 당시 레이건 정부가 고려중인 몇몇 선택 가능한 정책에 대해 보도했다. 또 기자는 테러에 대한 "강경한" 입장이 의회의 초당적인 지지를 받고 있다는 점을 지적했다. 그런 후 화면에 등장한 레이건 대통령은 "이런 새로운 야만에 맞서 단호하게 싸우겠다"고 천명했다.

나머지 2개의 주제적 프레임 조건은 테러 활동 근거지로 지목되는 특정 지역 두 곳에 초점을 맞췄다. 먼저 "중동-주제적(Middle East-Thematic)" 조건에서, 앵커는 이스라엘에 의해 테러범들의 은둔지로 주장되는 레바논 마을에 대한 이스라엘 폭격 소식을 도입 멘트로 언급했다. 그런 후 기사는 레바논에 대한 이스라엘의 침략과 점증하고 있는 레바논 내부의 권력 투쟁에 대해 언급했다. 이어지는 화면에서 이스라엘의 한 정부 대변인은 군사 보복 정책에 대해 어떤 입장인지를 묻는 질문을 받자 이스라엘의 조치는 그 지역에서의 미국의 목표와 일치한다고 단호하게 천명했다.

세 번째 주제적 조건인 "중미-주제적(Central America-Thematic)"에서는 미국이 지원하는 니카라과 반군(Contra)이 CIA와 함께 만든 것으로 알려진 "테러 매뉴얼(terrorism manual)"을 각 예하 부대에 배포했다는 앵커의 폭로와 함께 시작했다. 이후 기사는 정부군과 반군 양측에 의해 발생한 민간인의 높은 사망률을 지적하면서 니카라과 내전 상황을 개괄적으로 전달했다. 거기에서 반군 측의 한 대변인은 반군이 민간인들을 공격했다는 혐의를 부인했다. 또 미 의회의 유력한 한 인사도 만약 중미 테러 활동에 대한 미국의 지원이 있다면, 그것은 외교 정책의 "재앙(disaster)"이 될 것이라고 지적하면서 그 혐의에 대해 반박했다.

한편, 4개의 일화적 조건 가운데 3개는 제3세계 테러범들에게 초점을 맞추었다. 첫 번째 조건인 "아랍 항공기 납치(Arab Hijacking)"에서, 기사는 이집트 항공기 납치와 그에 따른 이집트 특공대원들의 공격, 그리고 몇몇 미국인을 포함한 승객 60명의 사망으로 이어진 결과에 대해 보도했다. 그리고 생존자 두 명은 자신들이 겪은 고초에 대해 설명했다. 거기에서 기자는 납치범으로 알려진 사람은 "아랍인"이란 사실과 팔레스타인 해방기구(Palestine Liberation Organization)에서 분리되어 나와 현재 리비아의 지원을 받고 있는 한 분파가 항공기 납치 사건에 대해 자신들의 소행임을 주장하고 있다고 밝혔다.

두 번째 일화적 조건인 "시크교의 파괴공작원(Sikh Saboteurs)"은 시크교의 극단주의자들이 기내에 폭발물을 설치해 놓았다는 기존의 광범위한 의혹을 부추기면서 인도 항공 보잉 747기(Air India Boeing 747)의 불가사의한 추락 사건에 대해 설명했다. 이후 시크교도의 분리주의 운동에 참여하고 두 주요 용의자에 대한 설명이 이어졌고, 인도 정부에 반대하면서 뉴델리(New Delhi)에서 시위를 벌이고 있는 강경파 시크교도(militant Sikhs)의 영상과 함께 기사는 마무리되었다.

세 번째 일화적 조건인 "중미의 반군들(Central American Insurgents)"은 산살바도르(San Salvador)의 "민족해방전선(The Front for National Liberation)"이 세 명의 비번(off-duty) 해병대원을 포함해 여섯 명의 미국인을 죽음으로 몰고 간 사건을 다루었다. 목격자들은 공격 당시의 상황에 대해 설명했고, 화면에는 희생자의 시체들이 보여졌다. 그리고 기자는 엘살바도르(El

Salvador)에서 그와 같은 테러 공격이 점점 더 늘어나고 있다고 지적했다.

마지막으로, 네 번째 일화적 조건인 "IRA 폭파범(IRA Bombers)"은 대처 수상과 몇몇 각료들을 살해하려고 한 아일랜드공화국군(Irish Republican Army)의 음모에 관한 기사로 구성되었다. 거기에서 런던 경찰국(Scotland Yard)의 한 관계자는 연례적인 보수당 대회 현장에서 몇몇 정교한 폭발물이 발견되었다고 밝히면서 관련 IRA 가담자들을 추적하기 위한 조치에 대해 설명했다. 마지막 화면에서는 한 각료가 등장해 영국의 관공서를 점거하려는 위험이 점점 더 커지고 있다는 점을 지적했다.

요약하면, 2차 테러 실험 설계는 네트워크 뉴스 보도 저변에 자리 잡고 있는 주요한 흐름에 초점을 맞추었다. 그것은 미국의 대테러 정책의 경우 주제적 프레임으로, 테러 발생의 주요 무대로서 중동, 중미, 서유럽은 일화적 프레임으로 보도하는 흐름을 말한다. 이에 대한 실험 결과는 그림4.5에 제시되어 있다.

결과를 보면 3개의 주제적 조건은 전반적으로 유사하면서 낮은 수준의 개인적 원인 귀인을 보여주었다. 하지만 사회적 원인 귀인 정도에서는 차이를 보였다. '중동-주제적' 조건은 가장 높은 사회적 원인 귀인(78퍼센트)을 도출하면서 나머지 두 주제적 조건과는 상당한 차이를 보였다. '중동-주제적' 조건은 또 처벌적 원인 책임성과 관련해 '미국의 대테러 정책' 주제적 조건보다 훨씬 더 적은 언급을 유발했다. 한편, 해결 책임성 귀인과 관련해서는 3개의 주제적 조건은 모두 동일한 응답 패턴을 도출했다. 거기에서 주제적 프레임은 해결책에 대한 응답을 대체로 사회적 및 처벌적 해결책으로 양극화시키는 경향을 보여주었는데, 3개의 주제적 조건 모두에서 사회적 해결 응답에 대한 처벌적 해결 응답 비율은 일화적 프레임에 비해 상대적으로 균일했다.

한편, 일화적 조건은 원인 귀인과 관련된 효과에서는 서로 다른 결과를 보여주었지만 해결 귀인과 관련해서는 균일한 결과를 보여주었다. IRA 폭파범 조건은 눈에 두드러질 정도로 높은 처벌적 원인 귀인 비율(25퍼센트)을 도출했고, 그만큼 낮은 사회적 원인 귀인 비율을 도출했다. '시크교의 파괴공작원' 조건은 커다란 사회적 원인 책임성 귀인을 끌어내면서 정반대의 효과를 보여주었다. 그리고 대규모의 사망에도 불구하고 불충분한 처벌 조치에 대한 언급은 어디에도 등장하지 않았다. 처벌적 원인의 측면에서 시크교 파괴공작원 조건은 나머지 3개의 일화적 조건과는 유의미할 정도로 큰 차이를 보였다.

일화적 조건은 묘사된 테러 집단이나 개인의 국적, 사용된 테러 전술, 사망자 수 등 여러 측면에서 상호 차이를 보였기 때문에 일화적 조건 내의 응답 차이를 뉴스 보도가 지닌 특수한 특성들을 추적해 밝히는 것은 어렵다. 그러나 IRA 조건에 나타난 특이성(distinctiveness)은 불안정한 정부, 사회 경제적 박탈감과 같은 테러에 대한 맥락적 선행 요인들(contextual antecedents)을 영국과 같은 안정적인 서구 사회에 쉽게 적용할 수 없다는 사실로부터 기인할 가능성이 크다. 다시 말해, 테러범이 비서구인 혹은 저개발 국가 출신일 경우에는 사회적 귀인이 테러 원인에 대한 개개인의 "판

단(knowledge)"에 주요한 요인으로 작용할 수 있지만, 이와 다른 유럽인의
테러 사건을 접할 경우 사람들은 충분한 처벌 조치의 부족과 같은 또 다른
원인을 찾게 된다는 것이다.

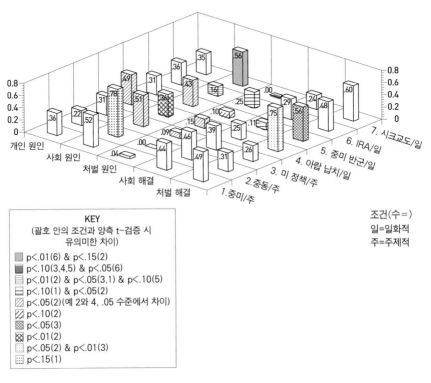

그림4.5 **프레임 효과: 테러 실험 2**

이런 일화적 조건 내부의 특이한 차이에도 불구하고 일화적 및 주제적
조건 사이의 전반적인 패턴의 차이는 프레임 효과를 지지하는 강력한 증
거를 제공했다. 네 개의 모든 일화적 조건은 적어도 주제적 조건의 하나(역
주-'중동 주제적' 조건)보다 사회적 원인 귀인의 수준이 더 낮은 결과를 도출

했다. 그리고 네 개의 일화적 조건 모두는 적어도 주제적 조건의 하나(역주-'중동 주제적' 조건)보다 더 높은 수준의 처벌적 원인 귀인을 도출했다. 해결 책임성의 경우, '아랍 항공기 납치범' 조건은 3개의 주제적 프레임 조건 중 2개보다 훨씬 더 높은 수준의 처벌적 책임성을 유발시켰다. 또 '중미의 반군' 조건은 2개의 주제적 조건보다 훨씬 더 낮은 사회적 귀인을 도출했고, '미국의 대테러 정책' 주제적 조건보다는 훨씬 더 높은 처벌적 귀인을 도출했다. 전체적으로 보면 일화적 및 주제적 프레임 조건 사이의 차이는 각각의 범주 내에서의 차이보다 훨씬 더 컸다. "프레임 사이"에는 통계적으로 유의미한 차이가 17개 존재했지만 "프레임 내"에서 그 차이는 단지 8개에 불과했다. 그림4.6은 주제적 조건으로부터 합산한 자료와 일화적 조건으로부터 합산한 자료(aggregated data)와의 상호 비교를 통해 2차 실험의 프레임 효과가 어떻게 나타났는지를 보여주고 있다.

전체를 통합해서 보면 일화적 및 주제적 프레임 조건은 서로 크게 엇갈리는 원인 및 해결 귀인 패턴에 영향을 미쳤다고 할 수 있다. 네트워크가 테러를 특정한 테러범의 행위로 프레임할 경우, 원인 귀인은 주로 개인적인 것과 처벌적인 것이 되었다. 반면, 네트워크가 테러를 전반적인 문제로 프레임할 경우, 원인 귀인은 주로 사회적인 것이 되었다. 해결 책임성 귀인 역시 프레임에 의해 커다란 영향을 받았다. 일화적 프레임은 주제적 프레임보다 처벌적 책임성 쪽으로 훨씬 더 일방적인 응답 분포도를 도출했다. 이를테면, 일화적 프레임을 보고난 후 사회적 해결 귀인 대 처벌적 해결 귀인의 비율은 거의 3대 1이었지만 주제적 프레임을 보고 난 후에는 단지 1대 1에 불과했다.

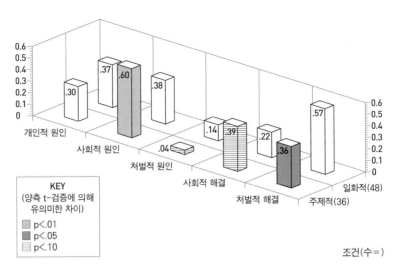

그림4.6 **프레임 효과(통합): 테러 실험 2**

　마지막으로, 테러에 대한 주제적 및 일화적 프레임을 보고난 뒤 표명된 원인 책임성과 해결 책임성의 특정 조합의 차이를 비교해 보는 것은 또 다른 통찰력을 제공한다. 일화적 프레임 조건에 배정된 시청자의 64퍼센트는 처벌적 해결에 개인적 원인이 결합된 책임성 억제 모델이 적절하다고 밝혔는데, 이는 주제적 조건에 배정된 시청자의 33퍼센트만이 그렇게 생각한 것과는 비교되는 수치이다. 사회적 원인 책임성과 해결 책임성이 결합된 사회적 모델의 경우에는 그 차이의 비율이 훨씬 더 컸다. 주제적 조건에서 이 모델은 참가자의 25퍼센트를 차지했지만, 일화적 조건에서는 참가자의 5퍼센트만을 차지했다.

　종합하면, 테러에 대한 이 두 실험은 이슈에 대한 책임성 귀인이 그것의 일화적 혹은 주제적 프레임에 의해 상당히 달라진다는 것을 보여준다. 테러가 전반적인 상황의 결과로 서술되면 시청자는 사회적 귀인으로 기운다. 반면, 테러가 특정 행위나 사건으로 프레임되면 시청자는 개인적 및 처벌적 귀인으로 기운다.

범죄 실험 1

이 실험은 네트워크 뉴스에서 강력 범죄(violent crime)가 차지하는 압도적인 우위를 반영하기 위해 설계되었다. 이 실험에서 강력 범죄는 주제적 또는 일화적 프레임 중 하나를 이용해 묘사되었다. 주제적 프레임은 전국 혹은 특정 지역의 범죄와 범죄피해경험률(victimization rates), 형사 재판 과정의 제반 요소들, 범죄에 대한 정부 혹은 지역사회의 대응 등에 관한 정보로 구성되었다. 일화적 프레임은 강력 범죄에 관한 특정 사례에 초점을 맞췄다. 그런 후 이들 주제적 및 일화적 프레임 조건은 인종에 따라, 즉 흑인이나 백인 범죄를 중심으로 한 번 더 분류되었다. 흑인 범죄와 백인 범죄 사이의 구별은 범죄 행위자로 묘사되는 개인이나 집단을 근거로 했다.

"흑인 범죄-주제적(Black Crime-Thematic)" 조건에서 "미국의 흑인 범죄(Crime in Black America)"를 다룬 한 특집기사는 시카고(Chicago), 휴스턴(Houston), 로스앤젤레스(Los Angeles), 뉴욕(New York)의 흑인이 다수를 차지하고 있는 도심 지역(inner-city areas)에서의 강력 범죄 비율과 피해자 수가 점점 더 늘어나고 있다는 점에 초점을 맞추었다. 거기에서 기자는 1960년대 이래로 계속되고 있는 이들 지역의 경제 상황 악화를 추적하고, 한 흑인 민권 지도자는 그런 도심에 살고 있는 사람들이 마주한 "절망"적인 상황에 대해 언급했다.

"흑인 범죄-일화적(Black Crime-Episodic)" 조건에서의 기사는 7명의 죽음을 초래한 로스앤젤레스의 두 청년 흑인 갱단 사이의 싸움에 대해 보도했다. 경찰서 유치장에 감금된 개별 갱 단원의 모습들, 갱단을 비난하는 로스앤젤레스 경찰청장, 그리고 커다란 슬픔에 잠긴 한 피해자의 어머니 모습이 화면에 등장했다.

백인 강력 범죄에 대한 보도 역시 주제적 및 일화적 관점에서 제시되었다. "백인 범죄-주제적(White Crime-Thematic)" 조건 기사는 조직범죄의 경제적 힘이 점점 더 강화되고 있다는 점을 자세히 전달하면서 지하세계 주도권 다툼과 관련된 일부 주요 조직에 대해 보도했다. 그리고 그런 파벌 갈등 심화의 증거로 몇몇 유명한 조직폭력배의 암살에 대한 언급이 이루어졌다. FBI의 한 관계자는 이와 관련해 추정되는 갈등 원인에 대해 설명하면서 조폭 집단에 대한 정부의 전자 감시(electronic surveillance) 체제가 이미 상당히 강화되어 있다고 지적했다.

"백인 범죄-일화적(White Crime-Episodic)" 조건에서의 뉴스 보도 초점은 승객이었던 번하드 게츠(Bernhard Goetz)의 유명한 뉴욕시 지하철 총기 난사 사건에 맞추어졌다. 거기에서 기자는 먼저 사건을 간단히 요약해 설명했다. 그런 후 게츠의 고백이 담긴 일부 영상이 보여졌는데, 한 인터뷰에서 게츠는 다시 유사한 상황에 처한다면 지난번과 마찬가지로 행동할 것이라고 진술했다(게츠는 지하철에서 "위협적인" 태도로 자신을 향해 다가오는 4명의 비무장 흑인 청년들에게 총을 난사했는데, 그 중 두 명이 중상을 입었다).

    비록 실험 설계의 주요 구성요소가 강력 범죄이긴 했지만, 범죄 뉴스 기사와 관련해 두 범주가 추가적으로 더 포함되었다. 하나는 "불법 마약 (Illegal Drugs)," 다른 하나는 "형사 재판 과정(Criminal Justice Process)"이었다. 마약에 대한 기사가 포함된 이유는 단순했다. 그것은 최근 범죄에 관한 그 어떤 기사보다도 마약에 대한 기사가 국민과 미디어의 관심을 끌어왔기 때문이다. 형사 재판 과정에 대한 보도가 포함된 이유는 이전 연구 결과에서 사법제도의 효율성에 관한 믿음이 사람들의 책임성 귀인에 영향을 미친다는 것을 보여주었기 때문이다.[9]

    불법 마약과 사법 절차에 관한 뉴스 보도 역시 주제적 및 일화적 관점에서 프레임되었다. "불법 마약-주제적(Illegal Drugs-Thematic)" 조건은 전국적으로 헤로인과 코카인 성분이 함유된 물질 소비가 대폭 늘어났다는 뉴스 기사로 구성되었다. 기자는 수치를 통해 마약 거래의 수익성이 상당히 좋다는 점을 언급한 후, 한 법무부 관계자와의 인터뷰를 보여주었다. 거기에서 법무부 관계자는 마약 거래의 대부분이 국제 범죄 조직에 의해 장악되어 있다는 점과 이 문제 해결을 위한 레이건 정부의 "마약과의 전쟁(War on Drugs)"은 여러 부처의 합동 작전이라는 점에서 이전과는 다르다고 설명했다.

    "불법 마약-일화적(Illegal Drugs-Episodic)" 조건은 "값싼 농축 코카인 (Crack)"에 관한 기사로 구성되었다. 거기에서 앵커는 그런 마약을 복용하는 미국인의 수가 점점 더 늘어나고 있다고 언급하면서 기사의 첫 부분을

장식했다. 그런 후 기사는 두 명의 중독자 – 뉴욕의 한 흑인 남성과 중서부의 한 백인 여성 – 를 소개하고, 이들이 약물 중독에서 벗어나기 위해 노력했지만 실패했다고 지적했다.

"형사 재판 과정-주제적(Criminal Justice Process-Thematic)" 조건은 미국의 범죄율이 여타의 선진국과 비교해 뚜렷한 차이를 보인다는 "미국 범죄(Crime in America)"에 관한 "특집" 뉴스 보도로부터 각색되었다. 빡빡하게 밀린 소송, 높은 비율의 사전형량조정, 범죄자의 낮은 투옥 비율 등이 강조되었고, 기자는 충분한 법적 상담을 받으면 미국의 경우 범죄는 "돈으로 해결될 수 있다"는 결론을 내렸다.

"형사 재판 과정-일화적(Criminal Justice Process-Episodic)" 조건은 유명하고 부유한 피고인들 – 전 루이지애나 주지사 에드윈 에드워즈(Edwin Edwards)와 복싱 프로모터 돈 킹(Don King) – 이 중범죄의 혐의에서 벗어나는 두 형사 재판의 결과를 설명하는 보도로 구성되었다. 보도는 에드워즈(백인)와 킹(흑인)의 기소 혐의를 요약, 전달했다. 거기에서 기자는 재판 결과와 관련해 관대하고 봐주기 식 기소였다는 비난을 부인하는 한 법무부 관계자와 인터뷰를 했다.

요약하면, 실험 조작은 백인 및 흑인 강력 범죄, 불법 마약, 그리고 형사 재판 과정에 상응하는 4개의 주제 조작(subject matter manipulations)으로 구성되었다. 이들 네 실험 조작 모두에서 범죄는 주제적 혹은 일화적 뉴스 보도 중 하나의 형식으로 프레임되었다. 이런 실험 설계는 기본적인 프레임

구상을 넘어서는 몇몇 가설을 검증할 수 있게 해 주었다. 예를 들면, 인종 비교는 시청자들이 범죄에 가담한 개개인의 인종에 따라 범죄에 대한 책임을 달리 부여하는지 알아보기 위해 설계되었다. 그리고 거기에서 일반적으로 흑인 범죄에 대한 뉴스 보도는 상대적으로 낮은 수준의 사회적 책임성을 도출할 것이지만, 백인 범죄에 대한 보도는 백인이 다수를 차지하는 수용자들로 하여금 그 책임을 사회 탓으로 돌리도록 유도할 것이라고 예측되었다. 이것은 특히 일화적 프레임 비교에서 강력히 예측되었는데, 그것은 번하드 게츠의 행동이 현지 미디어에서는 정당방위를 위해 취해진 용기 있는 행동으로 널리 보도되었기 때문이다.[10]

강력 범죄 보도에 대한 인종적 단서와 더불어 불법 마약과 형사 재판 과정에 대한 뉴스 보도 역시 책임성 귀인에 미치는 효과에서 차이를 보일 것으로 예측되었다. 마약 복용자에 대한 고려 없이 불법 마약 문제를 생각하는 것은 어렵다. 따라서 마약 보도는 개인의 원인 책임성을 강조할 것으로 예측되었다. 형사 재판 과정에 대한 뉴스는 범죄자들이 기소를 피할 여지가 있는 절차적 요인에 관심을 유도할 것으로 예측되었고, 따라서 이런 보도는 처벌적 원인 및 해결 책임성에 대한 언급을 증가시킬 것으로 예측되었다.

개인적, 사회적, 처벌적 원인 책임성 지표는 다루는 주제가 미치는 영향과 프레임 조작이 미치는 영향 모두를 파악하기 위해 만들어졌다. 반면, 해결 책임성은 사회적 및 처벌적 귀인의 관점에서 분석되었다(부록B를 참조하라). 네 주제 실험 조작의 책임성에 관한 측정치들 사이에서 드러난 차이는 그림4.7에 제시되어 있다.

결과를 보면 사회적 원인 책임성 귀인은 기사가 백인 강력 범죄에 초점을 맞출 때 가장 자주 언급되었다. 그런 사회적 귀인은 또 뉴스 보도가 형사 재판 과정을 다룰 때에도 자주 언급되었다. 하지만 이와는 반대로, 뉴스가 흑인의 강력 범죄에 초점을 맞출 때에는 가장 적게 언급되었다. 이 조건에서 29퍼센트라는 사회적 책임성의 평균 지수는 여타의 주제 조건의 지수와는 큰 차이를 보였다. 이렇게 보면 흑인 범죄에 대한 뉴스 보도는 사회적 책임성으로부터 시청자의 관심을 이탈시킬 뿐만 아니라 보도의 초점을 개인적 책임성으로 유도했다고 할 수 있다. 흑인의 강력 범죄를 보도할 때에는 모든 원인 귀인의 60퍼센트 이상이 개인에게 귀결되는데, 이것은 백인 범죄 조건의 개인 원인 귀인 비율의 두 배에 해당했다. 다시 한 번, 흑인 범죄 조건은 여타의 모든 주제 조건과 크게 다른 모습을 보여 주었다.

불법 마약과 형사 재판 과정에 대한 뉴스 보도 역시 범죄에 대한 원인 귀인에 영향을 미쳤다. 예측되듯 불법 마약에 대한 뉴스 보도 후 개인에 대한 책임성 귀인은 보다 더 뚜렷해졌다. 이 조건은 형사 재판 과정과 백인 범죄 조건과는 상당한 차이를 보였는데, 이 두 조건에서는 개인적 책임성에 대한 언급이 전체 원인 귀인의 33퍼센트보다 낮게 나타났다. 한편, 형사 재판 과정 조건에서 불충분한 처벌을 언급하는 원인 귀인의 비율은 나머지 조건의 비율보다 2배 이상 높았다.

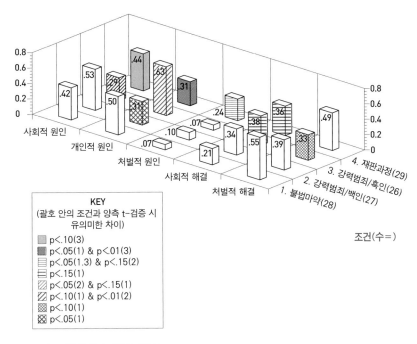

KEY
(괄호 안의 조건과 양측 t-검증 시
유의미한 차이)

☐ p<.10(3)
■ p<.05(1) & p<.01(3)
▤ p<.05(1.3) & p<.15(2)
▤ p<.15(1)
▨ p<.05(2) & p<.15(1)
▧ p<.10(1) & p<.01(2)
▨ p<.10(1)
▨ p<.05(1)

조건(수＝)

그림4.7 **주제 효과: 범죄 실험 1**

뉴스 주제의 차이가 범죄의 해결 책임성 귀인에 대해 미치는 효과는 '불법 마약' 조건에서 가장 두드러졌다. '불법 마약' 조건에서 사회적 책임성은 전체 해결 귀인의 단지 21퍼센트에 불과했지만, 뉴스가 흑인 범죄나 재판 과정과 관련되었을 때에는 전체 해결 귀인의 거의 40퍼센트를 차지했다. 또 '불법 마약' 조건은 가장 높은 수준의 처벌적 해결 귀인을 유발하면서 흑인 범죄와는 상당히 다른 모습을 보여주었다($p < .10$).

주제와 프레임의 통합 효과를 파악하기 위해 5개의 책임성 지수는 4×2의 변량 분석(4범주의 주제와 2개의 프레임)에 의존했다(그림4.8을 참조하라).

83

결과를 보면 프레임 효과는 균일하지 않은 양상을 보였다. 그리고 전반적으로 보도되는 주제 효과보다 작았다. 비록 일화적 보도가 좀 더 높은 개인적 원인 귀인과 처벌적 해결 귀인을 도출하는 경향을 보여주었지만, 그런 "주요 효과(main effects)" 중 어떤 것도 통계적으로 유의미하지는 않았다. 그러나 사회적 해결 귀인 이외에도 개인적 원인 귀인과 처벌적 원인 귀인은 프레임에 의해 상호 영향을 주고받았다. 여기에서 상호작용(interaction) 효과란 주제와 프레임이 귀인에 미치는 결합(joint), 즉 통합적인 영향을 말한다. 개인적 원인 책임성의 경우 그런 상호작용 효과가 유의미했다. 마찬가지로 처벌적 원인 책임성과 사회적 해결 책임성의 경우에도 그런 상호작용 효과는 통계적 유의미성에 접근했다.

요컨대, 개인적 원인 귀인에 미치는 프레임의 영향은 뉴스가 구체적으로 다루는 주제에 의해 영향을 받았다는 것이다. 그 결과 백인 범죄와 재판 과정을 다룬 일화적 프레임은 그런 문제를 주제적으로 다룬 프레임보다 상대적으로 매우 높은 개인적 책임성을 유발시켰지만, 흑인 범죄와 불법 마약의 경우에는 그런 프레임 효과가 나타나지 않았던 것이다. 그리고 이런 불일치는 '흑인 범죄' 조건과 '불법 마약' 조건에 이미 존재하는 개인적 책임성의 지배적인 지위 때문이라고 추정해 볼 수 있다. 그것은 백인 범죄와 형사 재판 과정 조건에 배정된 참가자들의 경우처럼, 개인적 책임성에 대한 언급이 애초부터 뚜렷하지 않은 조건에서는 프레임 효과가 유의미한 것으로 나타났기 때문이다.

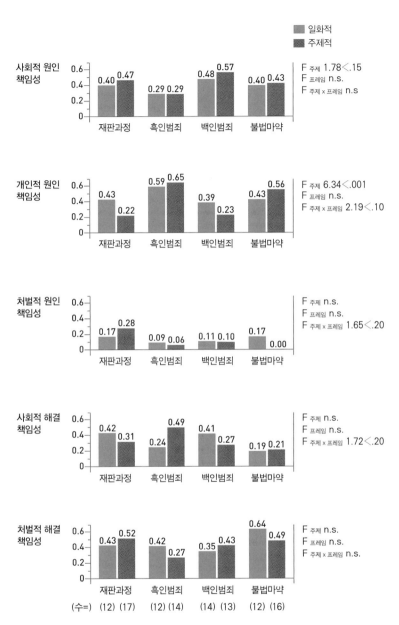

그림4.8 **주제와 프레임 효과: 범죄 실험 1**

사회적 해결 책임성과 관련해 미미하게나마 유의미한 상호작용 효과가 나타난 경우는 '흑인 범죄' 조건에 한정되었다. 거기에서 주제적 보도(도시 흑인 거주 지역에서의 범죄 증가)는 일화적 보도(로스앤젤레스에서의 갱들의 전쟁)보다 2배 이상의 사회적 해결 귀인의 비율을 도출했다. 나머지 주제 영역에서는 일화적 조건과 주제적 조건 사이에 어떠한 주목할 만한 차이도 존재하지 않았다.

결론

예측되었던 대로 프레임은 테러가 표적 이슈였을 때 더 강력한 효과를 발휘했다. 일화적 대 주제적 프레임 조작은 테러와 관련해서는 커다란 차이를 유발했지만, 범죄와 관련해서는 미미한 차이를 보여주었다. 네트워크 보도에서 지배적인 일화적 프레임은 시청자로 하여금 테러에 대한 원인 책임성을 테러범 개인의 성격적 특성이나 충분치 않은 처벌제도에 부과하도록 유도했다. 일화적 프레임은 또 시청자로 하여금 테러에 대한 해결책으로 사회적 혹은 정치적 개혁보다는 처벌적 조치를 더 많이 고려하도록 유도했다. 이와는 달리 범죄의 경우, 비록 지배적인 일화적 프레임이 개인적 원인 책임성과 처벌적 해결 책임성 귀인을 상승시키기는 했지만, 그 효과는 다루는 뉴스 주제에 영향을 받았다. 일화적 프레임은 뉴스가 백인 범죄나 혹은 재판 과정을 다룰 경우에는 시청자로 하여금 원인 귀인의 초점을 개인에게 더 많이 맞추도록 유도했다. 범죄에 대한 일화적 프레임 역시 뉴스가 흑인 범죄에 초점을 맞추면 사회적 해결 책임성에 대한 언급은 크게 감소하는 것으로 나타났다. 그러나 종합적으로 보면, 구체적으로 다루어지는 뉴스 주제의 차이가 주제적 프레임과 일화적 프레임 사이의 차이보다 범죄에 대한 책임성 귀인에 더 많은 영향을 미쳤다. 그럼에도 불구하고 범죄가 매우 위협적이고 감정적인 이슈임을 고려하면(이 연구의 실험 참가자의 34퍼센트는 범죄를 미국이 직면한 가장 중요한 문제 중 하나로 지목했다), 불법 마약, 백인 및 흑인 범죄, 그리고 형사 재판 과정에 대한 상대적으로 미미한 뉴스 노출이 시청자의 유의미한 귀인 변화를 유발시키기에 충분하다는 점은 주목할 만한 일이라 하겠다.

5장

빈곤, 실업, 인종 불평등 책임성 귀인에 대한 프레임 효과

미 정치에서 가장 뜨겁고 분열적인 갈등 중 일부는 부의 분배(distribution of wealth) 및 사회복지(social welfare) 이슈와 관련되어 있다. 오늘날 미국인들은 가난한 사람들을 위한 정부의 "안전망(safety net)"이 충분한지, 또 고용에서 인종에 따른 할당제를 적용할 필요성이 있는지와 관련해 의견이 분분한 상태다. 과거에는 노동자의 단결권과 노예제도를 둘러싸고 의견이 갈렸었다.

국가적 의제로서 사회복지가 그렇게 지속적으로 주목받는 이유는 경제적 개인주의(economic individualism)와 정치적 평등주의(political egalitarianism) 사이에 내재된 긴장 때문이다. 이 두 이념은 빈곤과 경제적 불평등, 그리고 그와 관련된 이슈를 둘러싼 깊은 양가적 감정(ambivalence)을 유발시켜 왔다. 그 중 대중문화 속에 깊게 내재된 반평등주의적(anti-egalitarian) 사고방식은 미국의 빈곤과 불평등을 지속시키는 요인 중 하나가 되어왔다.[1]

　이렇게 깊게 내재된 문화적 가치관과 사회복지 이슈의 책임성 귀인 사이에 관련성이 있다는 사실은 이들 이슈에 대한 엄격한 프레임 검증이 필요하다는 것을 의미한다. 다시 말해, 만약 노동관(work ethic), 자립심(self-reliance), 그리고 그와 관련된 주제와 상호 관련성을 맺고 있는 주류의 믿음이 미국인들로 하여금 빈곤, 실업, 혹은 인종 불평등의 원인에 대해 "희생자를 비난하도록" 유도하는 "성향적(dispositional)" 단서로 작용한다면, 이들 이슈에 대한 원인 및 해결 책임성 귀인은 미디어 프레임과 같은 단기적인(short-term) 맥락적 단서에 의해 상대적으로 약한 영향을 받을 것이기 때문이다.[2]

　이 장에서는 빈곤(poverty), 실업(unemployment), 인종 불평등(racial inequality)과 관련된 텔레비전 뉴스 프레임을 조작하고, 그렇게 조작된 편집본을 가지고 실시한 5개의 실험 결과에 대해 설명한다. 실험 결과는 빈곤과 인종 불평등에 대한 책임성 귀인의 경우 상당한 프레임 효과가 있었지만 실업의 경우에는 그렇지 않았다는 것을 보여준다. 실험 결과를 기술하기 전에 먼저 네트워크 뉴스가 이 세 이슈를 어느 정도 주제적, 일화적 프레임을 이용해 보도하고 있는지 살펴보기로 한다.

텔레비전 뉴스는 빈곤, 실업, 인종 불평등을 어떻게 프레임하는가?

범죄나 테러와 비교해 네트워크는 빈곤, 실업, 인종 불평등에 대해서는 상대적으로 덜 관심을 보였다. 연구 대상에 포함된 6년 동안 네트워크는 실업과 인종 불평등의 경우 300개 이상의 기사를 내보냈지만, 빈곤과 관련해서는 200개가 채 되지 않았다. 따라서 하나의 특정 네트워크 뉴스의 시청자는 빈곤과 관련해서는 월 평균 1개 이하, 실업과 인종 불평등과 관련해서는 월 평균 1개와 2개 사이를 시청한 셈이었다.

그림5.1은 이들 이슈 각각의 일화적 및 주제적 프레임 정도를 보여준다. 3장에 기술된 것처럼 기사의 분류는 각 프레임으로 묘사된 뉴스 텍스트의 양에 기초했다. 만약 기사 초록에서 주제적 프레임 텍스트(용어)가 일화적 프레임 텍스트보다 더 많은 양을 차지할 경우 그 기사는 주제적인 것으로 분류되었고, 그와 반대일 경우에는 일화적인 것으로 분류되었다(부록A를 참조하라).

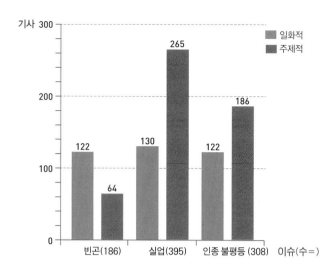

그림5.1 **빈곤, 실업, 인종 불평등에 대한 일화적 및 주제적 보도, 1981–1986**

사회복지 이슈에 대한 보도는 일화적 프레임이 지배적이었던 범죄 및 테러에 대한 네트워크의 보도와 달리 복합적(mixed)이었다. 사회복지 이슈에서는 일화적 프레임이 주제적 프레임보다 더 지배적일 것이라고 예측되었는데, 실제로 그런 현상이 발견된 사회복지 이슈는 빈곤이 유일했다. 거기에서 일화적 프레임은 전체 보도의 66퍼센트를 차지했다. 이를 확률적으로 본다면 일반 네트워크 시청자의 경우 6년 동안 가난한 사람의 특정 사례를 다룬 뉴스를 볼 가능성이 전반적 이슈로서의 빈곤을 다룬 뉴스를 볼 가능성보다 약 2배 정도 더 많았다고 할 수 있다. 빈곤을 다룬 전형적인 기사는 앵커의 도입부 멘트가 끝나면 곧바로 가난에 처한 한 사람 혹은 몇몇 사람들을 면밀하게 취재해 보여주는 것이었다.

실업에 대한 보도는 주제적 프레임이 지배적이었다. 거기에서 주제적 기사와 일화적 기사의 비율은 2대 1이었다. 실업을 다룬 전형적인 기사는 다음과 같았다. 먼저 최근 공표된 실업 관련 수치가 보도된다. 그런 후 그런 실업 관련 자료의 의미에 대한 언급이 이루어졌다. 이어 실업이 경제에 미치는 잠재적 영향과 관련된 인터뷰가 등장했는데, 거기에는 경제학자(economists), 기업가(businessmen), 혹은 공직자(public officials) 등이 참여했다.

인종 불평등에 대한 뉴스 보도는 빈곤이나 실업에 대한 보도보다 훨씬 더 복잡하고 다면적(multifaceted)이었다. 이 이슈에 대한 내용 분석 결과 주요한 세 하위 범주가 드러났는데, 그것은 인종 차별(racial discrimination), 소수자 우대정책(affirmative action), 그리고 경제적 불평등(economic inequality)이었다. 따라서 인종 폭력, 공직에 출마하는 흑인, 남아프리카 공화국에 대한 미국의 외교 정책과 같은 인종 불평등과 관련해 그렇게 큰 관련성이 없는 기사들은 분석에서 제외되었다. 전체적으로 인종 불평등에 대한 보도는 주제적 프레임이 일화적 프레임보다 약간 더 많았다.

좀 더 세부적으로 보면, 인종 불평등 이슈 내에서 인종 차별에 관한 기사는 전체 보도의 약 70퍼센트를 차지했다. 이러한 기사들은 주로 교육과 주택에서의 분리 정책, 고용 차별, 혹은 투표권 침해 및 차별 완화를 위한 정부와 민간단체의 대응 혹은 무대응에 대한 보도로 구성되었다. 인종 차별에 대한 주제적 프레임에는 대법원의 최종 판결, 민권 정책을 둘러싼 의회와 대통령의 논쟁, 민권 단체의 정치 전략 변화에 관한 기사들이 포함되었다. 반면, 일화적 프레임에는 인종 차별의 특정 사례(예를 들면, 분리 정책을 쓰고 있는 마이애미 공립학교)에 대한 보도나 민권 운동에 참여하고 있는 특정 참가자들에 관한 기사들(예를 들면, 60년대 간이식당 연좌 농성을 조직했던 흑인들의 모임을 전달하는 기사)이 포함되었다.

인종 차별에 대한 뉴스 보도는 주제적 프레임과 일화적 프레임 모두를 포함하고 있었지만 주제적 프레임이 약간 더 많았다.

인종 불평등과 관련된 나머지 기사들은 소수자 우대정책과 경제 수준에서의 인종 불평등을 다루었다. 전체 보도의 15퍼센트를 차지한 소수자 우대정책에 관한 기사는 논리적으로 보면 인종 차별의 하위 범주에 속한다고 할 수 있지만 별도 범주로 분류했다. 그것은 이런 기사들이 인종 할당제 혹은 역차별의 적용을 통해 이루어지는 소수자 우대정책에 대해 특별한 관심을 보였기 때문이다.[3] 사실상 소수자 우대정책에 대한 모든 보도는 주제적이었고, 인종 고용 할당제를 제한하는 최근 대법원의 판결과 같은 법적인 최종 판단에 초점을 맞췄다. 한편, 소수자 우대정책이 일화적 관점에서 프레임될 경우도 있었는데, 그럴 경우 거기에서 이루어지는 보도는 항상 특정 논쟁에 참여하는 사람들에게 초점이 맞추어졌다. 예를 들면, 승진 결정에 인종이 반드시 고려되어야 한다고 주장하는 뉴욕 시 경찰국 소속 흑인들의 요구를 다룬 기사가 바로 그런 일화적 프레임의 한 사례라고 하겠다.

인종 차별과 소수자 우대정책에 대한 보도 이외에도 네트워크는 흑인과 백인의 경제적 불평등을 주요하게 보도했다. 이러한 기사들은 수입, 주거, 교육, 건강의 측면에서 흑인과 백인의 경제적 차이를 설명했다. 이것은 세 하위 범주 가운데 가장 일화적이었고, 그 비율은 전체 기사 가운데 43퍼센트를 차지했다.

요약하면, 이 시기 동안 연구 대상에 포함되었던 이슈, 즉 빈곤, 실업, 인종 불평등 중 일화적 프레임이 지배하는 유일한 이슈는 빈곤이었다. 빈곤에 대한 네트워크 프레임과 실업 및 인종 차별에 대한 네트워크 프레임 사이에 이렇게 큰 차이가 존재하는 것은 다양한 요인이 작용한 것으로 볼 수 있다. 실업은 세 이슈 중 사실에 관한 기록이 가장 많았는데, 그것은 연방 정부가 매달 수많은 고용 관련 수치를 발표하기 때문이다. 실제로 월간 실업자 수 발표는 일상적인 뉴스 이벤트가 되었다. 빈곤 역시 비슷하게 업데이트된 통계치가 발표되고 있지만 그에 상응하는 정부나 미디어의 관심은 부족한 편이다. 게다가 오늘날 경제 이론은 실업률을 국가 경제 건전성의 핵심 지표로 여기지만 빈곤 관련 수치의 경우 그와 동일하게 취급하지는 않는다. 그렇게 보면 당연히 발생할 것이라고 추정되는 실업의 "거시적 (macro)" 효과가 네트워크로 하여금 그 주제에 대한 일화적 보도보다는 주제적 보도를 제공하도록 유인하는 것이라고 할 수도 있을 것이다.[4]

한편, 인종 불평등에 관한 뉴스 보도는 빈곤 보도보다 더 주제적이었다. 그것은 전자의 대부분이 워싱턴에서 발생한 소식을 담았기 때문이다. 그런 보도의 대부분은 법원 판결, 민권 입법, 민권 "정치"에 관한 기사들이었는데, 이런 기사들은 본질적으로 주제적인 성격을 가졌다. 게다가 네트워크는 이런 보도를 통해 가난한 흑인을 밀착 취재하는 일화적 보도를 피할 수 있었고, 그 결과 뉴스의 인종 편향성 혐의도 피할 수 있었기 때문이다.

누구의 책임인가?

프레임 실험에 앞서 세 이슈의 책임성 귀인을 상호 비교하는 것은 도움이 될 수 있다(그림5.2를 참조하라). 실험 참가자들은 원인 및 해결 책임성을 따지는 질문에 당황하는 모습을 보이지 않았다. 오히려 엄청난 양의 자발적 답변을 내 놓았다. 원인에 대한 평균 응답 수는 빈곤의 경우 2.3, 인종 불평등은 2.2, 실업은 2.0개였다. 해결 책임성에 대한 언급은 원인 책임성에 대한 언급보다 다소 적었다. 빈곤, 인종 불평등, 실업에 대한 해결 책임성 평균 응답 수는 각각 2.1, 1.9, 1.6이었다.[5]

범죄와 테러에서 설정된 유형에 따라 이들 세 이슈에 대한 원인 책임성은 개인 혹은 전반적인 사회적 요인 중 하나에 부과되었다. 개인적 책임성에는 게으름이나 부도덕성과 같은 성격 결함과 부족한 기술이나 교육과 같은 내용들이 포함되었다. 사회적 책임성에는 생계비, 기술 진보, 국제 무역과 같은 경제적 조건, 인종주의와 대중의 무관심과 같은 제도적 장벽, 그리고 사회복지 프로그램에 대한 예산 삭감, 레이건 정부의 이념, 재정 정책이나 통화 정책 같은 충분치 못한 정부 대책 등이 포함되었다.[6] 마지막으로 인종 불평등의 경우에는 모든 인종 가운데 백인이 사실상 "좀 불평등한" 대접을 받고 있다고 여기는 극소수의 응답도 존재했다. 이런 응답자들은 소수자에 대한 정부의 과도한 보호를 그 원인으로 꼽았다.

먼저 원인 귀인과 관련해서 빈곤과 실업, 이 두 이슈 모두는 높은 사회적 책임성을 특징적으로 보여주었다. 그러나 이런 표면적 유사성에도 불구하고 구체적인 사회적 원인의 중요성과 관련해서는 차이를 보였다. 실업은 주로 전반적인 경제 상황의 산물로 여겨졌다. 여기에서 전체 원인 귀인의 50퍼센트는 이자율의 상승, 고임금, 저가의 수입품, 노사 갈등과 같은 광범위한 경제 요인이 언급되었다.[7] 반면, 빈곤은 경제적 상황 이외에도 실효성 없는(ineffective) 혹은 부적절한 사회복지 프로그램이 또 하나의 중요한 원인으로 지목되었다. 따라서 원인 책임성의 관점에서 보면 빈곤은 실업보다 좀 더 정치적 논란이 야기되는 이슈였다고 할 수 있다.

한편, 원인 책임성 부과와 관련해 인종 불평등은 실업이나 빈곤과 큰 차이를 보였다. 이 이슈에서는 응답의 19퍼센트만이 개인에게 책임을 부과했고, 66퍼센트는 제도적 장벽이나 정부의 무대책에 책임이 있다고 밝혔다. 사회적 책임성 응답을 다 더하면 인종 불평등 전체 귀인의 약 80퍼센트를 차지했다. 가난한 사람들이나 실업자와 비교해 인종적 소수자들은 사회적 혹은 문화적 요인의 희생자로 여겨질 가능성이 훨씬 더 많았다.[8]

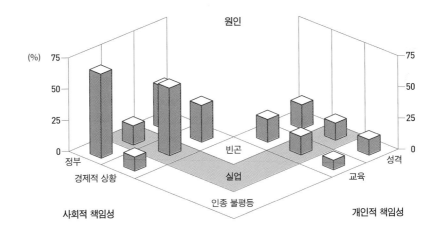

원인

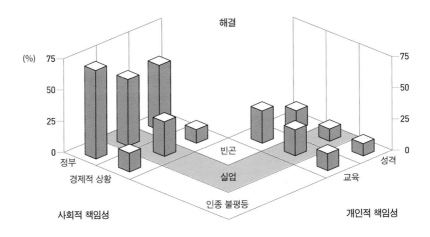

해결

그림5.2 **빈곤, 실업, 인종 불평등에 대한 원인 및 해결 책임성 귀인**

범죄와 테러의 해결 귀인에는 개인적 책임성에 대한 언급이 거의 포함되지 않았다. 하지만 사회복지 이슈에 대한 참가자들의 해결책 제안에는 근면이나 직업 기술 획득과 같은 개인적 행위(개인 책임성)가 주로 거론되었다. 이와 함께 경제적 지위 상승에 대한 제도적 장벽 낮추기와 정부 대책 강화 및 개선을 포함하는 정부 및 사회적 조치(사회 책임성)도 거론되었다. 개선되어야 할 경제적 변화에 대한 언급에는 이자율 낮추기와 비숙련 일자리 만들기 등이 포함되었다. 인종 불평등의 경우, 그 해결책으로 소수자에 대한 정부 특혜를 폐지해야 한다고 주장하는 소수의 응답도 있었다.

한편, 인종 불평등과 실업에 대한 해결 귀인의 경우에는 사회적 귀인이 압도적이었다. 이것은 사회적 해결 책임성과 개인적 해결 책임성이 좀 더 균형을 이루었던 빈곤과는 상당히 다른 양상이라고 할 수 있다. 따라서 가난한 사람들은 실업자나 소수자 집단과 비교해 좀 더 자신의 운명을 스스로 개척해 나갈 수 있는 사람들로 여겨졌다고 할 수 있다.

여기에서 원인과 해결 책임성 사이의 수렴성(convergence) 패턴을 파악해 보는 것은 도움이 될 수 있다. 이를 위해 각 이슈에 대한 이분화된 "순(net)" 원인 및 해결 책임성 점수가 계산되었다. 여기에서 저득점자는 상대적으로 강력한 개인적 원인 혹은 해결 책임성에 대한 생각을 가지고 있다는 것을 의미하고, 고득점자는 상대적으로 강력한 사회적 원인 혹은 해결 책임성에 대한 생각을 가지고 있다는 것을 의미한다(부록B를 참조하라).

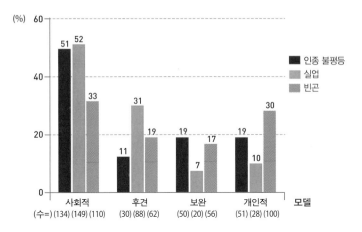

그림5.3 **책임성 모델: 빈곤, 인종 불평등, 실업**

이런 접근 방법을 통해 인종 불평등, 실업, 빈곤에 대한 원인 및 해결 책임성과 관련된 4개의 가능한 조합이 만들어졌다. 브릭만(Brickman) 등의 연구에 따라 이들 조합은 다음처럼 이름이 붙여졌다.

1. 사회적 모델(Societal model): 사회적 조건이 문제를 야기한다, 따라서 사회적 노력이 해결책이다.
2. 개인적 모델(Individual model): 개인이 원인과 해결 모두에 책임이 있다.
3. 후견 모델(Guardianship model): 원인은 개인에게 있지만 해결은 사회 책임이다.
4. 보완 모델(Compensatory model): 사회에 의해 강요된 불이익을 보완하기 위해 개인은 더 많은 노력을 해야 한다.[9]

그림5.3은 세 이슈에 대한 원인 및 해결 책임성 사이의 상호의존성 (interdependence)을 보여주고 있다. 이슈에 따라 어느 모델이 더 두드러지는가는 상당한 차이를 보였다. 인종 불평등과 실업의 경우 사회적 모델이

지배적이었다. 거기에서는 여타 모델을 언급한 응답자들의 합보다 더 많은 응답자들이 사회적 모델을 언급했다(각 51, 52퍼센트). 그런 사회적 모델은 빈곤의 경우에서 가장 취약한 모습을 보였다(33퍼센트). 한편, 개인적 모델은 빈곤에 대해 가장 많이 적용되었고, 실업에 대해서는 가장 적게 적용되었다. 반면, 후견 모델은 실업에서 가장 중요하게 언급되었다(31퍼센트). 마지막으로 보완 모델의 경우, 실업이 표적 이슈였을 때는 매우 미미한 수준의 응답자에게 적용되었고, 빈곤과 인종 불평등의 경우에도 그 적용도가 표본의 20퍼센트에 미치지 못했다.

비록 세 이슈 모두에서 원인과 해결 책임성 귀인이 완전히 일치하지는 않았지만 서로 상응하는 모습은 보여주었다. 그런 상응성은 인종 불평등에서 가장 높았는데, 거기에서 표본의 70퍼센트는 일관된 원인 및 해결 귀인에 대해 언급했다. 빈곤과 실업에서 그 수치는 각각 63, 62퍼센트를 차지했다.

프레임 실험 검증

빈곤 실험 1

이 실험에서는 5개의 실험 조건을 설정했다. 그리고 두 조건에서는 빈곤을 주제적 프레임으로, 나머지 세 조건에서는 일화적 프레임으로 제시했다. 첫 번째 조건인 "국민 빈곤(National Poverty)"의 경우, 실험 참가자들은 1980년대 이래로 진행되어 온 전국적인 빈곤 증가와 연방 정부의 대폭적인 사회복지 프로그램 삭감을 다룬 뉴스 기사를 보았다. 두 번째 조건인 "높은 실업(High Unemployment)"의 경우, 참가자들은 전국적인 실업률과 연방 정부의 예산 적자 규모를 나란히 비교하는 기사를 보았다. 이 두 조건은 모두 빈곤을 집단적 즉, 사회적 결과와 흐름의 관점에서 묘사했다는 점에서 전형적인 주제적 프레임이었다.

나머지 세 조건은 경제적 어려움과 관련된 특정 에피소드(episodes)나 희생자의 관점에서 빈곤을 프레임했다. 첫 번째 일화적 보도인 "높은 난방비(High cost of Heat)"는 북부 중서부(Midwest) 지역에 몰아닥친 이례적으로 혹독한 겨울을 언급하면서 난방비를 지급하지 못하게 된 두 가족에 대해 보도했다. 두 번째 조건인 "노숙자(Homeless)"는 개별 노숙자, 즉 뉴욕 시에 살고 있는 2명의 10대 흑인과 자동차 안에서 생활할 수밖에 없는 샌디에이고(San Diego)의 한 백인 부부에게 초점을 맞췄다.[10] 마지막으로, 세 번째 일화적 조건인 "실직 노동자(Unemployed Worker)"는 오하이오(Ohio) 주의 실직한 한 자동차 노동자 가족이 직면한 경제적 어려움에 대해 초점을 맞췄다.

원인 및 해결 귀인에 미치는 프레임 효과를 검토하기 위해 사회 및 개인 책임성 지수를 계산했는데, 그 값은 전체 응답 수로 사회적 혹은 개인적 책임성을 언급한 응답 수를 나누어 구했다. 예를 들면, 개인 원인 책임성의 경우 그 지수는 개인의 성격이나 교육 정도를 원인으로 지목하는 응답 비율이었다(부록B를 참조하라). 1차 프레임 검증으로 통합적인(combined) 주제적 프레임 조건 결과가 통합적인 일화적 프레임 조건 결과와 먼저 비교되었다(그림5.4).

원인 귀인의 경우 프레임 효과는 확실했다. 빈곤에 대한 개인적 원인 귀인은 일화적 프레임 조건에서는 2배 이상 뚜렷하게 나타났다. 거꾸로 사회적 원인 귀인의 빈도는 빈곤에 관한 주제적 프레임에 노출된 후에는 훨씬더 높게 나타났다. 반면, 해결 책임성 귀인에 대한 프레임 효과는 상대적으로 덜 뚜렷했다. 비록 일화적 보도가 상당히 높은 개인적 해결 귀인을 도출시키긴 했지만 사회적 해결 책임성에 대한 언급은 프레임의 영향을 받지 않았다.

그림5.4에 제시된 통합적인 결과는 특정 뉴스 기사의 영향력 차이를 무시하고 있다는 측면에서 매우 엄밀하지 못한 프레임 효과에 해당한다고 할 수 있다. 이를 보완하기 위해 다음 단계의 분석에서는 개별적인 일화적 및 주제적 프레임이 책임성 귀인에 미치는 영향을 파악해 보았다(그림5.5).

분석 결과 참가자들의 원인 책임성 부과 방향에 커다란 변화가 나타난 곳은 주제적 조건과 '노숙자' 조건에서였다. 노숙자들에 대한 기사를 본 실험 참가자들은 가난의 원인으로 가난한 사람들 자신의 개인적 특성과 교육을 확연하게 높게 지목하는 경향을 보였다. 반면, 빈곤과 실업에 대한 주제적 프레임을 시청한 후에는 약 4대 1의 차이로 개인보다 사회에 그 원인을 돌렸다. 사회적 원인 책임성 지수의 범위는 '노숙자' 조건 - 여타의 조건들과 큰 차이를 보여주었다 - 의 .33부터 '높은 실업' 조건의 .82까지였다. 반대로 개인적 원인 책임성 지수는 마찬가지로 여타의 조건과 큰 차이를 보였던 '노숙자' 조건에서 가장 높았고 '높은 실업' 조건에서 가장 낮게 나타났다. 비록 '높은 난방비' 조건이 '노숙자' 조건보다 개인적 원인 책임성에 대한 응답에서 그 비율이 훨씬 낮기는 했지만, 전자의 개인적 책임성 정도는 주제적 조건 둘 모두의 개인적 책임성 정도보다는 상당히 높은 것으로 나타났다.

'노숙자' 조건과 '높은 난방비' 조건 사이의 차이가 보여주듯 일화적 관점에서 제시된 빈곤 프레임이 개인적 원인 귀인을 일관된 형태로 유발시키지는 않았다. 노숙자, 실직 노동자, 난방비를 감당할 수 없는 가족 모두는 경제적 어려움을 겪고 있는 사람들이지만 이들은 빈곤과 관련해 확연히 엇갈리는 관점을 유발시켰다. 이를테면, 노숙자들은 난방비를 지급할 수 없는 사람들이나 직장을 잃은 노동자보다 개인적 원인 책임성을 도출할 가능성이 훨씬 더 많았다. 요약하면, 노숙자는 개인적 원인 책임성을 주로 도출시킨 반면, 실업자나 난방비를 감당할 수 없는 사람들은 사회적 원인 책임성을 상대적으로 더 높게 도출시켰다고 할 수 있다.

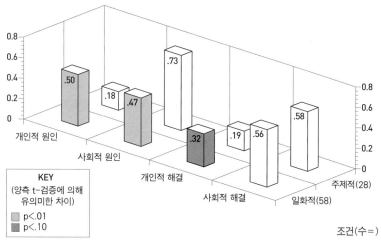

그림5.4 **프레임 효과(통합): 빈곤 실험 1**

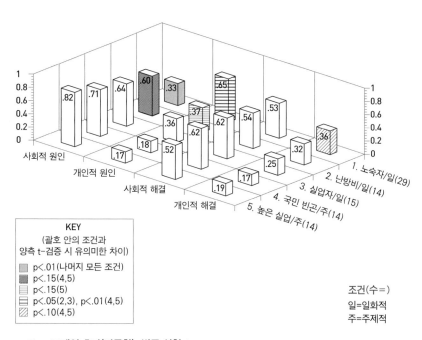

그림5.5 **프레임 효과(비통합): 빈곤 실험 1**

104

이런 결과는 노숙자에 대한 뉴스 보도가 시청자로 하여금 더 자주 이들이 겪는 빈곤에 대해 스스로 책임져야 한다는 것을 부추긴다고 볼 수 있는데, 그것은 노숙자가 실업자나 난방비를 감당하지 못하는 사람들과 비교해 "가난한 사람(poor people)"에 대한 우리의 심적 표상(mental representations)에 더 잘 부합되기 때문이라고 할 수 있다. 혹 그것이 아니라면 잠자리에 지붕조차 없는 노숙자의 모습은 그저 경제적 어려움을 보여주는 매우 극단적인 한 사례에 불과하다는 사실 때문일 수도 있다. 원인 귀인에 관한 기존 심리학 연구에는 결과가 극단적일수록 개인의 책임성이 강조된다는 연구 결과가 있다. [11] 이를테면, 노숙자의 경우 모든 것을 잃어버렸기 때문에 이들에게는 무언가 성격적인 결함이 있는 게 분명하다고 사람들은 추론한다는 것이다. 만약 그렇지 않다면 "평범한 사람들(ordinary people)"도 노숙자가 될 수 있다는 것인데, 그렇다면 이것은 오히려 더 위협적인 문제가 될 수도 있기 때문이다. [12]

한편, 해결 책임성의 경우 프레임 효과는 무시해도 좋을 정도였다. 비록 2개의 주제적 조건에서 가장 높은 비율의 사회적 해결 책임성이 유발되었지만, 5개의 실험 조건에 참여한 모든 실험 참가자들은 빈곤의 해결 책임성의 주체로 가난한 사람들보다는 사회를 더 많이 지목하는 경향성을 보였다. 3개의 일화적 조건 가운데서는 '노숙자' 조건이 다시 한 번 가장 높은 개인적 해결 책임성을 보여주었고, 차례로 '실직 노동자' 조건과 '높은 난방비' 조건이 그 뒤를 이었다.

종합하면, 실험1의 결과는 사람들이 빈곤에 대한 책임을 누구에게 부과할 것인가는 저녁 뉴스 프로그램에서 어떤 프레임의 기사를 보게 되는가에 따라 달라진다는 것을 시사해 준다. 네트워크 뉴스가 빈곤을 주제적으로 보도하면 시청자들은 책임을 사회적 요인으로 돌리는 경향성을 보이지만, 일화적 관점에서 보도하면 그 책임을 가난한 사람들 자신에게로 돌리는 경향성을 보인다. 일화적 보도라 할지라도 묘사되는 가난한 사람의 유형에 따라 사회적 및 개인적 책임성의 정도는 편차를 보인다.

빈곤 실험 2

이 실험은 첫 번째 실험을 반복해 그 결과를 면밀히 검토하기 위해 설계되었다. 이 실험에서는 13개의 실험 조건이 설정되었다. 주제적 프레임은 3조건에서 제시되었다. "실업 증가(Rising Unemployment)" 조건은 제조업 분야가 직면한 어려움을 자세히 묘사한 기사를 포함시켰고, "빈곤 증가(Rising Poverty)" 조건은 정부의 빈곤층 정의에 포함되는 미국인 수의 증가에 관한 기사를 포함시켰다. 한편, "미국의 기아(Hunger in America)" 조건은 긴급 구호 식량을 필요로 하는 미 가계수가 심각하게 증가하고 있음을 보여주는 하버드 대학(Harvard University)의 연구 결과에 대한 기사를 포함시켰다. 이 세 주제적 프레임은 원인이나 해결 책임성 귀인에 있어서 이들 프레임 사이에 어떠한 유의미한 차이도 존재하지 않았다는 점에서 사실상 동일했다. 따라서 이들 조건에 대한 응답은 하나로 통합되었다.

빈곤 실험1의 결과가 가난한 사람들의 특이한 성격적 특성이 빈곤에 대한 귀인에 영향을 미칠 수 있다는 것을 암시해 주었기 때문에 이 실험에서의 일화적 프레임 조작은 가난한 사람들을 5개의 범주로 나눌 수 있도록 좀 더 정교하게 이루어졌다. 이런 5개의 조건에 배정된 참가자들은 남성 실업자(unemployed male), 성인 싱글맘(adult single mother), 초로의 미망인(elderly widow), 어린이(young child), 그리고 10대 싱글맘(teenage single mother) 중 한 사람이 등장해 자신의 경제적 어려움에 대해 토로하는 기사를 보았다. 정부 지원금을 받는 미국인들이라고 하면 대체로 이 다섯 범주의 집단에 속한다고 할 수 있다.[13] 한편, 이들 다섯 희생자 집단은 백인과 흑인이라는 인종에 따라 각기 다른 두 편집본으로 만들어져 제공되었다. 그렇게 한 목적은 일차적으로는 범죄에 대한 실험 결과를 반복해 검증하는 것이었고, 다음으로는 일화적 프레임과 인종에 대한 시청자의 고정관념이 빈곤에 대한 개개인의 이해 방식에도 동시에 영향을 미치는지 알아보기 위해서였다(부록B를 참조하라). 첫 번째 실험과 달리 일화적 프레임 조건 모두에 등장하는 사람들의 전반적인 경제적 어려움 정도는 사실상 비슷했다. 예를 들면, 기사에 등장한 가난한 사람들 모두는 적당한 규모의 주택을 소유하고 있었고, 옷도 말끔하게 차려 입었으며, 혈색도 건강해 보였다. 요약하면, 개별 희생자들은 빈곤의 심각성에 있어 큰 차이를 보이지는 않았다는 것이다. 통합된 주제적 프레임 조건과 개별적인 일화적 프레임 조건들 사이의 원인 및 해결 책임성 차이는 그림5.6에 제시되어 있다.[14]

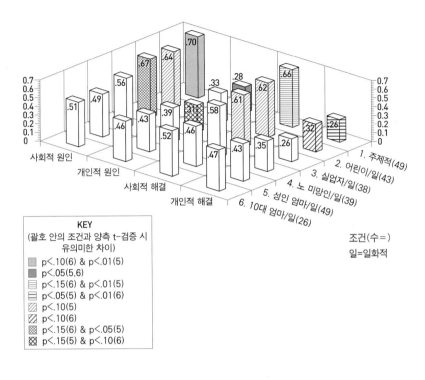

KEY
(괄호 안의 조건과 양측 t-검증 시
유의미한 차이)
■ p<.10(6) & p<.01(5)
■ p<.05(5,6)
▥ p<.15(6) & p<.01(5)
▤ p<.05(5) & p<.01(6)
▨ p<.10(5)
◨ p<.10(6)
▩ p<.15(6) & p<.05(5)
▨ p<.15(5) & p<.10(6)

1. 주제적(49)
2. 어린이/일(43)
3. 실업자/일(38)
4. 노 미망인/일(39)
5. 성인 엄마/일(49)
6. 10대 엄마/일(26)

조건(수=)
일=일화적

사회적 원인
개인적 원인
사회적 해결
개인적 해결

그림5.6 **프레임 효과: 빈곤 실험 2**

　　결과를 보면 실험1에서와 마찬가지로 뉴스가 주제적으로 프레임될 때 참가자들은 개인에게 가장 적게, 그리고 사회에 대해서는 가장 많이 책임을 돌리는 경향이 있었다. 사회적 원인 책임성의 평균 지수는 통합된 주제적 조건에서 .70에 달했는데, 이 지수는 '성인 싱글맘'과 '10대 싱글맘'의 일화적 조건과는 상당한 차이가 있는 것이었다. 또 실험1과 마찬가지로 다양한 일화적 조건 사이에도 유의미한 차이가 존재했다. 싱글맘들은 특별히 높은 수준의 개인적 원인 귀인을 유발했는데, 이들은 주로 사회적 원인 귀인을 유발한 어린 아이들이나 실직한 남성들과는 유의미한 차이를 보였다.

유사한 프레임 효과는 해결 책임성 영역에서도 나타났다. 전반적으로 모든 조건의 참가자들은 빈곤 원인 책임성이 사회에 있듯 빈곤 해결 책임성도 사회에 있다고 여겼다. 그러나 두 싱글맘 조건은 가장 높은 비율의 개인적 해결 귀인을 도출했고, 그만큼 가장 낮은 비율의 사회적 해결 귀인을 도출했다. 이 두 측면 모두에서 싱글맘들의 일화적 프레임은 주제적 프레임과 상당한 차이를 보였다. 또 싱글맘 조건은 그 정도에서는 비록 좀 낮았지만 어린 아이들과 실직한 남성들을 다룬 일화적 조건과도 차이를 보였다.

이어지는 분석에서는 가난한 사람의 인종이 시청자 귀인에 미치는 영향에 초점을 맞추었다. 사회적 및 개인적 책임성 지수는 다섯 범주의 가난한 사람들과 두 인종에 상응하는 5 × 2 변량 분석에 의거해 산출되었다(그림 5.7을 참조하라).

결과를 보면 인종은 원인 책임성 귀인에 매우 약한 단서를 제공했다. 인종이 개인적 및 사회적 원인의 빈도에 미치는 주요한 영향은 유의미성을 갖지 못했지만, 사회적 원인과 관련해서는 매우 희미한 인종적 차이의 흔적이 존재하기는 했다. 이를테면 가난한 백인은 가난한 흑인보다 매우 근소한 차이로 사회적 원인을 더 유발시킬 가능성이 있었다. ($F_{인종} = 1.29$, $p < .25$).

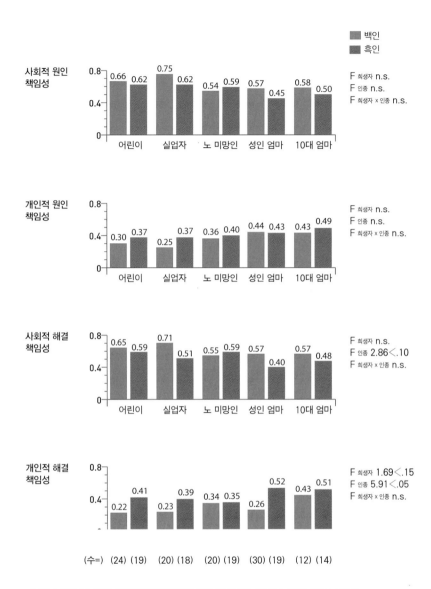

그림5.7 **원인 및 해결 책임성 귀인에서의 개별 희생자와 인종적 차이: 빈곤 실험 2**

110

좀 더 뚜렷한 인종적 차이는 해결 책임성 영역에서 등장했다. 조건과 상관없이 흑인들은 좀 더 많은 개인적 귀인($F_{인종} < .05$)과 좀 더 적은 사회적 귀인($F_{인종} < .10$)을 도출했다. 이런 전반적 유형 내부에서 보면 그런 인종적 차이는 성인 싱글맘에서 가장 두드러졌다. 거기에서 백인 싱글맘에 비해 흑인 싱글맘은 두 배나 많은 개인적 해결 책임성 귀인을 도출시켰다. 요약하면, 적절한 빈곤 해결책으로 사회적 개입이 필요하다고 여겨지는 정도는 보도되는 가난한 사람이 흑인일 경우에는 감소되는 경향을 보였다.

따라서 실험1과 2의 결과는 텔레비전 뉴스의 제시 방식이 사람들로 하여금 가난의 원인과 해결책으로 무엇을 지목할 것인지에 영향을 주고, 그런 효과는 프레임 변화를 통해 성취된다는 점을 암시해 준다. 빈곤이 주제적으로 정의될 경우와 빈곤이 가난한 사람들의 특정 사례의 관점에서 일화적으로 정의될 경우, 그 책임은 상당히 다르게 부과된다. 뉴스 프레임이 주제적일 경우 사람들은 정부에 대해 좀 더 많은 책임을 부과한다. 또 희생자가 어떤 범주에 속하는가도 역시 서로 다른 형태의 책임성을 유발시킨다. 노인 미망인, 어린이, 남성 실업자는 "경제적으로 어려운(needy)" 사람들로 여겨지지만, 성인이든 10대든 싱글맘의 경우에는 "지원 받을 자격(deserving)"이 좀 부족한 사람들로 여겨진다. 마지막으로, 빈곤에 대한 사람들의 사고에 가난한 사람이 어느 인종인가 하는 점 역시 의미 있는 단서로 작용한다는 점이다. 그 결과 흑인의 빈곤은 개인적 해결 책임성의 관점에서 이해되는 경향성이 있는 반면, 백인의 빈곤은 사회적 해결 책임성의 관점에서 이해되는 경향성을 보인다.

실업 실험 1

실업에 대한 뉴스 보도는 대체로 주제적이었기 때문에 이번 연구의 세 조건 중 두 조건 – "높은 실업(High Unemployment)"과 "철강 경제(Economics of Steel)" – 은 주제적 프레임으로 제시되었다. 먼저 '높은 실업' 조건은 빈곤 실험1에서 사용한 기사와 동일한 기사를 편집본에 포함시켰다. 거기에서 기사는 전국적인 실업 규모와 연방 예산 적자의 흐름을 주로 묘사했다. 다음으로 '철강 경제' 조건은 미국의 철강 회사들이 겪고 있는 다양한 어려움을 기술하는 기사를 포함시켰다. 거기에서 기사는 고임금, 낡고 비효율적인 설비와 시설들, 그리고 정부 보조금을 받는 외국 경쟁 업체들에 대한 설명에 주로 초점을 맞추었다. 한편, 일화적 프레임 조건인 "실직 노동자(Unemployed Worker)"는 앞의 '높은 실업' 조건과 마찬가지로 빈곤 실험1에서 사용한 기사를 다시 편집본에 포함시켰다. 거기에서 기사는 직장을 잃은 한 자동차 공장 노동자의 어려움을 주로 묘사했다(그림5.8을 참조하라).

실험 결과 실업에 대한 원인 및 해결 책임성은 압도적으로 사회적 요인에 부과되었다. 그리고 그런 귀인은 뉴스 보도에 의해 사실상 영향을 받지 않았다. 사회적 책임성 범주 내에서 보면, 세 조건 모두에서 대다수의 귀인은 현재의 경제 상황 탓으로 돌려졌다. 심지어 일화적 프레임을 본 시청자들조차도 상당수(응답의 76퍼센트)가 해결 책임성이 사회에 있다고 지적했다. 흥미로운 점은 실업에 대한 일화적 프레임으로 사용된 이 기사가 빈곤에 대한 일화적 프레임으로 사용되었을 때에는 훨씬 더 많은 개인적 귀인을 도출했다는 점이다.

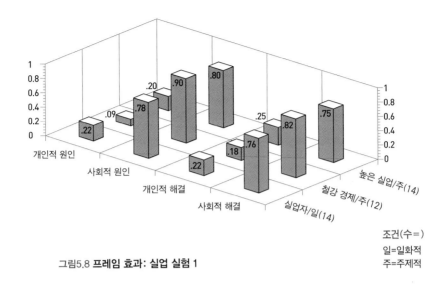

그림5.8 **프레임 효과: 실업 실험 1**

조건(수=)
일=일화적
주=주제적

실업 실험 2

실업에 대한 프레임 효과의 2차 검증을 위해 세 개의 새로운 조건이 설정되었다. 그 중 하나는 주제적, 나머지 두 개는 일화적이었다. 주제적 조건에는 전국적인 실업 상황과 특정 지역들 사이의 실업 상황의 차이를 담은 뉴스 기사가 포함되었다. 두 개의 일화적 조건에는 남성 실직자를 묘사한 보도가 포함되었다. 그 중 한 조건에서는 흑인을, 다른 한 조건에서는 백인을 다루었다. 이 두 기사는 모두 빈곤 실험 2에 사용된 것이었다. 이런 조작은 인종에 대한 고정관념이 실업에 대한 책임성 귀인에 영향을 미치는 정도를 알아보기 위해 설계되었는데, 그런 영향은 이미 빈곤 실험 2의 결과를 통해 암시된 바 있다(그림5.9를 참조하라).

2차 실험에서도 마찬가지로 통계적으로 유의미한 프레임 효과는 발견되지 않았다. 또 1차 실험과 마찬가지로 원인 및 해결 책임성 모두에 대해 사회적 요인이 주요하게 언급되었고, 그런 사회적 귀인 내에서는 다시 한 번 경제 상황에 대한 언급이 압도적으로 높은 비율을 차지했다. 따라서 실업에 대한 책임성 귀인은 텔레비전 뉴스 보도의 프레임에 의해 영향을 받지 않았다고 할 수 있다.

실업 책임성 귀인과 관련해 눈에 띌만한 미디어의 영향력이 발견되지 않았다는 것은 국가적인 정치 담론에서 경제가 차지하는 지속적인 중요성에서 비롯된다고 추정해 볼 수 있다. 다시 말해, 국가적인 문제로서 경제 문제는 지속적으로 사람들의 높은 관심을 끌어왔기 때문에 실업에 대한 포괄적인 책임 소재지로 사람들은 "경기(the economy)"를 생각했을 수도 있다는 것이다. 혹 그렇지 않다면 "실업"이란 용어 자체가 그 이슈를 개인적 결과보다 집단적 결과로 여기도록 만드는 "의미 프레임(semantic frame)", 즉 용어 효과(wording effect)가 있어, 그것이 사람들의 귀인에 영향을 미쳤을 수도 있다. 예를 들면, 사람들에게 "왜 이렇게 많은 미국인들이 실업 상태에 있을까요?"라고 묻는 것은 "왜 존 스미스(John Smith) 씨가 직장을 잃었을까요?"라고 묻는 것보다 훨씬 사회 지향적인 응답을 이끌어낼 수 있다는 것이다.

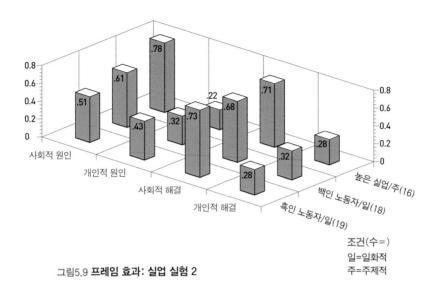

그림5.9 **프레임 효과: 실업 실험 2**

인종 불평등 실험 1

인종 불평등에 대한 내용 분석을 통해 주요한 세 주제 범주(subject cate-gories)가 드러났는데, 그것은 "인종 차별(Racial Discrimination)," "흑인 빈곤(Black Poverty)," 그리고 "소수자 우대정책(Affirmative Action)"이었다. 이런 세 하위 범주 이슈의 프레임 효과를 알아보기 위해 실험 조작이 이루어졌다. 이 실험에서 인종 차별 기사는 주제적 프레임으로만 제시된 반면, 흑인 빈곤과 소수자 우대정책은 주제적 및 일화적 프레임 모두를 사용해 제시되었다.

먼저 '인종 차별' 조건에 배정된 참가자들은 코네티컷(Connecticut) 주 공립학교에 재학 중인 흑인 학생들의 인종차별폐지 프로그램(desegregation programs) 시행 전후의 변화를 추적한 한 연구 결과를 설명하는 뉴스 기사를 보았다. 기사는 인종차별폐지 프로그램 시행 이후 흑인 학생들의 성적, 대학 입학시험 성적, 취업 전망 등에서 상당한 향상이 이루어졌다고 지적했다.

"소수자 우대정책-주제적(Affirmative Action-Thematic)" 조건 기사는 먼저 미국의 소수자 우대 고용 정책의 전개 과정을 기술한 후, 이어 최근 소수 인종 우대정책에 대한 합헌성을 인정한 연방대법원 결정 논거에 대해 설명했다. 반면, "소수자 우대정책-일화적(Affirmative Action-Episodic)" 조건 기사는 흑인 소방대원을 백인 소방대원보다 먼저 승진시키라는 지시를 받았던 클리블랜드(Cleveland)의 한 소방서에 대해 다루었다. 그 기사에는 흑인 및 백인 소방대원들 모두가 인터뷰어로 등장했는데, 전자는 소수자 우대정책에 대해 지지를 표한 반면 후자는 그것을 비난했다. 따라서 이 두 소수자 우대정책 기사는 이슈의 한정성(specificity)의 측면에서 서로 차이를 보였다. 다시 말해, 참가자들은 전반적인(general) 공공 정책(public policy)으로서의 소수자 우대정책 뉴스를 보거나 혹은 하나의 특정한(particular) 직장 내 승진 논란과 관련된 것으로서의 소수자 우대정책 뉴스를 보았다는 것이다.

'흑인 빈곤'과 관련해서는 세 개의 뉴스 조건이 설정되었는데, 하나는 주제적이었고 나머지 두 개는 일화적이었다. "흑인 빈곤-주제적(Black Poverty- Thematic)" 조건에 사용된 기사는 흑인과 백인 사이의 다양한 생활 수준 지표 차이를 다루었다. 일화적 프레임이 2개의 조건으로 설정된 이유는 개인적 특성(personal characteristics)이 인종 불평등 귀인에 영향을 미치는지 알아보기 위해서였다. "실직 노동자(Unemployed Worker)" 조건에서 가난한 사람은 남성 실직자였고, "10대 싱글맘(Teenage Single Mother)" 조건에서의 가난한 사람은 10대 미혼모였다. 두 기사 모두 빈곤 실험 2에서 사용된 것이었다.

　이 실험 설계에는 잠재된 몇몇 예측이 존재했다. 첫째, 일반적인 프레임 가설에 따라 인종 불평등에 대한 일화적 프레임은 주제적 프레임보다 더 강력한 개인적 책임성을 유발시키게 될 것이다. 둘째, 실험 결과가 실업이나 인종 불평등보다 빈곤이 상대적으로 높은 수준의 개인적 귀인을 드러내 보여주었다는 점을 감안하면, 흑인 빈곤에 대한 뉴스 보도는 인종 불평등에 대한 이런 구체적 발현 모습과 관련해 개인적 책임성 귀인을 강화시킬 것으로 예측되었다. 셋째, 인종 차별에 대한 뉴스 보도는 학교 분리정책(school segregation)과 같은 소수자에게 가해진 사회적 장애에 관심을 유도함으로써 사회적 책임성을 고취시킬 것으로 예상되었지만 동시에 소수자 우대정책에 대한 보도는 줄어든 사회적 책임 의식으로 인해 주로 백인 참가자들 사이에서 약간의 역풍도 초래될 수 있을 것으로 예측되었다.

　먼저 프레임과 주제 조작의 효과를 분석하기 위해 참가자 개개인의 개인적 및 사회적 책임성 종합 지수(composite indices)가 산정되었다. 개인적 원인 및 해결 책임성 지수는 개별적 특성과 교육을 귀인으로 언급한 비율 계산을 통해 얻어졌다. 사회적 원인 및 해결 책임성 지수는 사회적 요인을 귀인으로 언급한 비율 계산을 통해 얻어졌다(부록B를 참조하라). 개인 및 사회 책임성 이외에도 이 분석은 또 "과도한(excess)" 소수자 우대정책과 역차별을 운운하면서 원인 및 해결책을 제시한 참가자들의 경향성 차이에 대해서도 파악해 보았다.

분석의 1차 단계에서는 소수자 우대정책 조작 안에서의 주제적 조건과 일화적 조건 사이의 차이, 그리고 흑인 빈곤 조작 안에서의 주제적 조건과 2개의 일화적 조건 사이의 차이에 대해 알아보았다. 예측과 반대로 소수자 우대정책의 주제적 프레임과 일화적 프레임은 동일한 응답 형태를 도출했다. 따라서 이 두 조건은 통합되었다. 한편, 2개의 흑인 빈곤의 일화적 조건 역시 동일한 응답 형태를 도출했고, 따라서 앞에서와 마찬가지로 통합되었다. 결국 인종 불평등에 대한 실험 설계는 소수자 우대정책, 인종 차별, 흑인 빈곤-주제적, 그리고 흑인 빈곤-일화적 등 네 개의 조건으로 줄어들었다 (그림5.10을 참조하라).

　이들 네 조건 가운데 '흑인 빈곤-일화적' 조건은 가장 높은 빈도(42퍼센트)의 개인적 귀인을 도출했다. 그것은 두 측면 때문에 개인적 귀인이 크게 유발될 수 있을 것이라는 예측과 일치했다. 여기에서 두 측면이란 뉴스가 일화적 프레임을 통해 제시되었다는 점과 프레임과 상관없이 이미 상대적으로 높은 개인적 귀인을 유발시키는 것으로 드러났던 빈곤의 문제를 다루었다는 점을 말한다. 한편, 나머지 조건에서는 사회적 귀인이 개인적 귀인을 적어도 3대 1의 비율로 크게 앞섰다. 하지만 '흑인 빈곤-일화적' 조건은 나머지 모든 조건들보다 훨씬 더 높은 개인적 해결 책임성을 유발시켰을 뿐만 아니라 '인종 차별'이나 '소수자 우대정책' 조건들에 비해 훨씬 더 높은 개인적 원인 책임성도 유발시켰다. 요약하면, 시청자들에게 가난한 흑인에 대한 정보를 제공했던 것이 오히려 인종 불평등에 대한 상대적으로 높은 개인적 귀인을 유발시켰다고 할 수 있다.

흑인 빈곤의 일화적 프레임이 개인적 귀인을 유발시켰다고 한다면 인종 차별의 주제적 프레임은 정반대의 효과를 유발시켰다. 학교 분리정책에 대한 뉴스 보도에 노출된 실험 참가자들은 인종 불평등에 대한 모든 원인 귀인을 사실상 사회와 연관시켰다. 또 인종 차별 조건에 배정된 참가자들은 인종 차별과 관련된 원인 요인으로 인성이나 교육을 단 한 차례도 언급하지 않았다. 이런 결과는 여타의 조건들과는 상당히 다른 결과다. 해결 귀인에서도 이런 일방적인 책임 부여는 마찬가지였다. 인종 차별 조건에서 제시된 해결책의 약 90퍼센트는 인종 불평등에 대한 사회적 대응에 초점이 맞추어졌다.

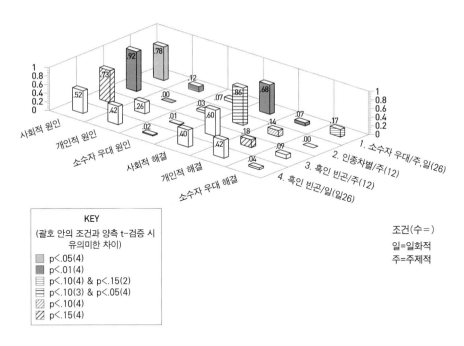

그림5.10 **프레임 효과: 인종 불평등**

119

한편, 소수자 우대정책에 대한 뉴스 보도는 인종 불평등에 대한 원인 및 해결 책임성 귀인에는 영향을 미쳤지만, 그것이 주제적인가 혹은 일화적인가 하는 프레임 형식 자체가 인종 불평등에 대한 원인 및 해결 책임성에 영향을 미치지는 않았다. 소수자 우대정책 자체를 인종 불평등의 원인으로 언급한 응답은 소수자 우대정책 조건에서 가장 높았다. 그것은 소수자 우대정책에 기사의 설명이 몇몇 응답자들로 하여금 흑인의 불평등한 처우를 부인하도록 자극했기 때문이다. 마찬가지로 이 조건에서는 인종 불평등에 대한 해결책으로 소수자 우대정책을 폐지하자는 비율도 가장 높았는데, 이런 결과는 인종 차별 조건이나 흑인 빈곤-일화적 조건과는 상당한 차이가 있는 것이었다.

요약하면, 인종 불평등 연구 결과의 전반적인 형태는 프레임과 다루어지는 뉴스 주제 모두가 귀인에 영향을 미친다는 점을 시사해 준다. 텔레비전 뉴스가 인종 차별을 주제적 관점에서 보도할 경우 시청자들은 주로 인종 불평등의 문제를 사회 탓으로 돌렸다. 또 소수자 우대정책에 대한 보도에 노출된 시청자들은 인종 불평등의 주요 책임자로 여전히 사회를 지목했지만, 정부의 우대정책에 대한 불만 역시 증가하는 양상을 보였고, 인종 불평등에 대한 해결책으로 그 정책을 폐지하자는 주장도 더 늘어나는 현상을 보였다. 한편, 뉴스가 흑인 빈곤을 주제적 관점에서 보도할 경우, 인종 불평등에 대한 사회적 귀인은 여전히 지배적이었지만, 개인적 책임성에 대한 언급 역시 상당한 정도로 증가했다. 마지막으로 흑인 빈곤이 일화적 관점에서 프레임될 경우에는 개인적 책임성과 사회적 책임성 모두 똑같이 뚜렷해지는 경향을 보였다.

결론

종합하면, 이 장에서 진행된 5개의 실험 결과는 네트워크 뉴스가 빈곤과 인종 불평등에 대한 사람들의 책임성 귀인 방식에 영향을 미칠 수 있다는 것을 보여준다. 이를테면, 빈곤의 일화적 프레임은 개인적 책임성 귀인을 증가시켰지만, 주제적 프레임은 사회적 책임성 귀인을 증가시켰다. 또 서로 다른 유형의 가난한 사람들에 대한 보도는 묘사되는 가난한 사람의 개인적 특성에 따라 사회적 귀인을 높일 수도 있고 낮출 수도 있는 것으로 드러났다. 전반적으로는 흑인 빈곤에 대한 뉴스 보도, 그 중에서도 특히 흑인 빈곤에 대한 일화적 보도는 인종 불평등에 대한 개인적 책임성을 상승시키는 효과를 낳았다. 반면, 인종 차별에 대한 뉴스 보도는 이와는 정반대되는 효과를 낳았다. 한편. 이와는 달리 실업에 대한 책임성 귀인은 네트워크의 뉴스 프레임 방식에 사실상 영향을 받지 않았는데, 그것은 사람들이 일화적 조건에서든 주제적 조건에서든 실업을 현재의 경제적 상황이라는 관점에서 주로 이해했기 때문이다.

실제의 네트워크 보도의 맥락 속에서 보면 이런 실험 결과는 빈곤에 대한 지배적 뉴스 프레임이 빈곤에 대한 책임 소재를 사회에서 가난한 사람들로 이동시킬 수 있는 힘이 있다는 것을 시사해 준다. 따라서 만약 네트워크들이 빈곤 보도에서 차지하는 주제적 프레임의 비율을 더 높이게 된다면 빈곤에 대한 책임이 가난한 사람들보다 사회나 정부에 부과될 가능성은 더 커지게 것이다. 반면, 인종 불평등 – 인종 차별 – 에 대한 현재의 네트워크 뉴스 보도의 지배적 방향은 정반대의 효과, 즉 사회적 귀인 증가의 효과를 유발시키고 있다. 하지만 만약 뉴스 편집자가 흑인 빈곤 기사를 다루기로 한다면, 그것은 빈곤에 대한 책임을 사회로부터 가난한 흑인들에게로 이동시키는 결과를 초래하게 될 것이다.

이런 실험의 결과는 빈곤과 인종 불평등 모두가 미국 주류의 가치관과 밀접하게 관련되어 있다는 점을 감안하면 상당히 인상적이다. 이 장의 서두에 언급되었듯이 문화적 가치관은 빈곤을 지속시킬 수 있는 요인 중 하나다. 그러나 이 장에 제시된 연구 결과에 따르면, 미국인들이 빈곤의 책임을 가난한 사람들 스스로에게 돌리는 입증된 경향성은 단순히 미국 사회를 지배하는 문화적 가치관뿐만 아니라 가난한 사람들의 삶의 이미지가 지배하는 일화적인 빈곤 관련 뉴스 보도에도 그 원인이 있다는 것을 보여준다.

인종은 그 자체로 빈곤에 대한 사람들의 생각에 의미 있는 맥락적 단서로 작용한다. 실험 참가자 중 백인이자 중산층인 미국인들은 피부 색깔에 민감했고, 묘사되는 가난한 사람의 유형에 따라 서로 다른 반응을 보였다. 인종과 마찬가지로 가난한 사람의 성(gender) 역시 빈곤에 대한 좀 더 개인 지향적 그리고 덜 사회적 책임성 개념을 활성화시키는 데 기여하는 것처럼 보였다. 하지만 성 자체가 중요한 단서인지는 밝혀지지 않았다. 그것은 이 프레임 실험에서 여성 실직자나 은퇴한 남성, 또는 한부모 아빠(single male parent)를 다룬 보도가 제공되지는 않았기 때문이다. 실험 결과가 보여주는 것은 싱글맘에 대한 보도가 "희생자 비난(blaming the victim)" 신드롬을 유발시킨다는 것인데, 그것은 사람들이 이들이 겪는 경제적 어려움에 대해 스스로 책임을 져야 하고 또 상대적으로 정부 지원을 받을 자격이 없다고 생각했기 때문이다. 마지막으로 인종, 성, 연령, 혼인 여부의 특수한 조합 (예를 들면, 성인 흑인 싱글맘)은 빈곤에 대한 개인적 책임성을 특별히 더 촉발시켰다. 그런데 이런 특정한 인구통계학적 조합은 가난한 미국 성인들 가운데 가장 큰 비율을 차지한다는 사실이다. 이런 의미에서 보면 가장 "실감나게 묘사한(realistic)" 일화적 뉴스 프레임이 오히려 사회적 책임성 귀인을 가장 크게 가로막은 억제적인 효과를 유발했다고 할 수 있다.

6장

이란 - 콘트라 사건 책임성 귀인에 대한 프레임 효과

지금까지 진행된 다양한 네트워크 프레임에 대한 검증은 오랫동안 지속되어온 해묵은 사회 및 정치 이슈와 관련된 것이었다. 이 장에서는 네트워크 프레임에 대한 분석을 행정부의 구체적인 결정, 즉 이란에 무기를 판매하기로 한 정부 결정에 관한 책임성 귀인으로 그 범위를 확장했다. 이란에 대한 무기 판매의 책임이 정부에 있다는 것은 너무나 자명했기 때문에 이 사건에 대한 프레임 효과는 두 측면에 대한 검토를 통해 검증되었다. 그 두 측면에 대한 검토란 서로 다른 두 유형의 뉴스 프레임이 시청자로 하여금 정부 결정에 대한 책임을 레이건 대통령에게 부과하도록 유도하거나, 혹은 중동의 긴장 고조와 같은 상황적 압박(situational pressures) 탓으로 여기도록 유도하는 정도에 얼마나 큰 영향을 미쳤는가를 검토하는 것을 말한다.

레이건 정부가 비밀리에 이란의 아야톨라 호메이니(Ayatollah Khomeini)

정권에게 무기를 제공해 왔다는 폭로는 전 세계에 엄청난 충격을 주었다. 폭로에 따른 사건들이 줄을 이었고, 이에 대한 미디어 보도 역시 급격하게 증가했다. 이런 상황은 평소 자신만만했던 레이건 대통령의 이미지조차도 지속적인 엄청난 양의 비난성 보도 앞에 쉽게 무너져 내릴 수 있다는 것을 보여주었다. 몰랐다는 대통령의 반복적인 주장과 이란-콘트라(Iran-Contra) 작전에 대통령이 직접 혹은 간접적으로 간여한 흔적을 전혀 발견하지 못했다고 밝힌 타워 위원회(Tower Commission)의 발표에도 불구하고 많은 미국인들은 대통령이 "전혀 몰랐다(out of the loop)"는 것은 믿기 어려운 일이라고 생각했다. 예를 들면, 미디어가 이란-콘트라 사건을 보도한 직후인 1986년 11월 〈뉴욕타임스 New York Times〉와 〈CBS 뉴스 CBS News〉가 공동으로 실시한 설문조사에서 국민의 50퍼센트는 "당신은 이란 무기 판매로 조성한 자금이 니카라과(Nicaragua) 반군(Contras)을 돕기 위해 사용될 것이라는 사실을 레이건 대통령이 알고 있었다고 생각하십니까?"라는 질문에 '그렇다'고 답했다. 또 56퍼센트의 국민은 "레이건 대통령이 반군에게 송금된 자금에 대해 알았든 몰랐든, 그 사건에 대해 대통령이 얼마나 많은 책임이 있다고 생각하십니까?"라는 질문에 책임이 "많다(A lot)"라고 답했다.

이란에 무기를 판매한 사실과 미국인들이 그 사실과 관련해 대통령에게 책임을 부과하는 정도는 대통령 지지율 관련 연구에서 매우 중요하다. 1940년대 이래로 여론조사기관은 미국인들에게 "대통령 _____ 이(가) 대통령으로서 자신의 직무를 수행하는 방식"과 관련해 그것을 지지하는가 혹은 그렇지 않은가라는 질문을 통해 현직 대통령의 지지율을 정규적으로

조사해왔다. 그렇게 조사된 지지율은 일반적으로 대통령의 지도력을 진단해주는 중요한 지표로 여겨졌다. 보통 지지율이 높으면 높을수록 대통령의 입법부에 대한 주도권과 여타 정책 안건에 대한 실효성은 그만큼 더 커진다.[1]

대통령 지지율과 관련해 가장 광범위하게 수용되고 있는 이론에 따르면 대통령에 대한 국민적 평가는 국가 경제 상황과 눈에 두드러지는 정치적 사건에 의해 가장 크게 영향을 받는다. 그런 정치적 사건에는 국제 정상 회담, 국내 스캔들, 군사적 갈등 등이 포함된다. 예를 들면, 오스트롬(Ostrom)과 사이먼(Simon)은 "지지율-강화(approval-enhancing)" 사건과 "지지율-감소(approval-diminishing)" 사건을 구별했다. 그 구분에 따르면 전자에는 우주선 챌린저(Challenger)호 폭발 사건이나 그레나다(Grenada) 침공과 같은 대통령을 중심으로 국민을 통합시키는 극적인 사건과 국제적 갈등이 포함된다. 그리고 후자에는 주로 정부 내 부정이나 부패, 국민적 논란을 야기하는 정책 시행, 그리고 1987년 주식 시장 붕괴와 같은 극적인 경제 약화 징후 등이 포함된다.[2]

이런 기준에서 보면 이란-콘트라 사건은 확실히 지지율을 약화시키는 사건이었다. 그것은 레이건 대통령에 대한 지지율 분석을 통해서도 확연하게 드러났다. 그 분석에 따르면 대통령에 대한 국민의 평가는 이란에 대한 정부의 무기 판매 사실에 대한 폭로와 이후 지속으로 증폭된 정치적 논란 속에서 상당히 부정적으로 변했다는 것을 보여준다. 실제로 이란-콘트라 사건이 레이건 대통령의 지지율에 미친 영향은 워터게이트 스캔들

(Watergate scandal)이 닉슨(Nixon) 대통령의 지지율에 미친 영향에 비교될 정도였다.[3]

모든 정치적 사건은 대통령의 지지율에 영향을 미친다. 이것은 이미 입증된 명제다. 그렇다면 그 명제는 미국인들이 정치적 사건에 대한 책임성(원인이든 해결이든)을 대통령에게 부과한다는 것을 의미한다. 대통령에 대한 그와 같은 책임성 부과는 귀인 이론의 주장과 일치한다. 귀인 이론에 따르면 사람들은 일반적으로 사건에 대한 원인 책임성을 부과할 때 개인의 행동(actions)이나 의도(intentions)의 역할에 대해서는 과대평가하지만, 동시에 초개인적(impersonal) 혹은 상황적(situational) 요인의 영향에 대해서는 무시하는 경향성을 보인다.[4] 따라서 그 이론에 따라 예측을 한다면, 대다수의 미국인들은 정부가 이란에 무기를 제공하기로 한 결정에 대해 지도자, 그 중에서도 특히 대통령 개인의 알려진 동기나 자질 혹은 여타의 특성에 대한 지적을 통해 설명하게 될 것이다. 그러나 이런 예측은 사람들이 복잡한 사건을 자신의 관찰에 근거해 편향되지 않고 단순히 이해하려고 한다는 가정에 근거하고 있다. 하지만 이란 무기 판매 사건에서의 책임성 귀인은 당파적 편향성(partisan biases)의 영향을 받을 가능성이 큰 사건이었다. 그것은 레이건 대통령을 지지하는 사람들의 경우 대통령 개인의 행위나 성격적 특성의 효과를 무시할 만한 상당한 이유를 가지고 있었던 반면, 반대자들은 주요 원인 요인으로 대통령의 리더십을 문제 삼을 가능성이 많았기 때문이다. 좀 더 일반적으로 말하자면 대통령의 적(foes)과 동지(friends)라는 요인이 무기 판매에 대한 책임성 귀인에서 "방어적 귀인(defensive attribution)," 다시 말해 대통령의 개인적 특성을 종속적 중요성(variable importance)을 갖는 요인으로 만드는 데 개입

할 것으로 예측되었다는 것이다.

하지만 당파적 편향성 문제와 상관없이 사람들이 만약 정치적 사건에 대한 책임을 대통령에게 돌리는 경향이 있고, 또 그런 귀인이 대통령에 대한 지지율에 영향을 미친다면, 정치적 사건에 대한 네트워크의 프레임은 대통령 지지율 분석에 대단히 중요하다고 할 수 있다. 이 장에 제시된 이란-콘트라 실험은 동일한 사건이 뉴스 프레임에 의해 지지율 상승(approval-enhancing) 사건 혹은 지지율 약화(approval-diminishing) 사건이 될 수 있는지를 알아보기 위해 설계되었다. 이를 위해 먼저 이란-콘트라 사건을 보도한 뉴스의 내용 분석 결과를 기술한 후 실험 설계에 대한 설명을 이어나가기로 한다.

네트워크는 이란-콘트라 사건을 어떻게 보도했는가?

레이건 정부가 이란에 무기와 장비를 몰래 공급해왔다는 폭로와 이후 전개된 상황은 모든 네트워크의 관심을 사로잡았다. 1986년 11월과 1987년 9월 사이 ABC와 CBS 그리고 NBC는 이들 사건과 관련해 1200개 이상의 기사를 내보냈다. 그것을 방송 시간(airtime)으로 환산하면 60시간이 넘었다. 이란에 대한 무기 판매와 콘트라에 대한 결과적인 "자금" 지원은 지속적인 정부 정책이라기보다는 구체적인 정부 결정 사항이었기 때문에 뉴스 기사는 주로 날마다 진행되는 사태 전개와 발표문, 혹은 언론 브리핑(press briefings) 등에 초점이 맞추어졌다. 사실상 모든 기사가 일화적이었기 때문에 이란-콘트라 사건 보도를 주제적 프레임과 일화적 프레임으로 구별하는 것은 의미가 없었다. 그럼에도 불구하고 내용 분석(content analysis) 결과 네트워크가 이란-콘트라 사건을 보도할 때 두 프레임 중 하나를 일관되게 사용했다는 사실이 드러났다. 하나는 외교 정책의 목표(foreign policy objectives)라는 맥락 속에서 묘사하는 것이었고, 다른 하나는 정치적 논란(political controversy)의 원천으로 묘사하는 것이었다.

그 중 상당수는 이란-콘트라 사건을 증폭되어가는 정치적 논란에 초점을 맞췄는데, 그런 보도는 전체 보도의 약 70퍼센트를 차지했다(그림6.1을 참조하라). 여기에는 이란 무기 판매 결정에 대한 민주당과 일부 공화당 의원들의 비난 기사, 레이건 정부 내 혼란과 내분을 묘사하는 기사, 또 레이건 대통령의 리더십 스타일을 비판적으로 분석하고 1988년에 치러질 대통령 선거에 미칠 잠재적 정치적 악영향을 다룬 뉴스 기사 등이 포함되었다. 이런 기사들은 모두 "정치 프레임(political frame)" 뉴스의 전형적인 사례에 해당되었다.

이란-콘트라 사건과 관련된 이런 정치 프레임에는 두 개의 하위범주가 존재했다. 하나는 대통령의 리더십(leadership)에 대해 직접적으로 의문을 제기하는 것으로, 그런 프레임에는 대통령의 위기 대처 방식과 참모진과의 관계 등을 다룬 기사들이 포함되었다. 이런 기사들의 논조는 대체로 부정적이었고, 백악관 내부의 상황이 혼란스럽다는 인상을 전달해 주었다. 이를테면, 대통령이 정부의 결정 사항에 대해 알지 못했거나 혹은 알면서도 불법적인 행위에 가담했다는 내용이 포함되었다. 또 하나의 정치 프레임은 좀 더 "객관적인(objective)" 보도와 관련되어 있었다. 그런 프레임에는 상하합동위원회(Joint Committee)에 출석해 증언하는 사람들에 관한 기사나 비밀 작전에 참여한 개별 참가자의 역할에 대해 보도하는 기사처럼 날마다 진행되는 사태 전개의 흐름을 기술하면서 중립적 논조를 취한 기사들이 포함되었다. 전체적으로 보면 이 프레임이 정치 프레임 중에서 약간 더 많은 부분을 차지했다.

이런 지배적인 정치 뉴스 프레임 외에도 네트워크는 이란-콘트라 사건을 좀 더 실용적인(programmatic) 혹은 도구적인(instrumental) 관점에서 보도하기도 했다. 이런 "정책 프레임(policy frame)" 기사들은 관심의 초점을 대통령의 리더십 부족(inadequate presidential leadership)으로부터 중동의 정치적 상황(political situations in the Middle East)과 그런 상황에 대처하려는 정부의 노력(administration's efforts)으로 전환시켰다. 거기에서 기사들은 주로 레바논에 억류된 미국 인질과 중동의 정치적 갈등에 초점을 맞췄다. 먼저 인질 기사는 인질을 잡고 있는 테러 집단의 발표문과 성명서, 또 인질 가족과 이에 대한 정부 대변인의 대응 등으로 구성되었다. 그런 인질 관련 기사는 이란-콘트라 보도에서 가장 적은 10퍼센트를 차지했다. 다음으로 전체 보도의 24퍼센트를 차지한 중동의 긴장 상태에 대한 보도 기사들은 주로 이란-이라크 전쟁(Gulf War), 미국의 대테러 정책, 이란 정권 내부의 정치적 갈등, 미-이란의 외교적 상황 등을 다루었다. 사실상 이런 유형의 기사는 이란-콘트라 사건을 중동 및 테러, 또 그와 관련된 외교 문제 보도를 위한 시의적절한 "뉴스거리(news peg)"로 주로 활용했다.

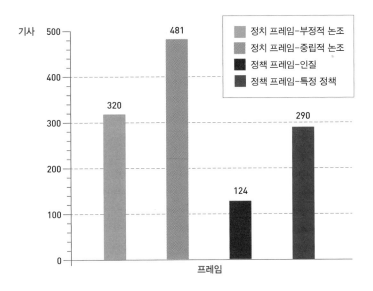

정치 프레임-부정적 논조
정치 프레임-중립적 논조
정책 프레임-인질
정책 프레임-특정 정책

481

320

400

300

290

200

124

100

0

프레임

그림6.1 **이란-콘트라 사건에 대한 네트워크 보도**

프레임 실험 설계

조작된 프레임이 실제 이란-콘트라 뉴스 보도의 방식을 충실히 반영하고 있는가는 여전히 남아 있는 과제이긴 하지만 그럼에도 불구하고 프레임 조작은 이란 무기 판매와 그 수익금을 통한 반군 재정 지원 결정 등에 대한 정부 결정의 잠재적 원인(potential causes)으로, 하나는 대통령의 리더십 부족(inadequate leadership)을 암시하기 위해, 다른 하나는 특별한 외교적 고려사항(particular foreign policy considerations)을 암시하기 위해 설계되었다. 이 실험의 핵심 목적은 먼저 대통령의 리더십 부족을 암시하는 뉴스 보도가 대통령의 책임성 귀인을 유도하는지 밝히는 데 있었다. 그리고 다음으로는 외교 정책의 배경에 초점을 맞춘 보도가 상황적, 즉 맥락적 요인의 책임성 귀인을 더 두드러지게 하는지를 밝히는 데 있었다.

실험은 상하원 합동위원회 청문회(Congressional Joint Committee Hearings)가 끝난 직후인 1987년 8월과 9월에 진행되었다. 이란 무기 판매는 현재 진행 중인 이슈나 문제라기보다 이미 실행되고 종결된 구체적 결정 사항이었기 때문에 실험 참가자들은 원인 책임성 귀인에 대해서만 질문을 받았다. 구체적으로 말해 참가자들은 다음과 같은 질문을 받았다. "당신이 보기에 레이건 정부는 왜 이란에 무기를 판매하기로 결정했다고 생각하십니까?"

이 실험에서는 5개의 프레임 조건이 설정되었다. 이들 중 두 조건은 네트워크의 무기 판매 보도를 다룬 전형적인 정치 프레임이었다. 이런 프레임은 대통령의 조치와 그것을 둘러싼 논란에 주로 초점을 맞췄다. 이 두 조건 모두에는 레이건 대통령이 자신의 대응 조치를 옹호하면서 무기 판매가 인질에 대한 몸값이라는 주장을 부인하는 레이건의 모습을 담은 뉴스 기사가 포함되었다. 첫 번째 조건에 포함된 "레이건은 믿을만한가?(Can Reagan be Trusted?)"라는 기사에서 기자는 임박한 대통령의 기자 회견을 "레이건 대통령의 현직 재임 중 가장 중요한 기자 회견"이라고 그 중요성을 강조한 뒤 무기 판매에 대한 정부 설명의 비일관성을 조목조목 지적했다. 기사는 "대통령 자신의 신뢰와 진정성"이 위기에 처했다는 말로 마무리되었다.

두 번째 조건에 담긴 기사 "누가 책임자인가?(Who's in Charge?)"는 유사했지만, 솔직함과 신뢰성이 능력과 권력의 문제로 바뀌었다는 점에서 차이가 있었다. 거기에서 기자는 레이건 대통령의 기자 회견 – 첫 번째 조건에서 언급한 바로 그 기자 회견 – 에서 드러난 몇몇 허위진술과 모순점을 지적하면서 시작했다. 대통령 발언의 일부가 재생되고 난 후에는 기자 회견 직후 백악관이 발표한 이례적인 "해명(clarification)"에 대해 언급했다. 기사는 앵커와 기자가 서로 질문과 응답을 주고받으면서 끝났는데, 거기에서 기자는 대통령의 기자 회견이 오히려 대통령 자신이 "사실 관계를 제대로 파악하고(in command of the facts)" 있는지에 대한 심각한 의혹을 야기했다고 지적했다.

요컨대, 이 두 정치 프레임 조건은 정치적 논란과 위기가 고조되는 가운데 대통령의 대응 방식과 말에 초점을 맞췄다고 할 수 있다. 첫 번째 조건에서 대통령의 대응 조치는 신뢰성과 솔직함에 의문을 제기하는 것으로 해석되었지만, 두 번째 조건에서 그것은 대통령의 사실 파악과 능력 부족을 암시하는 것으로 해석되었다. 이 두 정치적 조건은 모두 대통령의 대응 행동과 말에 초점을 맞췄기 때문에 결과적으로 대통령 개인의 책임성 귀인을 유도할 것으로 예측되었다.

나머지 세 개의 정책 프레임 조건은 대통령이나 무기 판매를 둘러싸고 고조된 정치적 논란에 대해서는 어떠한 언급도 하지 않았다. 첫 번째 조건에 포함된 기사 "인질을 위한 무기(Arms for Hostages)"는 베이루트(Beirut)에 인질로 잡힌 미국인들의 수와 현지 CIA 지부장으로 알려진 윌리엄 버클리(William Buckley)에 대해 주로 초점을 맞췄다. 기자는 이란과의 거래는 "본질적으로 인질 석방을 위한 무기 거래, 즉 윌리엄 버클리를 구하기 위한 500척의 예인선(500 TOWS for William Buckley)"이라는 취지로 미국과 이란 사이의 중재자로 일했던 이스라엘 정부 내 한 "고위(high-level)" 관계자의 말을 인용해 보도했다.

나머지 두 개의 정책적 조건에 포함된 기사들은 중동 정치(Middle East politics)라는 맥락 속에서 무기 판매 사건을 보도했다. "걸프 전쟁(Gulf War)" 조건의 경우 앵커는 도입 멘트로 먼저 이란과 이라크 사이의 오랜 갈등을 언급했다. 그런 후 이어지는 기사에서는 이 두 교전국 사이의 관계를 중재하려고 했던 최근 미국의 외교적 실패에 대해 중점적으로 설명했다. 한편, "미-이란 관계(U.S.-Iranian relations)" 조건에 포함된 기사는 팔레비 왕조 몰락 이후의 미-이란 관계를 시기별로 개관하는 데 초점을 맞췄다. 물론 이 두 조건의 어느 기사도 이란의 무기 판매를 현재의 중동 사태 전개와 명시적으로 관련시키지는 않았다. 그럼에도 불구하고 무기 판매 사건을 중동 보도의 "기사거리(peg)"로 활용함으로써 이 두 기사는 시청자의 관심을 그 지역의 정치적 긴장으로 유도했다.

요약하면, 이 실험에는 이란 무기 판매에 대한 2개의 주요한 뉴스 프레임이 포함되었다. 하나는 정치 프레임이었고, 다른 하나는 정책 프레임이었다. 정치 프레임에서의 이란에 대한 정부의 무기 판매는 대통령의 리더십 부족의 관점에서 기술되었다. 반면, 정책 프레임에서의 무기 판매는 미국 인질 석방이나 중동의 긴장 완화를 위한 정책 대응의 관점에서 기술되었다. 그 결과 정치 프레임 조건에 배정된 참가자들은 대통령에게 직접 책임을 부과할 것으로 예측되었고, 정책 프레임 조건에 배정된 참가자들은 상황적 압박이나 정책 관련 동기에 무기 판매에 대한 책임을 부과할 것으로 예측되었다.

실험 결과

참가자들은 왜 정부가 이란에 무기를 팔았는가라는 질문을 받고 최대 4가지의 다른 응답을 내 놓았다. 그림6.2에서 보듯 참가자들의 귀인은 크게 두 범주로 나누어졌다. 하나는 대통령, 다른 하나는 정책이었다. 먼저 대통령 책임성(presidential responsibility) 즉, 대통령 개인의 성향적 책임성(dispositional responsibility)에는 무관심하고 허약한 관리 능력을 포함한 레이건 대통령의 리더십 성격이나 스타일, 또 반공주의에 대한 열정과 민주당과 타협하지 않으려는 태도를 포함한 여타의 개인적 특징, 그리고 정치적 이미지에 대한 과도한 관심 – 예를 들면, 무기가 이란에 제공됨으로써 대통령이 인질 석방의 공을 가로챌 수 있었다거나 혹은 레이건이 홍보에만 관심이 있고 내용에는 아무런 신경도 쓰지 않는다는 주장 등을 말한다 – 등에 대한 명시적인 언급들이 포함되었다.

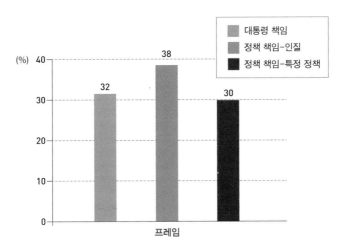

그림6.2 **무기 판매에 대한 원인 귀인**

대통령 귀인의 대부분에서 대통령에 대한 언급은 명시적(explicit)이었다. 예를 들면, "대통령은 백악관에서 무슨 일이 일어나는지 사실상 알지 못한다"거나 혹은 "레이건은 정책 결정을 참모들에게 맡긴다"와 같은 언급이 그런 명시적인 언급에 속했다. 그러나 일부의 경우에는 대통령 이름에 대한 직접적인 언급 없이 성향적 설명이 제시되기도 했다. 예를 들면, "최고위층의 무능(incompetence at the top)," "어리석음(stupidity)," "아무도 책임지지 않는 워싱턴" 등이 그런 사례에 속한다. 이런 식의 대통령 책임성 언급은 전체 원인 귀인에서 32퍼센트를 차지했다.

　한편, 정책 책임성에는 이란-콘트라 사건이 개인의 성향적 특성 탓이라기보다는 특정 상황에 대한 정책적 전략 혹은 관행적 대응이라고 언급한 모든 설명이 포함되었다. 정책적 설명은 무기 판매를 특정 미 외교 정책의 목적 성취를 위한 도구, 즉 인질 석방을 위한 하나의 수단으로 보도했다. 그리고 그렇게 언급된 특정 정책에는 걸프전의 중재, 이란과의 외교 관계 개선, 그리고 니카라과 반군과 여타 반공 단체에 대한 추가적인 지원 제공 등이 포함되었다. 그런 특정 정책 귀인에 대한 언급은 전체 귀인의 30퍼센트를 차지했다. 한편, 인질 석방을 목적으로 언급한 귀인은 특정되기보다는 좀 더 모호한 경향성을 띠었다. 예를 들면, "테러 집단에 압박을 주기 위해서," 또 "정부가 원한 것은 거기에서 인질을 빼오는 것이었다"와 같은 언급이 바로 그런 사례에 속했다. 그런 인질 석방 귀인은 전체 귀인의 38퍼센트를 차지했다.

　예측대로 민주당원과 공화당원은 무기 판매에 대한 생각에 서로 다른 모습을 보여주었다. 대통령 책임성 지수는 대통령을 암시하는 원인 귀인 비율에서 정책적, 인질 관련 고려사항을 원인 귀인으로 언급한 비율을 차감함으로써 얻어졌다. 그런 후 그 차이 값은 중간에 다시 두 범주(정책과 인질 범주-역주)로로 분할되었다. 여기에서 점수가 높은 사람은 정책 책임성보다 대통령 책임성을 더 선호한 사람이었다. 민주당원의 56퍼센트, 공화당원의 41퍼센트가 여기에 속했다. 한편, 책임성 귀인에서는 정치적 이념이 커다란 차이를 유발시키는 요인으로 작용했다. 예를 들면, 진보층의 75퍼센트는 대통령의 리더십이나 성격적 특성을 언급한 반면, 보수층의 70퍼센트는 정책적 목적을 책임성 귀인으로 언급했다.

이런 프레임 실험 결과를 국민설문조사 자료와 비교하는 것은 어렵다. 그것은 어떤 설문조사도 무기 판매에 대한 원인 책임성 귀인을 직접 묻지 않았기 때문이다. 그러나 앞에 지적된 바와 같이 당시 실시된 설문조사는 항상 응답자들에게 레이건 대통령이 무기 판매와 그 자금의 반군 유용 사실에 대해 알고 있었는지의 여부와 관련해 자신의 생각을 밝힐 것을 요구하는 질문을 받았다. 따라서 대통령이 알고 있었다고 생각한 응답자들이 대통령에 대한 원인 책임성 귀인을 더 많이 부과할 것이라는 가정 하에, 이 질문에 대한 응답을 대통령 귀인의 대략의 척도로 활용해 보았다. 그 지표를 활용한 결과, 1986년 11월과 1987년 8월 사이에 실시된 〈CBS 뉴스〉와 〈뉴욕타임스〉의 몇 차례 설문조사에서 대통령 책임성 정도는 응답자들 사이에서 상당한 것으로 나타났다.[5] 평균적으로 보면, 과반을 약간 넘는 51퍼센트의 국민들이 대통령에게 책임이 있다고 생각했다. 즉, 이들은 대통령이 그 사건에 대해 알고 있었다고 답했다는 것이다.[6]

반군에 유입된 돈에 대해 대통령이 알고 있었는지와 관련된 질문 외에도 다섯 번에 걸친 〈CBS 뉴스〉와 〈뉴욕타임스〉의 설문조사 중 하나에는 앞서 진행된 프레임 연구 결과와도 비교해 볼 수 있는 개방형 질문이 포함되어 있었다. 그것은 바로 1987년 7월 16일에 실시된 설문조사였는데, 거기에서 응답자들은 이란-콘트라 청문회에서 증언한 올리버 노스(Oliver North) 대령의 증언과 관련해 일단의 질문을 받았다. 그 속에는 "당신은 올리버 노스가 무언가 거짓말을 했다고 생각하십니까?"라는 질문이 포함되어 있었고, 그렇다라고 답한 응답자들은 "그는 무슨 거짓말을 했습니까?"라는 질문을 이어서 받았다. 이런 개방형 질문에 대한 응답은 대통령 책임성에 대한 보다 더 자연스런 지표에 해당되기 때문에 서포크 카운티 프레임 연구에서 사용된 "가장 중요한 원인" 질문에 대한 응답과 좀 더 적절한 비교 지점을 제공해 준다. 그 설문조사에서 표본의 25퍼센트는 노스 대령이 레이건 대통령의 개입 정도와 관련해 거짓말을 했다고 진술했다. 이 정도 수준의 대통령 책임성은 프레임 실험에서 드러난 정도, 즉 32퍼센트와 비교적 유사하다고 볼 수 있다.

설문조사 자료는 또 귀인의 당파적 편향성과 관련해 프레임 연구 결과를 더욱 더 확실하게 입증시켜 주었다. 설문조사에서 미국인들은 레이건 대통령이 반군에게 유입된 자금에 대해 알고 있었는지를 묻는 질문에 응답했는데, 그런 응답은 응답자의 소속 정당에 따라 큰 편차를 보였다(그림6.3을 참조하라). 이를테면, 민주당원은 공화당원보다 평균 2대 1 이상으로 대통령이 무기 판매에 대해 알고 있었다고 답했다. 또 자칭 "진보"라고 주장하는 사람들은 평균 60퍼센트가 대통령에게 책임을 부과한 반면, 보수라고 주장하는 사람들은 42퍼센트만이 대통령에게 책임을 부과했다.

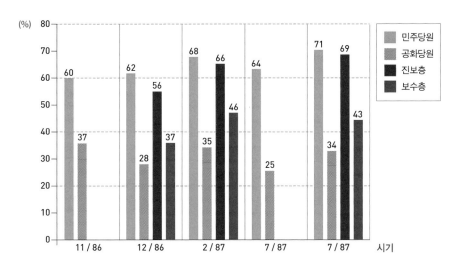

그림6.3 **무기 판매에 대한 대통령 책임성 귀인에서의 당파적 및 이념적 편향성: 〈CBS 뉴스〉와 〈뉴욕타임스〉 설문조사**

    실험 결과에 대한 예비 분석은 두 개의 정치 프레임 조건 – "레이건은 믿을 만한가?"와 "누가 책임자인가?" – 은 개인적 혹은 정책적 귀인을 언급한 시청자의 비율에 유의미한 차이를 보여주지 않았다는 것을 입증해 주었다. 따라서 이들 두 조건은 하나로 통합되었다.[7] 중동의 정치적 갈등에 대해 보도한 두 조건 – "걸프전"과 "미-이란 관계" – 도 시청자의 원인 귀인에 미치는 영향이 동일한 것으로 드러나 역시 하나로 통합되었다. 따라서 실험 설계는 모두 세 조건 – "정치 프레임(Political Framing)," "인질을 위한 무기(Arms for Hostages)," 그리고 "중동의 갈등(Middle East Conflicts)" – 으로 줄어들었다. 이렇게 새롭게 설계된 실험에 대한 분석은 프레임 조작이 대통령 책임성, 인질 석방, 혹은 특정 외교적 고려사항을 언급하는 귀인 비율에 얼마나 큰 영향을 미치는지를 평가하는 데 초점을 맞췄다(그림6.4을 참조하라).

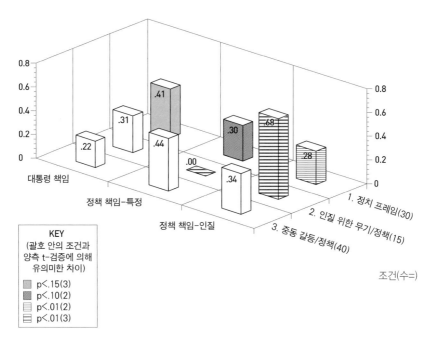

KEY
(괄호 안의 조건과
양측 t-검증에 의해
유의미한 차이)
■ p<.15(3)
■ p<.10(2)
▤ p<.01(2)
▤ p<.01(3)

조건(수=)

그림6.4 **귀인에 대한 프레임 효과: 이란에 대한 무기 판매**

예측되었던 대로 대통령 책임성은 정치 프레임 조건에서 가장 높았다. 거기에서 전체 귀인의 41퍼센트는 대통령의 개인적 특성과 관련되어 있었는데, 그 수치는 '중동 조건'의 수치와 비교해 볼 때 상당히 높은 것이었다. 거기에서 대통령의 귀인은 무능력과 믿을 수 없음이 반반씩 차지했다.

무기 판매가 특정한 외교적 목적을 위한 것이었다고 답변한 정도는 세 조건에 따라 상당한 차이를 보여주었다. '인질 위한 무기' 조건은 인질 석방을 제외하면 특정 정책적 고려와 관련해서는 어떠한 언급도 도출해내지 않았다. 따라서 나머지 조건들과는 상당히 큰 차이를 보였다. 걸프전의 종결과 이란과의 관계 개선과 같은 특정 외교 목적에 대한 언급은 '중동 조건'에서 가장 두드러졌다(전체 응답의 44퍼센트). 그러나 인질 석방 목적에 대한 언급은 뉴스가 인질 석방이라는 맥락에서 무기 판매를 묘사할 때 가장 빈번하게 이루어졌다. 그 비율은 여타 조건들과 비교해 2대 1을 넘어섰다.

중동 갈등의 관점에서 무기 거래를 보도한 기사는 대통령에 대한 가장 높은 지지율 강화 효과를 보여주었다. 정책적 고려사항 중 하나로 무기 판매가 가능했다는 추론을 제공하는 이 기사는 대통령 리더십이나 성격적 특징에 대한 시청자의 언급을 막아 주었다. 그 결과 정책 책임성과 대통령 책임성의 비율은 약 4대 1이 되었다. 이와는 반대로 이란-콘트라 사건의 정치 프레임은 대통령의 지지율을 가장 크게 낮추는 효과를 낳았다. 거기에서는 무기 판매 결정에 대한 대통령의 책임성이 크게 증폭되어 그 조건의 전체 설명 가운데 40퍼센트 이상을 차지했다.

결론

프레임 실험 결과는 이란 무기 판매에 대한 미국인들의 귀인이 텔레비전 뉴스 보도에 의해 상당히 큰 영향을 받았음을 보여준다. 네트워크는 무기 판매로 야기된 정치적 갈등 고조와 대통령에 대한 정치적 반발을 주로 보도했는데, 그런 기사는 전체 기사의 66퍼센트를 차지했다. 이런 유형의 보도는 시청자의 레이건 대통령 개인에 대한 책임성 부과를 확실하게 유도했다. 이와는 반대로 무기 판매 배후에 존재하는 허울뿐인 정책 목표에 초점을 맞춘 뉴스 보도는 시청자로 하여금 그런 결정의 상황적 선행 요인들에 대해 생각하도록 유도하고, 그것은 결국 무기 판매를 외교 문제에 대한 정부의 대응인 것처럼 만들었다.

이런 결과는 귀인 이론에 중요한 의미를 갖는다. 그것은 개별 "행위자(actors)"의 행위와 달리 정부에 의해 취해진 결정은 정치 지도자의 개인적 성향에 내재된 귀인의 우월적 지위(preponderance)를 자동적으로 도출해 내지 않는다는 점에서 그렇다. 뉴스 기사가 이란 무기 판매 결정을 명시적으로 미숙한 리더십의 사례로 거론할 때조차도 시청자들은 책임을 완전히 대통령에게 돌리지는 않았다. 전반적으로 보면 원인 요인으로 정책적 목표가 개인적 성향보다 더 중요한 것으로 여겨졌다. 특히 흥미로운 부분은 대통령의 특정한 역할이나 대통령의 리더십에 대한 정치적 논란에 대해 어떠한 정보도 얻지 못한 시청자들조차 이란-콘트라 사건을 주로 개인적 책임보다는 조직의 책임이라는 관점에서 이해했다는 사실이다.

좀 더 일반적으로 말해 이런 결과는 사회심리학 귀인 실험의 전형적 표적인 약간은 좀 사소하고 일상적인 사회적 행위에 대한 이야기와 달리 사람들은 정치적으로 매우 중대한 정책 결정과 관련해 어떠한 설명을 요청받게 되면, 이들의 책임성 귀인은 단순해지기보다는 좀 더 정교해지는 경향이 있다는 것이다. 다시 말해, 사람들은 대통령의 영향을 과장하거나 대통령의 개인적 성향에만 초점을 맞추기보다 개인의 통제 범위를 넘어선 제도적, 맥락적 요인에 대해서도 적정한 고려를 한다는 것이다.

마지막으로 프레임 실험 결과는 네트워크 뉴스가 대통령의 지지율에 커다란 영향력을 행사할 수 있다는 것을 시사해 준다. 지지율과 관련된 이전의 연구 결과들은 대통령의 언사나 여타 "이미지-구축(image-building)" 노력이 지지율 향상에 대체로 실효성이 없다는 것을 보여주었다. 예를 들면, 오스트롬과 사이먼은 레이건 대통령의 연설 횟수가 지지율에 매우 미미한 영향을 미쳤고, 그런 형식의 "정치 드라마(political drama)"는 이란-콘트라 사건이 진행되는 동안 하락하고 있던 레이건의 지지율을 방어하지는 못했다는 것을 밝혀냈다.[8] 비록 이란-콘트라 사건에 대한 책임을 모면하려는 레이건 대통령 자신의 노력이 모두 허사가 되었다할지라도 프레임 연구 결과는 뉴스 보도의 형식이 책임성 귀인에 영향을 미쳤다는 것을 보여준다. 이를테면, 네트워크의 지배적이었던 정치 프레임은 시청자로 하여금 대통령에게 책임을 부과하도록 유도했지만, 무기 판매가 미 외교 정책의 한 수단으로 묘사되자 대통령에 대한 책임 부과는 상당한 정도로 줄어들었다. 이런 이란-콘트라 사건에 대한 네트워크 프레임은 책임성 귀인에 영향력을 행사함으로써 다시 레이건 대통령에 대한 평가에도 영향을 미쳤다. 이에 대한 좀 더 세부적인 논의는 8장에서 이루어진다.

7장

이슈 한정적 의견에 대한 귀인 효과

원인 및 해결 책임성 귀인 연구는 그것이 여론(public opinion)에 어느 정도 영향을 미치는지에 주로 관심을 갖는다. 이 장에서는 책임성 귀인(attributions of responsibility)과 정치적 의견(political opinions) 사이의 상관관계를 검토하기 위해 상관 분석(correlational analysis)을 시도한다. 그 결과 귀인이 정치적 의견 형성에 중요한 심리적 단서로 작용한다는 결론에 도달한다.

이 장에서 검토되는 정치적 의견은 세 범주로 나누어진다. 먼저 정부의 직무수행(governmental performance) 평가다. 이것은 "표적(target)" 이슈와 관련된 대통령, 공직자, 그리고 공공기관에 대한 직무수행 평가를 말한다. 다음으로 정책 선호도(policy preferences)이다. 이것은 개별 이슈 안에서 시행되고 있는 정부 예산에 대한 찬반과 관련되어 있다. 마지막으로, 개별 이슈와 관련된 다양한 집단이나 개인에 대한 정서(affect)인데, 이 역시 하나의 별도 의견으로 처리되었다.

1장에서 언급되었듯이 책임성 귀인은 정치적 의견에 영향을 미칠 수 있다. 그리고 그런 누수효과(spillover effects)를 예측하는 데에는 나름 상당한 근거가 있다. 귀인은 광범위한 영역에 걸쳐 사람들의 믿음, 태도, 때로는 행위에까지 영향을 미친다.[1] 의견 단서로서 귀인의 중요성을 알아보기 위해 개별 참가자에 대한 책임성 종합(composite) 지수 즉, 책임성 "순(net)" 지수를 산정했다. 먼저 사회복지 이슈에 대한 지수는 사회적 귀인 비율에서 개인적 귀인 비율을 차감해 산출했다.[2] 다음으로 범죄와 테러에 대해서는 사회적 귀인 비율에서 개인적 귀인과 처벌적 귀인을 합한 비율을 차감해 얻었다. 마지막으로 이란-콘트라 사건에 대한 지수는 대통령 귀인 비율에서 정책 귀인 비율을 차감해 얻었다. 따라서 빈곤, 인종 불평등, 실업(사회복지 이슈-역주)에 대한 책임성 지수(responsibility index)가 상대적으로 높다는 것은 사회적 귀인의 빈도가 상대적으로 더 높다는 것을 의미했다. 또 범죄와 테러에 대한 책임성 지수가 상대적으로 더 높다는 것은 마찬가지로 처벌적 및 개인적 귀인보다 사회적 귀인의 빈도가 더 높다는 것을 의미했다. 마지막으로 이란-콘트라 사건에 대한 책임성 지수가 상대적으로 더 높다는 것은 대통령 귀인의 빈도가 정책적 귀인 빈도보다 상대적으로 더 높다는 것을 의미했다.

4에서 6장까지의 연구 결과는 정치적 이슈에 대한 책임성 귀인이 프레임에 의해 큰 영향을 받는다는 사실을 보여주었다. 귀인에 변화를 줄 수 있는 뉴스 프레임의 힘은 그런 뉴스 프레임이 단기적(short-lived) 요인으로 여겨질 수 있다는 것을 의미한다. 물론 이런 단기적 단서는 평생을 통해 이미 장기적으로 내면화된(internalized) 일단의 중요한 심리적 단서들(psychological cues)과 함께 개개인의 마음속에 공존한다. 그런 내면화된 단서 가운데 아마도 당파성과 진보-보수 성향이 여론에 가장 중요한 영향을 미치는 장기적, 성향적 요인이라고 할 수 있을 것이다.[3] 따라서 이 장에 기술되는 모든 상관 분석에는 당파성과 이념적 차이가 항상 고려대상으로 포함되었다(부록C를 참조하라).

세 범주의 이슈 가운데 특히 사회복지와 관련된 이슈는 당파적 차이를 촉발시킬 가능성이 큰 이슈라고 할 수 있다. 따라서 이들 이슈에 대한 의견에는 당파성이 반영될 것으로 예측되었다. 그 결과 민주당원은 공화당원보다 사회복지와 민권 프로그램에 대해 더 높은 지지를 보낼 것이고, 이런 프로그램을 옹호하는 사람들이나 이 프로그램의 수혜자들에 대해서도 보다 높은 공감을 보일 것으로 예측되었다. 반면, 범죄와 테러에 대한 의견의 경우 이런 당파성의 차이가 어떤 차이를 유발할지는 그렇게 명확하지가 않았다. 그것은 민주당이나 공화당 모두 이들 이슈와 관련해 어떠한 차별적인 입장도 내놓지 않았기 때문이다. 한편, 진보 대 보수의 이념적 성향은 민주당원과 공화당원의 차이와 사실상 유사한 효과를 나타낼 것으로 예측되었다. 따라서 강력한 보수주의자인 레이건 대통령에 대한 평가는 이념적 성향에 의해 크게 영향을 받을 것으로 예측되었다.

당파성이나 이념적 성향과 함께 식견(factual knowledge) 역시 정치적 의견에 영향을 미칠 수 있다. 따라서 이 장의 상관 분석에는 개별 표적 이슈에 대한 식견 측정치가 포함되었다(부록C를 참조하라). 그리고 그런 식견 효과에 대한 통제를 통해 이 분석에서는 의견에 미치는 귀인 효과가 단순히 위장된 정치적 식견 효과일 가능성 – 즉, 보다 식견 있는 응답자들은 책임성 질문에 대한 응답에서 더 많은 내용을 이야기하려는 경향이 있을 수 있다 – 은 제거되었다. 마지막으로 이 상관 분석에는 응답자의 학력과 인종도 포함되었다.[4]

   마지막 방법론적 핵심은 원인 및 해결 귀인이 이슈 의견(issue opinions)과 상호 영향을 주고받을 가능성과 관련되어 있다. 예를 들면, 빈곤에 대한 원인 및 해결 책임성 모두를 사회적 요인으로 돌리는 응답자들은 이 두 책임성 중 하나에 대해서만 사회적 요인으로 돌리는 응답자들보다 사회복지 프로그램을 더 많이 지지할 가능성이 있다는 것이다. 예비 분석은 그런 몇몇 결합 효과(joint effects)의 사례를 보여주었다. 따라서 필요할 경우 이 분석에서는 원인 및 해결 귀인의 결합 효과를 의미하는 예측 변수를 포함시켰다.[5]

   귀인과 의견 사이의 관계에 대한 상관 분석은 텔레비전 뉴스가 책임성 귀인에 영향을 미치고, 그것이 다시 정치적 의견에 영향을 미친다는 이론적 주장을 간접적으로만 검증해 줄 뿐이다. 이런 분석을 관통하는 연구 가설은 귀인이 의견에 대한 원인으로 작용한다는 것이었지만, 이와는 반대로 원인의 방향이 정반대가 되어 정치적 의견이 귀인에 영향을 미칠 가능성도 있다는 것이었다. 예를 들면, 레이건 대통령을 좋아하는 사람들은 사회복지 예산의 축소가 빈곤을 유발시키는 원인이었다는 것을 부인할 수 있다는 것이다. 따라서 이 장에서 진행된 상관 분석은 가능한 한 뉴스 프레임이 아닌 당파성이나 식견과 같은 여타 선행 요인들의 영향을 "조정한(adjusting)" 후의 의견에 대한 귀인의 상대적 영향력을 추산했다. 불행하게도 이란-콘트라 사건(여기서는 당파성이 귀인에 압도적으로 큰 영향을 미쳤다)을 제외하면, 참가자들의 정치적 의견이 참가자들의 귀인에 미치는 영향의 크기를 체계적으로 추정하는 것은 불가능했다. 따라서 상관 분석 결과는 전반적으로 매우 신중하게 다루어져야만 한다.

귀인이 외생적(exogenous)이라는 가정의 신뢰도를 높이기 위해 세 개의 단순한 검증이 시도되었다. 그 결과 검증을 위해 설정된 각각의 가정(assumption)은 모두 타당한 것으로 입증되었다. 첫째, 이란-콘트라 사건을 제외하면 책임성 귀인은 일반적으로 정치적 의견에 가장 중요한 영향을 미치는 것으로 알려진 선행 요인들(antecedents)에 의해 상대적으로 덜 영향을 받았다. 예를 들면, 당파성과 진보-보수 성향이라는 선행 요인 모두는 표적 이슈에 대한 원인 및 해결 책임성 귀인과 관련해 평균 10퍼센트에도 미치지 못하는 차이를 만들어내었다. 둘째, 어떤 특정 의견이 다른 의견에 미치는 독립적 영향은 원인 및 해결 귀인의 독립적 영향보다 훨씬 더 약하고 그 범위도 훨씬 더 제한적이었다. 예를 들면, 빈곤에 대한 레이건 대통령의 직무수행 평가가 사회복지 정책 선호도에 미치는 영향은 빈곤에 대한 책임성 귀인이 사회복지 정책 선호도에 미치는 영향보다 약했다는 것이다. 마지막으로, 단순 검증에서 검토된 의견의 일부는 실험 조건의 차이에 따라 몇몇 유의미한 차이를 보였는데, 이것은 흥미로운 결과라고 할 수 있다. 그 사례로는 사회복지 예산 확대에 대한 지지가 빈곤에 대한 일화적 프레임 조건에서 유의미하게 낮아진 것을 들 수 있다.

상관 분석 결과는 이슈별로 제시된다. 빈곤과 이란-콘트라 사건과 관련해서는 서포크 카운티 실험 결과가 국민설문조사 결과 분석을 통해 반복적으로 검증되었다.

빈곤

빈곤 실험 중 하나에는 다양한 빈곤 관련 문제에 대한 의견을 알아볼 수 있는 다수의 긴 질문들이 포함되어 있었다. 거기에서 응답자들은 레이건 대통령의 빈곤 및 연방 예산 적자 문제 해결 방식에 대해, 그리고 기업 경영자들의 빈곤 축소 노력에 대해 평가했다. 이들은 또 정부의 사회복지와 국방 예산의 적정한 규모에 대해서도 의견을 제시했다(부록C를 참조하라). 제시된 응답은 다변량 분석(multivariate analysis)으로 처리되었고, 그 결과 원인 및 해결 책임성 귀인, 당파성, 정치적 이념, 그리고 정치적 식견이 빈곤 관련 의견에 미치는 독립적 영향이 밝혀졌다(부록C와 표7.1을 참조하라).

결과를 보면 빈곤에 대한 원인 책임성 귀인은 레이건 대통령과 기업 경영자들의 직무수행 평가, 또 정부의 사회복지와 국방 예산 규모에 대한 선호도를 포함해 여러 경우에서 강력한 의견 단서의 역할을 수행했다. 실제로 원인 책임성이 사회적 요인 탓으로 여겨질 경우, 레이건 대통령과 기업 경영자들에 대한 부정적 평가는 크게 늘어났고, 국방 예산에 대한 지지는 낮아졌으며, 사회복지 예산에 대한 지지는 상승했다. 사실상 원인 책임성 지수는 빈곤에 대한 5개의 표적 의견(target opinions) 모두에 대해 유의미한 영향을 미친 유일한 선행 요인이었다.

　해결 책임성 귀인은 의견 단서로서 원인 책임성 귀인보다는 영향력이 약하다는 사실이 드러났다. 5개의 표적 의견 가운데 3개에 대해서만 가까스로 유의미한 영향력을 행사했다. 거기에서 사회적 해결 귀인은 대통령 직무수행에 대한 좀 더 비판적 평가, 국방 예산에 대한 좀 더 많은 반대, 그리고 사회복지 예산에 대한 좀 더 많은 지지를 유발시켰다.

　통제 변수(control variables) 가운데 당파성과 진보-보수 성향 둘 모두는 빈곤 관련 의견에 강력한 동인을 부여했다. 공화당원과 보수층은 빈곤에 대한 대통령의 직무수행을 긍정적으로 평가했지만, 민주당원과 진보층은 부정적으로 평가했다. 국방 예산 선호도에 대해서도 유사한 분할구도가 지배적으로 나타났다. 반면, 식견은 빈곤에 대한 별다른 의견 단서로 작용을 하지 않았다.

표7.1 이슈 한정적 의견 단서로서 책임성 귀인: 빈곤 실험 2

	대통령의 직무수행		기업경영자의 직무수행	정부-예산 선호도	
	예산	빈곤		국방	사회복지
원인 책임성 지수	-.25**** (.10)	-.41**** (.07)	-.18*** (.14)	-.51**** (.14)	.41**** (.15)
해결 책임성 지수	-.17** (.10)			-.24** (.13)	.26** (.14)
민주당원					.35* (.24)
공화당원	.55**** (.16)	.65**** (.14)	.27*** (.13)	.45** (.26)	
진보층	-.49**** (.17)			-.51*** (.27)	
보수층		.32*** (.16)		.66*** (.31)	
식견			.12*** (.06)		
수	223	226	220	225	234

주: 표의 항목은 괄호 안의 표준오차를 갖는 비표준회귀계수(최소자승법)이다. 빈 항목은 계수가 유의성을 갖지 못했음을 뜻한다.

****p < .01; ***p < .05; **p < .10; *p < .15.

앞에 제시된 실험 결과를 반복 검증하기 위해 정치연구센터(Center for Political Studies)가 1985년에 실시한 국민예비설문조사(National Pilot Survey) 자료를 활용했다. 특히 이 설문조사에는 빈곤에 대한 원인 귀인을 평가하기 위해 설계된 다수의 폐쇄형 평가 항목들이 포함되어 있었다. 이런 항목들은 사회적 및 개인적 귀인이라는 두 범주로 분류되었고, 그 결과 서포크 카운티 연구에서 사용된 "가장 중요한 원인"에 대한 응답과 유사해졌다. 사회적 및 개인적 원인 책임성의 합산 지수(additive index)가 먼저 계산된 후, 그 합산 지수에서 이후 상호 차감되었다. 거기에서 지수 차가 크다는 것은 응답자가 (개인적 원인보다) 사회적 원인에 부여하는 중요성이 더 크다는 것을 의미했다(부록C를 참조하라). 또 예비설문조사에는 경제적 지위 상승의 결정 요인으로 개인의 땀과 노력의 실효성에 대한 응답자의 의견을 측정하는 항목들이 포함되어 있었다. 이들 세 항목은 사회적 해결 귀인의 대리 지표(surrogate index)를 만들기 위해 사용되었다. 거기에서 점수가 높은 사람들은 자신의 경제적 운명을 스스로 결정할 수 없다고 믿는 사람들이었다(부록C를 참조하라).

표7.2 **이슈 한정적 의견 단서로서 책임성 귀인: 1985 NES 예비설문조사**

	대통령의 직무수행		정부–예산 선호도			공감		
	예산	경제	사회복지	일자리	소수자 지원	가난한 사람들	흑인	복지 수혜자
원인 책임성 지수		-.05*** (.02)	.10*** (.02)	.04** (.02)	.07*** (.02)	.40* (.22)	1.04*** (.21)	.61** (.26)
해결 책임성 지수	-.12*** (.03)	-.09*** (.05)			.07** (.03)	.75** (.35)		
민주당원	-.87*** (.19)	-.73*** (.17)	.57** (.20)					7.60*** (2.40)
공화당원	.76*** (.22)	.63*** (.20)		-.40** (.19)				
진보층			.79*** (.36)	.63** (.31)	.65** (.31)			8.11** (4.12)
보수층	.41* (.24)	.50** (.22)	.50* (.27)					
식견	-.27*** (.07)		-.34** (.08)	-.16** (.07)				-2.43*** (.87)
수	290	308	305	286	290	305	307	308

주: 표의 항목은 괄호 안의 표준오차를 갖는 비표준회귀계수(최소자승법)이다. 빈 항목은 계수가 유의성을 갖지 못했음을 뜻한다.

***p < .01; **p < .05; *p < .10.

예비설문조사에는 또 식견에 대한 측정치들이 포함되었는데, 그 중 빈곤과 가장 밀접하게 관련되어 있는 측정치들은 식견에 대한 합산 지수를 얻기 위해 선택되었다. 이와 함께 민주당원과 공화당원, 진보층과 보수층에 따른 이분 변수를 구하기 위해 표준적인 당파성과 진보-보수에 대한 질문을 활용했다. 마지막으로, 앞의 실험 결과를 전체적으로 반복 검증하기 위해 응답자의 의견을 예측할 때 이들의 학력과 인종 역시 고려대상에 포함시켰다.

서포크 카운티 실험에서 사용된 척도 의견(criterion opinions)과 일치시키기 위해 그와 동일한 척도 의견이 예비설문조사에서도 선택되었다. 거기에는 레이건 대통령의 직무수행에 대한 평가, 사회복지 정책 선호도, 그리고 가난한 사람들에 대한 공감 정도가 포함되었다(표7.2를 참조하라).

이 분석에 사용된 척도 의견은 모두 8개였다. 원인 책임성 지수는 8개의 척도 의견 중 7개의 척도 의견에 유의미한 영향을 미쳤다. 원인 책임성에서 좀 더 많은 사회적 귀인을 부여하는 사람들은 가난한 사람들과 흑인, 그리고 복지 수혜자들에 대해 좀 더 온정적인 태도를 보였다. 이들은 또 레이건 대통령의 경제적 성과를 부정적으로 평가했고 사회복지, 공공 일자리, 소수자 지원 프로그램에 대한 정부 예산 확대에 대해서는 좀 더 우호적인 태도를 보였다. 한편, 해결 책임성 지수는 대통령의 직무수행, 사회복지 예산, 그리고 가난한 사람들에 대한 공감 정도에 영향을 미쳤다. 해결 책임성에서 좀 더 높은 사회적 귀인을 부과한 사람들은 대통령 직무수행에 대해 더 비판적인 태도를 보였고, 소수자 지원 프로그램에 대해서는 좀 더 많은 지지를 보냈으며, 가난한 사람들에 대해서는 좀 더 공감하는 태도를 보였다.

책임성 귀인 이외에도 당파성과 진보-보수 성향 둘 모두는 이슈에 대한 의견에 영향을 미쳤다. 특히 대통령의 직무수행에 대한 평가와 사회복지 예산에 대한 지지 여부와 관련해서는 그 영향이 뚜렷했다. 그러나 이런 당파성과 이념적 성향은 가난한 사람들과 흑인들에 대한 공감 지표에는 전혀 영향력을 행사하지 못했다. 공감 지표와 관련해서는 오직 귀인만이 유일하게 단서로 작용했다.

대체로 국민설문조사 결과는 서포크 카운티 연구 결과와 상당히 유사하다고 할 수 있다. 빈곤에 대한 책임을 사회에 부과했던 사람들은 빈곤에 대한 레이건의 직무수행에 비판적이었고, "운동가적(activist)"인 사회복지 정책에 대해 좀 더 많은 지지를 보냈으며, 이런 정책의 수혜자들에 대해 더 공감하는 태도를 보였다. 서포크 카운티 실험에서처럼 귀인 효과가 여타의 선행 요인의 효과를 압도하지는 않았지만, 책임성 귀인이 빈곤에 대한 여론 형성에 독립적이면서 강력하게 영향을 미쳤다는 데에는 의심의 여지가 없다고 하겠다.

인종 불평등

인종 영역에서의 척도 의견에는 레이건 대통령의 민권 향상에 대한 직무수행, "흑인 지원"을 위한 연방 정부 예산, "흑인 및 여타 인종 소수자의 사회적, 경제적 지위 향상을 위한" 정부 프로그램, 그리고 민권 운동 지도자들, 제시 잭슨(Jesse Jackson), 또 전체로서의 흑인에 대한 공감 등이 포함되었다(부록C와 표7.3을 참조하라).

표7.3 이슈 한정적 의견 단서로서 책임성 귀인: 인종 불평등

	대통령의 직무수행	정부 – 예산 선호도		공감		
		소수자 지원	민권	민권 지도자	제시 잭슨	흑인
원인 책임성 지수	-.24*** (.10)	.70**** (.18)	.27**** (.06)	3.95* (2.46)		3.16* (2.21)
해결 책임성 지수		.29** (.17)	.25*** (.06)	6.11*** (2.33)	5.36*** (2.37)	6.59**** (2.11)
민주당원						
공화당원	.51**** (.17)					
진보층	-.43**** (.19)			10.18*** (4.91)	13.20*** (5.80)	
보수층	.32** (.20)			-.15.51**** (4.95)		
식견	-.14**** (.05)				3.53**** (1.32)	2.21*** (1.20)
수	247	246	231	255	260	256

주: 표의 항목은 괄호 안의 표준오차를 갖는 비표준회귀계수(최소자승법)이다. 빈 항목은 계수가 유의성을 갖지 못했음을 뜻한다.

****p < .01; ***p < .05; **p < .10; *p < .15.

　　원인 귀인이 지배적 단서로 작용했던 빈곤과는 대조적으로 인종에 대한 태도에는 해결 귀인과 원인 귀인 모두 강력한 영향을 미쳤다. 인종 불평등에 대한 해결 책임이 사회에 있다고 생각하는 사람들은 소수자 지원을 위한 정부 조치, 또 민권 프로그램에 대한 연방 예산 확대에 상대적으로 높은 지지를 보냈다. 이들은 또 흑인, 그리고 전반적으로 민권 지도자, 구체적으로는 제시 잭슨에 대해 좀 더 공감하는 태도를 보였다. 이와는 달리 해결 귀인에 의해 전혀 영향을 받지 않은 유일한 표적 의견이 존재했는데, 그것은 바로 민권 향상에 대한 레이건 대통령의 직무수행 평가였다.

한편, 해결 귀인에 의해 다소 가려진 측면이 있지만 인종 의견에 대한 원인 귀인의 영향 역시 6개의 사례 중 5개에서 확고하게 나타났다. 이를테면, 사회적 원인 귀인은 민권 프로그램과 소수자 지원 연방 예산 확대에 대해 상대적으로 높은 지지를 유발시켰다. 또 이런 사회적 원인 귀인을 부과한 사람들은 민권 지도자와 흑인에 대해서도 좀 더 높은 공감을 표시했다. 이들은 또 민권 향상에 대한 레이건 대통령 직무수행에 대해 좀 더 부정적인 태도를 보였다.

나머지 잠재적 단서들 가운데 진보-보수 성향은 상대적으로 강력한 영향을 미쳤다. 이를테면, 진보층은 민권운동 지도자와 잭슨 목사에 대해 좀 더 온정적인 태도를 보였고, 레이건 대통령의 민권 관련 이력에 대해서는 좀 더 비판적인 태도를 취했다. 반면, 보수층은 민권운동 지도자에 대해 좀 더 냉담한 태도를 취했고, 레이건 대통령의 민권 관련 이력에 대해서는 좀 더 긍정적인 태도를 보였다. 한편, 당파적 차이는 인종에 대한 의견에 그렇게 큰 영향을 미치지 않았다. 다만 한 가지 예외적인 결과가 있었는데, 그것은 레이건의 민권 관련 이력에 대해 공화당원들이 상대적으로 긍정적으로 평가했다는 부분이었다. 마지막으로, 식견 역시 인종에 대한 의견에 영향을 미쳤다. 거기에서 좀 더 식견이 풍부한 응답자는 레이건 대통령의 이력에 대해서는 좀 더 비판적이었지만, 흑인과 잭슨 목사에 대해서는 상대적으로 더 긍정적인 태도를 보였다.

전반적으로 보면, 책임성 귀인은 인종에 대한 의견에 강력한 단서로 작용했다고 할 수 있다. 거기에서 해결 귀인은 일관되게 당파성, 진보-보수 성향, 그리고 식견보다 더 중요한 단서로 작용했다. 한편, 원인 귀인의 영향력은 해결 귀인에 미치지 못했지만 마찬가지로 인종에 대한 의견에 강력한 영향을 미쳤다.

범죄

범죄 영역의 경우 사형제도 지지, 대통령의 직무수행과 판사들의 직무수행에 대한 평가, "법 집행(law enforcement)" 관련 정부 예산에 대한 선호도, 그리고 경찰에 대한 공감 등이 척도 의견에 포함되었다(부록C와 표7.4를 참조하라).

어떤 이슈보다도 범죄에 대한 책임성 귀인은 의견과 태도에 큰 영향을 미쳤다. 그리고 그런 영향력의 크기는 당파성, 진보-보수 성향, 식견의 영향력을 압도했다. 먼저 범죄에 대한 사회적 귀인 – 원인 및 해결 모두 – 은 사형제도 대한 반대를 유발시켰다. 그리고 레이건 대통령의 직무수행에 대해서는 상대적으로 가혹한 평가를 촉발시켰다. 또 이렇게 상대적으로 높은 사회적 귀인을 부과한 사람들은 마찬가지로 판사에 대해서도 비판적이었고, 경찰에 대해서는 상대적으로 낮은 지지 의사를 표명했다. 단, 판사에 대한 귀인은 원인 귀인에 한정되었다. 마지막으로 "법 집행(law enforcement)"에 대한 정부 예산과 관련되어 나타난 원인과 해결 귀인의 영향은 모순되는 형태를 보였다. 거기에서 사회적 원인 귀인은 비록 미미하 긴 하지만 정부 예산 확대에 대한 찬성 비율을 끌어올렸다. 하지만 사회적 해결 귀인은 이와는 정반대였다. 이런 모순은 태도에 대한 자극의 모호성 에서 비롯된 것일 수 있다. 이를테면, 응답자 중 일부는 "법 집행"에 대한 정 부 예산이란 문구의 의미를 처벌 조치를 강화하거나 경찰 인력 확대로 이 해했을 수 있지만, 또 다른 일부는 재소자 사회복귀 프로그램에 대한 좀 더 많은 지원처럼 그것을 좀 더 포괄적인 의미로 해석했을 수도 있었다는 것 이다.

표7.4 이슈 한정적 의견 단서로서 책임성 귀인: 범죄

	사형제도	공감: 경찰	판사의 직무수행	대통령 직무수행	법 집행 예산
원인 책임성 지수	-.35**** (.15)	-3.58*** (1.77)	-.13** (.07)	-.12*** (.08)	.07** (.04)
해결 책임성 지수	-1.26**** (.21)	-7.50**** (2.39)		-.28**** (.08)	-.25**** (.04)
원인×해결 책임성	-.49**** (.19)	-4.69*** (2.22)		-.16*** (.08)	
민주당원					
공화당원		6.37* (4.17)	.32** (.17)	.57**** (.15)	
진보층					
보수층			.43*** (.21)	.38*** (.19)	
식견		4.67** (2.58)			
수	249	260	235	231	254

주: 표의 항목은 괄호 안의 표준오차를 갖는 비표준회귀계수(최소자승법)이다. 빈 항목은 계수가 유의 성을 갖지 못했음을 뜻한다.

****p < .01; ***p < .05; **p < .10; *p < .15.

원인 및 해결 책임성 귀인은 응답자의 의견에 독립적으로 영향을 미치는 데 끝나지 않았다. 그것은 또 3가지의 유의미한 결합 효과, 즉 상호작용 효과를 유발시켰다. 상호작용 효과의 원천은 사회적 원인 귀인과 처벌적 해결 귀인의 결합에 있었다. 그리고 그 결합은 특별히 의견을 극단적으로 만들었다. 이런 원인 및 해결 책임성의 특정 조합은 범죄에 대한 레이건 대통령의 직무수행에 대해서는 가장 높은 지지율을, 경찰에 대해서는 가장 높은 공감을, 그리고 사형제 유지에 대해서는 가장 열렬한 찬성을 끌어내었다. 이런 조합이 형성되면 사회 통제 주체나 혹은 사회 통제 프로그램에 대한 평가도 우호적이 되었다. 그것은 이 조합이 그러한 주체들이나 사회 통제 프로그램에 대해 범죄에 대한 원인 책임성은 면제해 주면서도 해결 책임성은 상당한 정도로 부여해 주었기 때문이다. 그러나 원인 및 해결 책임성 모두가 단호한 처벌 조치의 부재 탓으로 여겨질 때에는 법률 집행의 주체들이나 집행 과정은 범죄의 원인 제공자이자 범죄 해결의 주체로 여겨졌다. 따라서 이런 법 집행의 주체나 집행 과정에 대한 평가는 그에 따라 조정되었다.

이러한 분석 결과는 두 측면에서 주목할 만하다고 할 수 있다. 하나는 귀인이 범죄에 대한 의견에 미친 강력한 영향력의 측면이고, 다른 하나는 오랜 성향적 특성들, 즉 당파성, 진보-보수 성향, 식견이 범죄에 대한 의견에 미친 매우 미미한 영향력의 측면이다. 원인 및 해결 귀인은 범죄에 대한 의견에 모두 12개의 유의미한 영향력을 행사한 반면, 성향적 요인은 단 6개의 유의미한 영향력을 행사하는 데 그쳤다. 범죄가 개인적 삶과 깊이 관련된 이슈라는 측면에서 보면, 당파성이나 이념적 차이가 유발하는 영향력은 미미할 수밖에 없을 것이다. 따라서 그런 영향력의 약화는 뉴스 프레임의 귀인이 개인의 심리에 얼마나 강력하게 영향을 미칠 수 있는지를 보여주는 하나의 강력한 증거라고 할 수 있다.

테러

테러 실험 2에는 여러 개의 척도 의견이 포함되었다. 그런 척도 의견에는 테러 문제를 대처하는 레이건 대통령과 이스라엘 정부의 직무수행 평가, 리비아 카다피 대령과 미군에 대한 공감, "대테러 조치"를 위한 정부 예산에 대한 선호도, 그리고 "테러 지원 국가에 대한 미 군사력 사용"에 대한 지지 여부 등이 포함되었다(부록C와 표7.5를 참조하라).

해결 귀인은 테러에 대한 모든 척도 의견에서 영향력을 행사했다. 거기에서 사회적 해결 귀인을 언급한 사람들은 레이건 대통령과 이스라엘 정부에 대해 상대적으로 비판적인 태도를 취했고, 군 개입에 대해서는 상대적으로 낮은 공감도를 보였다. 이들은 또 대테러 조치를 위한 정부 예산 확대에 대해서는 반대했고 카다피 대령(Colonel Qaddafi)에 대해서는 상대적으로 덜 적대적인 태도를 취했다.[6] 간단히 말해, 이들은 국제 테러 문제 해결을 위한 수단으로 사회적 개혁이나 좀 더 강력한 처벌 조치가 과연 적절한 것인지에 대해 의문을 가지고 있었다고 할 수 있다.

원인 귀인은 6개의 척도 의견 가운데 2개에 대해서만 영향력을 행사했다. 이를테면, 좀 더 사회적 원인 귀인에 비중을 둔 사람들은 테러 지원 국가에 대한 군사적 개입에 대해 상대적으로 높은 반대 입장을 보였고, 대테러 조치를 위한 정부 예산에 대해서도 상대적으로 낮은 지지를 보였다. 따라서 테러의 경우, 해결 귀인이 원인 귀인보다 더 중요한 의견 단서로 작용했다고 할 수 있다.

한편, 유의미한 상호작용 효과는 6개의 의견 가운데 3개에서 나타났다. 범죄에 대한 결과에서와 마찬가지로 이런 결합 효과의 원천은 사회적 원인 귀인 – 예를 들면, 테러 원인으로서의 차별 – 과 처벌적 해결 귀인의 조합이었다. 이런 특정한 원인 및 해결 책임성 조합이 구성되면, 테러에 대한 응답자들의 의견은 극단적이 되었다. 이를테면, 이들은 레이건의 직무수행, 대테러 프로그램 관련 정부 예산 확대, 그리고 미군의 개입에 대해 가장 높은 지지를 표명했다. 다시 한 번 사회 통제의 주체 혹은 사회 통제 프로그램에 대한 가장 높은 지지를 낳았던 것이다. 그것은 범죄에서와 마찬가지로 이 조합이 이들 주체의 원인 책임성에 대해서는 면죄부를 부여하는 반면 이 이슈의 해결과 관련해서는 상당한 정도의 책임성을 부여해 주었기 때문이다. 그에 반해 원인과 해결 책임성 모두를 불충분한 처벌 조치 때문이라고 여기는 사람들은 레이건 대통령의 조치와 미군의 군사적 개입이 원인 – 단호한 응징에 실패한 정부와 그 결과로서의 테러 – 이 되면서 동시에 해결책이 되는 모순적인 상황에 처하게 된다. 그 결과 처벌적 원인과 처벌적 해결 귀인이 조합되는 상황에 놓인 사람들은 공직자나 공공기관을 평가하는 데 있어서 상대적으로 높은 모순적 태도를 보여주었다.

표7.5 **이슈 한정적 의견 단서로서 책임성 귀인: 테러 실험 2**

	직무수행		정책 선호도		공감	
	대통령	이스라엘	군사력 사용	대테러 예산	카다피	미군
원인 책임성 지수			-.33*** (.17)	-.19**** (.05)		
해결 책임성 지수	-.49**** (.10)	-.26**** (.10)	-.82**** (.17)	-.19**** (.06)	3.40*** (1.35)	-.11.21*** (2.42)
원인×해결 책임성	-.18** (.11)			-.14**** (.06)		-3.95* (2.77)
민주당원		-.33** (.18)	-.1.13**** (.32)	-.21*** (.10)		-7.18* (4.33)
공화당원		.36** (.20)	.79*** (.36)			14.43**** (4.88)
진보층						
보수층	.42** (.24)		.70** (.42)	.21** (.12)		
식견			.40**** (.14)			
수	254	219	251	239	211	255

주: 표의 항목은 괄호 안의 표준오차를 갖는 비표준회귀계수(최소자승법)이다. 빈 항목은 계수가 유의성을 갖지 못했음을 뜻한다.

****p < .01; ***p < .05; **p < .10; *p < .15.

예측대로 진보-보수 성향은 빈곤이나 인종 불평등보다 테러에 대한 의견과 관련해서는 좀 더 느슨한 상관성을 보여 주었다. 하지만 예측과 달리 당파성은 테러에 대한 의견에 강력한 단서로 작용했다. 이를테면, 공화당원은 미군과 이스라엘에 대해 좀 더 우호적으로 평가했고, 군사적 보복에 대해서도 상대적으로 높은 찬성 입장을 보인 반면, 민주당원은 군사적 개입에 대해서는 다수가 반대했고, 대테러 조치 관련 예산 축소에 대해서는 상대적으로 높은 지지를 보냈으며, 이스라엘과 미군에 대해서는 좀 더 비판적인 태도를 취했다.

외교 정책 의견

이란-콘트라 실험

이란-콘트라 실험에는 "외교 정책," "테러," 그리고 "소련과의 긴장 완화"에 대한 레이건 대통령의 직무수행 평가를 포함하는 외교 정책 및 테러와 관련된 다수의 긴 질문들이 포함되었다. 응답자들은 또 "대테러 조치"에 소요되는 정부 예산에 대한 선호도를 표시했다. 마지막으로, 이들은 테러를 지원하는 것으로 알려진 국가에 대한 외교적 조치와 반대되는 의미로서의 군사적 제재(military sanctions), 중미(Central America)에 대한 개입 강화, 그리고 소련과의 협조 강화 등에 대한 지지 여부를 표명했다(부록C와 표7.6을 참조하라).

레이건 대통령의 3가지 외교 정책에 대한 직무수행 평가는 모두 이란-콘트라 사건 귀인에 의해 큰 영향을 받았다. 거기에서 대통령에게 책임이 있다고 여기는 사람들은 무기 판매가 정책적 필요성 때문이라고 언급한 사람들보다 대통령의 직무수행에 대해 훨씬 더 저조한 점수를 주었다. 좀 놀라운 것은 이 효과가 이란-콘트라 사건과 가장 거리가 먼 소련과의 "긴장 완화"에 대한 대통령의 직무수행 평가에서 가장 뚜렷하게 나타났다는 점이다.

한편, 외교 정책 선호도에 대한 귀인 관련성은 그렇게 명확하지 않았다. 그것은 귀인과 당파성이 주요하게 영향을 미쳤던 레이건 대통령의 직무수행 평가와 달리 정책 선호도에서는 당파성과 이념적 성향이 주로 영향을

표7.6 **외교 정책 의견 단서로서 책임성 귀인: 이란–콘트라 실험**

	대통령 직무수행			정책 선호도			
	외교 정책	국제 긴장	테러	대테러 예산	군 개입	미/소 관계	중미
대통령 책임성 지수	-.26*** (.12)	-.63**** (.14)	-.36**** (.14)	-.25**** (.08)		.56*** (.25)	
민주당원	-.72**** (.25)			-.36*** (.19)			
공화당원	.41** (.24)	.46** (.25)	.63*** (.28)				-.90* (.61)
진보층					-1.53** (.86)		1.38** (.81)
보수층					1.01* (.74)	-1.42*** (.65)	
식견							
수	76	79	73	70	74	73	57

주: 표의 항목은 괄호 안의 표준오차를 갖는 비표준회귀계수(최소자승법)이다. 빈 항목은 계수가 유의성을 갖지 못했음을 뜻한다. 귀인에 대한 측정치는 대통령 책임성을 언급한 응답 비율에서 정책적 요인을 언급한 응답 비율을 뺀 값이다.

****p < .01; ***p < .05; **p < .10; *p < .15.

미쳤기 때문이다. 이를테면, 무기 판매의 책임이 대통령에게 있다고 여기는 사람들은 대테러 조치를 위한 정부 예산 확대에 대해 반대했고, 소련과의 협조 강화에도 우호적인 태도를 보였다. 하지만 그런 귀인은 중미에 대한 개입이나 테러 지원 국가의 군사적 보복에 대한 지지 혹은 반대와 관련해서는 아무런 영향도 미치지 않았다.

〈CBS 뉴스〉-〈뉴욕타임스〉 설문조사

〈CBS 뉴스〉와 〈뉴욕타임스〉는 이란-콘트라 사건이 폭로된 직후 몇 차례의 설문조사를 실시했다. 이런 설문조사들은 앞에 제시된 실험 결과를 매우 세부적으로 반복 검증할 수 있게 해 주었다. 1987년 7월 16일에 실시된 설문조사는 특별히 의미가 있었는데, 그것은 거기에 응답자들이 '노스 대령이 진실을 증언하지 않았다'고 느낀 이슈와 관련된 개방형 질문 하나가 포함되어 있었기 때문이다. 질문에 대한 응답에서 '레이건 대통령이 개입한 정도'와 관련해 노스 대령이 거짓말을 했다고 밝힌 응답자들은 모두 "대통령 귀인자(presidential attributors)"로 처리되었다. 그리고 이들은 질문에 답을 하지 않은 응답자를 포함, 여타의 모든 응답자들과 비교되었다. 이런 단순한 이항 분리가 "대통령이 알고 있었는가?"와 같은 표준적인 폐쇄형 질문에 대한 응답과 매우 밀접한 상관관계에 놓여 있었다는 것은 그리 놀라운 일은 아니다. 따라서 그 두 질문은 대통령 책임성 지수를 만들기 위해 통합되었다. 거기에서 높은 점수를 받은 사람들은 이란-콘트라 사건에 대한 책임을 대통령에게 부과하는 사람들이었다(부록C를 참조하라).

척도 의견은 두 측면에서 도출되었다. 하나는 이란-콘트라 관련 의견, 그리고 다른 하나는 이란-콘트라 사건과 직접 관련이 없는 외교적 사안에 관한 의견이었다. 첫 번째 척도 의견에는 "무기 판매 및 반군과 관련된 전반적 이슈에 대해 레이건 대통령이 얼마나 잘 대처하고 있는지"에 대한 평가, 콘트라 반군 지원에 대한 지지 여부, 노스 대령에 대한 지지 여부, "이란-콘트라 문제"의 국가적 중요성 인식 정도, 그리고 마지막으로 타워위원회 보고서(Tower Commission Report)가 대통령에 대해서 가혹했는지 아니면 관대했는지에 대한 평가 등이 포함되었다(부록C를 참조하라).

두 번째 측면은 무기 판매에 대한 대통령 책임성 귀인이 이란-콘트라 사건과 직접 관련이 없는 외교 정책 의견에 미치는 영향력의 정도를 평가했다. 여기에 포함된 척도 의견에는 대통령의 전반적인 외교 정책 직무수행 평가, 소련과의 무기제한협상 대처, 의회(Congress)와 레이건 대통령 중 누가 더 "올바른 외교 정책을 결정할 수 있는지"에 대한 응답자들의 상대적 신뢰도, 조지 슐츠(George Schultz) 국무장관(Secretary of State)에 대한 지지 여부, 제2차 전략무기제한협상(SALT 2)에 대한 지지 여부, 그리고 마지막으로 레이건 대통령이 미국에 대한 국제적 존경심을 다시 복원시켰는지에 관한 의견 등이 포함되었다(부록C를 참조하라).

무기 판매의 책임성 귀인이 외교 정책 의견에 미치는 영향력을 평가하기 위해 대통령 책임성 지수에서 먼저 당파성과 이념적 차이가 유발시키는 영향력을 제거했다. 이 절차는 귀인의 "합리화 편향성(rationalization bias)"의 범위를 줄이는 유용한 효과를 주었다. 6장에 기술되었듯이 대통령의 책임성 귀인과 관련해 공화당원과 보수층은 민주당원이나 진보층과 일관된 차이를 보여주었다. 따라서 이런 당파성과 이념적 차이가 유발하는 방어적 귀인 메커니즘과 관련된 대통령 책임성 지수를 먼저 조정할 필요가 있었다. 그 결과 무기 판매에 대한 귀인이 외교 정책 의견에 얼마나 큰 영향력을 행사하는지에 대한 상대적으로 "깨끗한(clean)" 추정치를 얻을 수 있었다. 마지막으로, 앞의 실험 분석과 비교하기 위해 응답자의 외교 정책을 예측할 때 이들의 정치적 식견과 학력, 그리고 인종을 실험 분석에서와 마찬가지로 고려대상에 포함시켰다(부록C와 표7.7을 참조하라).

표7.7 무기 판매와 이란-콘트라 의견에 대한 책임성 귀인: 〈CBS 뉴스〉-〈뉴욕타임스〉 설문조사

	반군 지원[a]	이슈 중요성[a]	타워 보고서[b]	노스 대령[a]	레이건의 직무수행[c]
대통령 책임성 지수	-.40**** (.08)	.16**** (.03)	.15**** (.02)	-.21**** (.08)	-.23**** (.03)
민주당원		.12*** (.05)			-.13**** (.03)
공화당원	.40**** (.12)	-.08** (.05)	-.26**** (.04)	.40**** (.13)	.20**** (.04)
진보층			†		
보수층		-.09** (.05)	†		.06*** (.03)
식견	.26**** (.07)	-.05* (.03)		.12** (.07)	.03* (.02)
수	551	590	942	664	820

주: 표의 항목은 괄호 안의 표준오차를 갖는 비표준회귀계수(최소자승법)이다. 빈 항목은 계수가 유의성을 갖지 못했음을 뜻한다.
[a]1987년 7월 16일 설문조사.
[b]1987년 2월 28일 설문조사.
[c]1986년 12월 7-8일 설문조사.
† 설문조사에 포함되지 않은 항목.
****p < .01; ***p < .05; **p < .10; *p < .15.

검증 결과 5개의 검증 모두에서 귀인은 독립적으로 의견에 영향을 미쳤다. 거기에서 대통령에게 책임을 부과하는 사람들은 이란-콘트라 사건을 좀 더 중대한 국가적 문제로 여겼고, 반군에 대한 군사적 지원에 반대했으며, 노스 대령의 입장에 대해서도 반대를 표했다. 이들은 또 타워위원회 보고서가 지나치게 관대했다고 판단했고, 레이건 대통령의 직무수행에 대해서는 상대적으로 비판적인 입장을 취했다. 한편, 3개의 특정 이슈 검증(이란-콘트라 사건의 중요성, 무기 판매에 대한 직무수행, 타워위원회 보고서)에서는 대통령 책임성 귀인 효과가 정치적 당파성 효과보다 더 큰 것으로 나타났다. 이런 결과는 대단히 주목할 만하다고 할 수 있는데, 그것은 이 설문조사 분석에서는 귀인 측정치로부터 당파적, 이념적 차이가 유발한 영향력이 제거된 매우 엄격한 기준이 적용되었기 때문이다. 그 결과 무기 판매에 대한 책임성 귀인이 이란-콘트라 사건에 대한 의견에 대단히 중요한 단서로 작용했음이 분명하게 밝혀졌다.

　귀인은 또 이란-콘트라 사건과 직접 관련이 없는 외교 정책 의견에도 영향을 미쳤다(표7.8). 특히 그런 책임성 귀인은 7개의 모든 척도 의견에 유의미한 영향력을 행사했다는 것이 밝혀졌다. 거기에서 레이건 대통령에게 책임을 부과하는 사람들은 테러범들과는 어떠한 협상도 해서는 안 된다는 입장에 더 우호적인 태도를 취했고, 무기 제한 협상과 외교 정책에 대한 대통령의 직무수행에 대해서는 상대적으로 부정적인 입장을 취했다. 이들은 또 제2차 전략무기제한협상 – 이 이슈와 관련해서는 다수 응답자가 어떠한 의견도 피력하지 않았다 – 을 회피하려는 정부의 시도에 대해 반대했고, 국무부에 대해서도 더 비판적인 태도를 취했다. 마지막으로, 이들은 해외의 비밀 작전 수행 권한을 대통령에게 부여하는 것에 반대했고, 또 레이건 대통령이 미국의 국제적 평판을 개선하지도 못했다고 여겼다. 전체적으로 귀인은 당파성만큼 강력하지는 않았지만 정치적 이념이나 식견보다는 훨씬 더 강력한 영향력을 행사했다.

표7.8 무기 판매와 외교 정책 의견에 대한 책임성 귀인: 〈CBS 뉴스〉-〈뉴욕타임스〉 설문조사

	정책 선호도				대통령 직무수행		
	테러범과의 협상[d]	2차 SALT 합의[c]	국무장관[b]	비밀 작전[a]	미국에 대한 존경심[c]	외교 정책[a]	무기 제한[b]
대통령 책임성 지수	-.06**** (.02)	.12**** (.04)	-.10**** (.03)	-.16**** (.03)	-.28**** (.03)	-.28**** (.03)	-.13**** (.02)
민주당원		.17*** (.06)	-.10* (.06)	-.11*** (.05)	-.14**** (.04)	-.22**** (.04)	-.17**** (.04)
공화당원	.15**** (.05)	-.24**** (.07)	.19**** (.06)	.13*** (.05)	.18**** (.04)	.16**** (.05)	.16**** (.05)
진보층	†	†	†	-.08* (.05)		-.16**** (.05)	†
보수층	†	†	†		.12**** (.04)	.10*** (.04)	†
식견		-.09*** (.04)		.04** (.02)		.05*** (.02)	
수	551	319	743	631	913	582	973

주: 표의 항목은 괄호 안의 표준오차를 갖는 비표준회귀계수(최소자승법)이다. 빈 항목은 계수가 유의성을 갖지 못했음을 뜻한다.

[a]1987년 7월 16일 설문조사.

[b]1987년 2월 28일 설문조사.

[c]1986년 12월 7–8일 설문조사.

[d]1986년 11월 30일 설문조사.

† 설문조사에 포함되지 않은 항목.

****p <.01; ***p < .05; **p < .10; *p < .15.

결론

결론적으로 네트워크의 프레임은 여론에 중대한 영향을 미친다고 할 수 있다. 이를테면, 범죄와 테러의 경우, 이들 두 이슈에 지배적인 일화적 뉴스 프레임은 처벌적, 개인적 책임성 귀인을 강화시킴으로써 사형제도나 "테러" 국가에 대한 군사적 보복과 같은 조치에 관한 지지를 간접적으로 상승시켰다. 또 빈곤에 대한 일화적 프레임은 간접적으로 사회복지 프로그램에 대한 국민의 지지를 약화시켰고, 그런 프로그램을 비난하는 지도자들에 대한 국민적 지지를 상승시켰다. 이런 결과는 공공 안전 이슈에 대한 "법과 질서(law and order)"의 강조, 또 사회복지 분야에서의 "작은 정부(less government)"를 지향하는 1980년대의 미국 내 여론의 광범위한 변화가 이미 진행되고 있었음을 시사해 준다. 그리고 그런 변화는 보수적인 대통령의 반복된 당선 혹은 국민의 당파적, 이념적 성향의 점진적인 변화에 의해서뿐만 아니라 빈곤, 범죄, 테러에 대한 보도에서 특정 일화적 형식을 압도적으로 선택한 텔레비전 뉴스 보도 방식에 의해서도 동시에 초래되었음을 시사해 준다.

이란-콘트라 사건의 경우, 연구 결과는 텔레비전 뉴스가 레이건 정부에 악영향을 주었다는 것을 시사해 준다. 대통령이 무기 판매에 책임이 있다는 것을 시사함으로써 이 이슈에 지배적이었던 정치 프레임은 대통령과 참모진에 대한 지지를 간접적으로 약화시켰다. 마찬가지로 대통령에게 책임을 부과한 사람들은 비밀 작전과 반군 지원을 포함하는 정부 외교 정책의 핵심 활동에 대해 훨씬 더 부정적인 태도를 취했다.

한편, 특정 이슈 의견에 미치는 귀인의 힘은 단순성의 원리(rule of simplicity)에 의해 추동될 수 있다. 사람들은 보통 단순 규칙을 따르는데, 그 규칙은 문제의 원인으로 지목되는 정책, 기관, 집단 혹은 지도자에 대해서는 반대하는 반면, 문제 해결의 주체로 상징되는 기관, 프로그램, 혹은 지도자에 대해서는 지지하는 것을 말한다. 이런 의미에서, 책임성 귀인은 공공 이슈의 복잡성을 해결해 주는 강력한 "어림법(heuristics)"에 해당한다.

이 장에 제시된 결과는 귀인과 의견 사이에 매우 밀접한 관계가 있다는 것을 시사해 준다. 하지만 지금까지 정치적 의견에 대한 귀인의 영향력과 당파성이나 이념적 성향과 같은 또 다른 성향적 요인들의 영향력 사이의 경쟁은 본질적으로 불공정했다는 것은 인정될 필요가 있다. 한편, 책임성 귀인은 이슈 한정적 단서(issue specific cues)인 반면 당파성과 이념은 포괄적 단서(global cues)에 속한다. 그것은 사람들이 자신의 이념이나 당파성으로부터 특정 이슈에 대한 의견을 형성하기 위해서는 보다 많은 추론 작업을 수행해야 한다는 것을 의미한다. 따라서 귀인이 성향적 단서보다 이슈 한정적 의견에 더 강력한 영향을 미치는 것처럼 보이는 것은 그렇게 놀라운 일이 아니라고 할 수 있다.

이념이나 당파성으로부터 이슈 한정적 의견으로의 이동이 귀인으로부터 이슈 한정적 의견으로의 이동보다 더 오래 걸리는 것과 마찬가지로 귀인으로부터 전반적 의견으로의 이동은 당파성이나 이념으로부터 전반적 의견으로의 이동보다 더 오래 걸린다. 이런 귀인과 성향적 단서의 상대적 영향력을 보다 엄밀하게 비교하기 위해서는 이 두 영향력이 전반적 의견에 미치는 영향력을 검토하는 것이 필요하다. 이와 관련해서는 다음 장에서 다룬다.

8장

―

전반적 의견에 대한 귀인 효과

―

이 장에서는 정치적 이슈에 대한 책임성 귀인이 지도자, 그 중에서도 특히 대통령에 대한 전반적 의견에 미치는 영향의 정도에 대해 알아보고자 한다. 만약 사람들이 어떤 특정 이슈의 원인과 해결책에 대해 그 이슈의 직접적인 주제 범위를 넘어서서 자신의 추론을 제시한다면, 그렇게 넘어선 범위까지는 귀인이 전반적 의견에 영향을 미치는 것으로 가정할 수 있다. 따라서 그런 영향력을 증명하게 된다면 그것은 네트워크 프레임 효과의 정치적 중요성과 관련해 앞장에 제시된 결과보다 훨씬 더 강력한 설명을 제공해 줄 수 있게 된다.

이를 위해 대통령-이 장의 경우 연구 대상으로서의 대통령은 모두 레이건이다-에 관한 서로 다른 세 측면, 즉 전반적인 직무수행(overall performance in office), 능력(competence), 그리고 청렴도(integrity)에 대한 전반적인 정치

174

평가를 척도 의견으로 활용했다. 여기에서 대통령의 전반적인 직무수행 평가는 전형적인 지지율 지표에 해당한다. 반면, 능력과 청렴도는 대통령의 공적 이미지의 전조적인(bellwether) 성격을 가지고 있다.[1] 한편, 이와는 별도로 한 번 더 분석이 수행되었는데, 그것은 책임성 귀인이 이와 같은 대통령의 세 측면에 대한 평가 각각에 대해 미치는 "직접적(direct)" 및 "간접적(indirect)" 영향력에 초점이 맞추어졌다.

먼저 대통령에 대한 평가는 귀인에 의해 직접적으로 영향을 받을 수 있다고 가정된다. 예를 들면, 빈곤의 책임을 사회적 요인에 부과하는 것은 대통령에 대한 부정적 평가를 유발시키는 직접적 원인으로 작용할 수 있는데, 그것은 대통령이 누구보다도 눈에 가장 잘 띄는 정치적 인물이라는 비교적 단순한 사실로부터 비롯된다. 더 나아가 대통령에 대한 평가는 귀인에 의해 간접적으로도 영향을 받을 수 있다고 가정된다. 그것은 귀인의 향방, 즉 귀인이 사회적인가 혹은 개인적인가에 따라 이슈 한정적 의견이 전반적 의견 형성에 더 중요한 요인으로 작용하기도 하고, 혹은 덜 중요한 요인으로 작용하기도 하기 때문이다. 특히 그런 간접 효과 가설(indirect effects hypothesis)은 사람들이 이슈에 대해 사회적 귀인을 부과하게 되면 "정치화 (politicized)" 된다는 것, 즉 사람들은 정치 지도자들에 대한 전반적인 인상을 형성할 때 이슈 한정적 의견에 초점을 맞추는 경향이 있다는 것을 가정한다. 다시 말해, 이슈에 대한 사회적 귀인이 대통령 평가 기준으로 이슈 한정적 의견에 "동력을 부여해 준다(energize)"는 것이다. 예를 들면, 빈곤 이슈의 경우 그 가정은 다음과 같다. 빈곤 책임을 사회적 요인으로 돌리는 응답자들은 책임을 개인에게 돌리는 응답자들보다 사회복지 정책의 선호도와 대통령의 빈곤 관련 직무수행을 상대적으로 더 중요한 기준으로 삼아 대통령을 평가하게 될 것이라는 것이다. 따라서 만약 가난의 원인과 해결 책임이 사회가 아니라 가난한 사람들에게 있다면, 사회복지 프로그램을 강화하거나 축소시키려는 대통령의 시도는 그렇게 중요한 것이 아니게 된다. 하지만 반대로 그 책임을 사회로 돌리게 되면, 대통령의 조치는 빈곤율 조정에 중요한 수단이 되고, 따라서 대통령의 리더십 효율성이나 성격적 장점을 드러내 보여주는 지표로 기능할 가능성은 더 커지게 된다.[2]

앞에 진행된 실험 연구 결과는 레이건 대통령의 직업훈련 프로그램 예산 삭감이 실업에 어떤 영향을 미쳤는지를 상세히 보도한 뉴스 기사처럼 텔레비전 뉴스 보도가 국가적 이슈에 대한 사회적 책임성 귀인을 강조하면, 시청자의 대통령에 대한 전반적인 평가는 특정 이슈와 관련된 대통령 직무수행에 대한 자신의 평가에 크게 의존하게 된다는 것을 보여주었다. 하지만 이와 반대로 뉴스 기사가 그와 다른 비사회적 책임성 귀인을 제시하면, 전반적 평가에 미치는 특정 이슈에 대한 대통령 평가의 영향력은 약화되었다.[3] 이런 실험 결과를 바탕으로 일반화를 시도하면 다음과 같은 중요한 예측이 가능해진다. 즉, 사회적 책임성 귀인은 이슈 한정적 의견과 전반적 의견 사이의 관련성을 강화시키는 요인으로 작용한다는 것이다.

이와 관련해 직접 및 간접 효과에 대한 3개의 별도 검증이 수행되었다. 첫 번째 검증은 빈곤 이슈에 한정되었고, 빈곤에 대한 2차 프레임 실험 결과와 1985년 국민선거표본 예비설문조사(NES Pilot Survey) 자료를 토대로 진행되었다. 두 번째 검증은 복수의 이슈를 포함시켰고, 범죄, 테러, 인종 불평등에 대한 귀인의 상대적 중요성을 대통령 평가에 대한 단서로 삼아 진행되었다. 세 번째 검증은 이란 무기 판매에 대한 책임성 귀인과 전반적인 정치 평가 사이의 관련성에 초점을 맞추었고, 프레임 실험과 국민설문조사 결과를 토대로 진행되었다.

직접 효과

빈곤

2차 빈곤 실험에 참여한 참가자들 사이에서 원인 귀인은 레이건 대통령 평가에 중요한 단서로 작용했다. 거기에서 사회적 귀인은 레이건 대통령의 직무수행, 능력, 청렴도와 관련해 상대적으로 높은 비판적 평가를 유발했다. 그러나 귀인의 영향력은 당파성이나 정치적 이념의 영향력에 비해 상대적으로 미미한 수준에 불과했다(부록C와 표8.1을 참조하라).

비록 귀인에 대한 측정 방식은 달랐지만 국민선거표본 예비설문조사에 대한 분석 결과도 한 가지 점을 제외하면 동일했다. 그것은 바로 원인 귀인만이 대통령 평가에 중요한 단서로 작용한 실험 결과와 달리 국민선거표본 응답자들 사이에서는 원인 및 해결 귀인 모두가 대통령 평가에 중요한 기준이었다는 점이다. 이를 제외한 분석 결과를 보면, 빈곤에 대한 사회적 원인 귀인에 동의하는 응답자들은 주로 레이건 대통령의 능력과 청렴도에 대해 훨씬 더 비판적인 태도를 취했지만, 빈곤 해결책으로 사회적 개입을 선호하는 응답자들은 전반적 직무수행에서뿐만 아니라 자질 전체에 대해서도 레이건 대통령에 대해 더 비판적인 태도를 보였다. 하지만 실험 결과에서와 마찬가지로 귀인의 영향력은 당파성이나 정치적 이념의 영향력에 미치지 못했다. 전반적으로 이 두 연구 결과는 빈곤에 대한 책임성 귀인이 전반적 의견에 대해 매우 약한 단서로 작용했다는 것을 시사해 준다.

표8.1 **책임성 귀인과 대통령에 대한 전반적 평가: 빈곤**

	직무수행		능력		청렴도	
	서포크 카운티	NES	서포크 카운티	NES	서포크 카운티	NES
원인 책임성 지수	-.41**** (.10)		-.33**** (.12)	-.06*** (.03)	-.49**** (.14)	-.05** (.03)
해결 책임성 지수		-.07**** (.03)		-.10**** (.04)		-.15**** (.05)
민주당원		-.97**** (.17)		-1.18**** (.25)		-1.30**** (.32)
공화당원	.70**** (.16)	.53**** (.18)	.70**** (.21)	.62**** (.29)	1.14**** (.25)	1.12**** (.34)
진보층	-.45**** (.19)	-.63*** (.28)	-1.00**** (.25)	-1.16**** (.39)	-.54*** (.27)	-1.78**** (.50)
보수층	.44** (.20)	.38** (.21)	.42* (.26)	.65*** (.31)	.68*** (.28)	.75*** (.36)
식견						
수	238	300	215	307	198	296

주: 표의 항목은 괄호 안의 표준오차를 갖는 비표준회귀계수(최소자승법)이다. 빈 항목은 계수가 유의성을 갖지 못했음을 뜻한다.

****p < .01; ***p < .05; **p < .10; *p < .15.

범죄, 테러, 인종 불평등

범죄는 테러나 인종 불평등보다 더 함축적인 이슈였다(표8.2를 참조하라). 범죄에 대한 원인 귀인은 3개의 전반적 의견 모두에 영향을 미쳤지만, 해결 귀인은 대통령의 전반적인 직무수행과 능력에 대한 평가에만 영향을 미쳤다. 각각의 경우에서 사회적 귀인의 빈도가 더 높으면 높을수록 레이건 대통령에 대한 긍정적 평가는 줄어들었다(부록C를 참조하라).

표8.2 **책임성 귀인과 대통령에 대한 전반적 평가: 범죄, 테러, 인종 불평등**

	직무수행	능력	청렴도
원인 책임성 지수/범죄	-.24**** (.09)	-.37**** (.14)	-.38*** (.14)
해결 책임성 지수/범죄	-.23**** (.09)	-.17* (.12)	
원인 책임성 지수/테러			
해결 책임성 지수/테러	-.21*** (.08)	-.27*** (.12)	-.34**** (.12)
원인 책임성 지수/불평등	-.23**** (.09)	-.28*** (.13)	-.24** (.14)
해결 책임성 지수/불평등			
민주당원	-.27** (.15)	-.54*** (.22)	-.47*** (.24)
공화당원	.40*** (.17)	.51*** (.25)	.48*** (.24)
진보층	-.42*** (.20)		-.75*** (.32)
보수층	.37** (.21)		
식견	-.03* (.02)	-.09**** (.03)	
수	263	234	215

주: 표의 항목은 괄호 안의 표준오차를 갖는 비표준회귀계수(최소자승법)이다. 빈 항목은 계수가 유의성을 갖지 못했음을 뜻한다.

****p < .01; ***p < .05; **p < .10; *p < .15.

테러에 대한 해결 책임성 귀인은 또 대통령 평가에 중요한 기준으로 작용했다. 해결에 대한 책임이 사회로 부과되면 대통령의 지지율은 떨어졌다. 인종 불평등에 대한 원인 귀인은 대통령의 세 측면에 대한 평가 모두에 독립적으로 영향을 미쳤다. 거기에서는 사회적 귀인의 빈도가 높으면 높을수록 레이건 대통령에 대한 평가는 부정적이 되었다.

한편, 통제 변인 가운데 당파성은 다시 한 번 전반적 평가에 대한 압도적 단서로 작용했다. 민주당원과 공화당원 사이의 차이는 항상 사회적 귀인자(attributors)와 개인적 귀인자 사이의 차이보다 더 컸다. 그러나 귀인은 진보-보수 성향보다는 더 영향력이 있었다. 정치적 식견 역시 전반적 의견에 차이를 만들어내었다. 거기에서 식견이 높으면 높을수록 대통령에 대한 의견은 더 비판적이 되었다.

이란 무기 판매

레이건 대통령의 수석 참모들에 의해 수행된 비밀 작전이었던 이란 무기 판매가 사실이었다는 점을 감안하면, 귀인은 상당히 중요한 단서로 작용할 것으로 예측되었다. 따라서 예측은 무기 판매에 대한 대통령의 귀인 빈도가 높으면 높을수록 대통령에 대한 평가는 그만큼 더 부정적이 될 것이라는 것이었다(표8.3을 참조하라).

대통령 책임성 귀인은 대통령에 대한 전반적 평가를 예측할 수 있게 해주었다. 이를테면, 대통령에게 책임이 있다고 여기는 사람들은 대통령의 전반적인 직무수행, 능력, 그리고 청렴도에 대해 상대적으로 낮은 평가를 부여하는 경향성을 보였다. 이런 결과는 이란 무기 판매 이슈를 지배했던 정치 프레임이 대체로 높게 유지되었던 대통령의 지지율과 호감도에 상당한 손상을 주었고, 결과적으로 두 번째 임기 중 가장 낮은 지지율로 유인하는 요인이 되었다는 것을 시사해 준다고 할 수 있다.[4]

표8.3 **책임성 귀인과 대통령에 대한 전반적 평가: 이란 무기 판매**

	직무수행	능력	청렴도
대통령 책임성 지수	-.38*** (.12)	-.25** (.14)	-.42*** (.17)
민주당원	-.68*** (.24)		
공화당원	.54*** (.24)	.92*** (.27)	1.25*** (.36)
진보층	-.66** (.34)		-.70* (.40)
보수층			
식견			
수	85	85	85

주: 표의 항목은 괄호 안의 표준오차를 갖는 비표준회귀계수(최소자승법)이다. 빈 항목은 계수가 유의성을 갖지 못했음을 뜻한다.

***$p < .01$; **$p < .05$; *$p < .10$.

앞에서와 마찬가지로 당파성은 레이건 대통령 평가에 압도적인 영향력을 행사했다. 그러나 이념적 차이와 정치적 식견은 전반적 평가에 중요한 단서로 작용하지 않았다. 따라서 이란 무기 판매 이슈에 대한 검증에서는 귀인이 대통령 평가의 주요한 선행 요인으로 당파성과 경쟁하는 모습을 보였다.

이미 지적된 바와 같이 이란-콘트라 사건이 진행되는 동안 수행된 〈CBS 뉴스〉와 〈뉴욕타임스〉의 몇몇 설문조사 결과는 앞에 제시된 결과를 세부적으로 다시 검증할 수 있게 해 준다. 이들 설문조사에는 레이건 대통령의 리더십과 정직성에 대한 질문 이외에도 늘 대통령 지지 여부에 관한 질문이 포함되어 있었다. 또 설문조사 중 하나에는 연방 정부의 신뢰도를 평가하는 질문 이외에 부시(Bush) 부통령에 대한 평가도 알아볼 수 있는 질문이 추가로 포함되어 있었다. 1986년 11월과 1987년 7월 16일에 실시된 설문조사 결과를 근거로 두 개의 별도 분석이 이루어졌다. 거기에서는 무기 판매에 대한 대통령 책임성 귀인이 대통령의 전반적 평가에 미치는 영향이 검토되었다(부록C와 표8.4를 참조하라).

분석 결과 두 설문조사 모두에서 레이건 대통령의 전반적인 직무수행에 대한 평가는 무기 판매에 대한 대통령 책임성 귀인에 크게 영향을 받았다는 것이 드러났다.[5] 이를테면, 사람들이 무기 판매에 대한 책임을 레이건 대통령에게 돌릴 경우, 대통령의 이미지는 커다란 상처를 받았다. 당파성만큼 압도적이지는 않았지만 책임성 귀인은 정치적 이념이나 정치적 식견보다는 상대적으로 큰 영향력을 행사했다. 또 대통령에게 책임을 부과하는 것은 부시 부통령의 지지율과 레이건 대통령의 능력 및 청렴도에 대한 평가에도 영향을 미쳤다. 모두 유의미한 지지율 저하와 평가절하를 초래했다. 마지막으로 무기 판매 귀인은 연방 정부에 대한 불신을 크게 가중시켰다. 그럼에도 불구하고 모든 경우에서 당파성의 영향력은 귀인의 영향력보다 더 컸다.

표8.4 이란-콘트라 사건에 대한 책임성 귀인과 대통령에 대한 전반적 평가: 〈CBS 뉴스〉-〈뉴욕타임스〉 설문조사

	대통령 평가					부시 평가	정부 신뢰
	직무수행		능력		청렴도		
	(11/86)[a]	(7/87)[b]	(11/86)	(7/87)	(11/86)	(11/86)	(11/86)
대통령 책임성 지수	-.15*** (.02)	-.27*** (.03)	-.66*** (.08)	-.13*** (.03)	-.16*** (.02)	-.22*** (.05)	-.28*** (.04)
민주당원	-.25*** (.04)	-.20*** (.04)	-.62*** (.14)	-.18*** (.05)	-.12*** (.04)	-.43*** (.08)	-.25*** (.09)
공화당원	.24*** (.03)	.19*** (.04)	.87*** (.15)	.11*** (.05)	.21*** (.05)	.33*** (.06)	.28** (.10)
진보층	†	-.11** (.04)	†		†	†	†
보수층	†	.09** (.04)	†		†	†	†
식견	.04** (.02)	.04** (.02)					.11** (.04)
수	611	591	550	616	618	477	644

주: 표의 항목은 괄호 안의 표준오차를 갖는 비표준회귀계수(최소자승법)이다. 빈 항목은 계수가 유의성을 갖지 못했음을 뜻한다.
[a] 1986년 12월 7-8일 설문조사.
[b] 1987년 7월 16일 설문조사.
† 설문조사에 포함되지 않은 항목.
***p < .05; **p < .10.

결론적으로 이런 상관분석의 결과는 책임성 귀인이 정치적 지도자에 대한 전반적 이미지 형성과 관련해 당파성의 영향력에는 미치지 못한다는 것을 시사해 준다. 그러나 그런 당파성, 이념, 식견의 영향력을 감안한다 하더라도, 귀인은 미국인들의 대통령 평가에 큰 영향력을 행사했다고 할 수 있다. 그것은 사람들이 국가적 이슈에 대한 책임을 사회에 부과할 경우 대통령에 대한 평가는 상대적으로 덜 낙관적이 되었기 때문이다. 따라서 텔

레비전은 이슈 묘사에 특정 뉴스 프레임을 적용함으로써 공직자에 대한 국민적 지지에 간접적으로 영향을 미친다고 할 수 있다.

간접 효과

간접 효과는 사람들이 책임을 개인이 아닌 사회에 부과할 때, 이슈 한정적 의견이 대통령에 대한 전반적 의견에 미치는 영향의 정도를 말한다. 연구 대상인 표적 이슈 각각에 대한 이런 예측을 검증하기 위해 3개의 특정 의견이 선택되었다. 여기에는 늘 그렇듯 표적 이슈에 대한 대통령 직무수행 평가와 정부 예산에 관한 질문(〈CBS 뉴스〉-〈뉴욕타임스〉 설문조사에서는 이 질문이 이란-콘트라 사건의 중요성에 관한 질문으로 대체되었다)이 포함되었고, 추가적으로 정책 선호도가 포함되었다. 방법론적 제한 때문에 귀인과 이슈 한정적 의견의 결합 효과(joint effects)는 순차적인 방식으로 검토되었다. 즉, 의견 하나하나를 차례대로 결합시켜 검토했다는 것이다(부록C를 참조하라).

표8.5는 빈곤, 범죄, 테러, 인종 불평등, 이란-콘트라 사건을 대상으로 수행한 유사한 간접 효과 분석 결과를 보여준다. 표의 항목들은 각각의 특정 의견과 관련해 이슈의 원인 및 해결 책임성을 사회(또는 이란 무기 판매의 경우에는 대통령에게)로 돌리는 참가자들 사이에서 그런 특정 의견이 전반적 의견에 미치는 영향력의 비율 증가를 보여주고 있다(부록C를 참조하라). 이를테면, 33이란 항목은 빈곤에 대한 사회적 원인 귀인과 빈곤에 대한 대통령 직무수행 평가의 상호작용 효과다. 따라서 그것은 빈곤에 대한 원인 귀

인이 사회적일 경우 빈곤에 대한 대통령의 직무수행 의견이 대통령에 대한 전반적 평가에 미치는 영향력은 33퍼센트까지 상승했다는 것을 의미한다.

　모든 연구에서 이 분석은 레이건 대통령의 전반적 직무수행과 자질을 평가할 때 사회적 귀인자가 개인적(혹은 처벌적) 귀인자보다 이슈 한정적 의견에 더 많이 의존한다는 것을 밝혀주었다. 가장 강력한 그런 비대칭성의 결과는 범죄와 이란 무기 판매에서 발견되었다. 전자의 경우 귀인과 이슈 한정적 의견 사이에서 가능했던 18개의 상호작용 효과 중 11개가 유의미했다. 범죄에 대한 대통령의 직무수행 평가, 정부 예산 규모에 대한 선호도, 그리고 사형제에 대한 지지 등 이들 모두는 응답자들이 범죄를 사회의 책임으로 부과할 때 대통령에 대한 전반적인 평가 근거로 더 중요하게 작용했다. 이란-콘트라 연구에서도 레이건 대통령이 응답자들의 귀인에 직접 포함될 경우, 대통령의 외교적 직무수행에 대한 평가, 대테러 프로그램 정부 예산에 대한 선호도, 그리고 중미에서의 보다 적극적인 미국의 군사적 개입에 대한 지지 등은 전반적 평가의 기준으로 매우 중요하게 작용했다.

표8.5 책임성 귀인과 대통령에 대한 평가: 간접 효과

빈곤	이슈 직무수행		정부 예산		사회복지	
	원인 책임성	해결 책임성	원인 책임성	해결 책임성	원인 책임성	해결 책임성
전반적 직무수행	33***		33***		40****	
능력	34**					
청렴도			100***		100****	

범죄	이슈 직무수행		정부 예산		사형제도	
	원인 책임성	해결 책임성	원인 책임성	해결 책임성	원인 책임성	해결 책임성
전반적 직무수행	9****	10****	83****	51***	55****	44**
능력		37***	100****			65**
청렴도		42***	100**			

테러	이슈 직무수행		정부 예산		군사 보복	
	원인 책임성	해결 책임성	원인 책임성	해결 책임성	원인 책임성	해결 책임성
전반적 직무수행	16**		38*		46***	
능력	35****		73****		73***	
청렴도	33**		53**		66**	

인종 불평등	이슈 직무수행		정부 예산		소수자 지원	
	원인 책임성	해결 책임성	원인 책임성	해결 책임성	원인 책임성	해결 책임성
전반적 직무수행	9*		100***	100***	100**	
능력						
청렴도			78**			

이란 무기판매 (서포크 카운티)	이슈 직무수행	정부 예산	중미
	원인 책임성	원인 책임성	원인 책임성
전반적 직무수행	22****	36***	44****
능력	14*	38**	18*
청렴도	19****	63***	30***

이란 무기판매 (CBS-NYT 설문조사)	이슈 직무수행	이란–콘트라 중요성	반군 지원
	원인 책임성	원인 책임성	원인 책임성
전반적 직무수행		30***	39**
능력	8****	36***	42**
청렴도			33****
조지 부시에 대한 평가	10***	100***	75***

주: 표의 항목은 표적 이슈에 대한 책임을 사회에 부과하는 응답자들 사이의 예측 변수(칸) 효과의 비율 증가를 나타낸다. 빈 항목은 간접 효과 계수가 유의성을 갖지 못했음을 의미한다. 간접 효과 분석에 사용된 사례의 수는 60에서 581까지이다.

****p < .01; ***p < .05; **p < .10; *p < .15.

〈CBS-NYT〉 설문조사에서도 동일한 패턴이 발견되었다. 이를테면, 레이건 대통령의 외교 정책에 관한 직무수행 평가는 무기 판매에 대한 귀인이 대통령에게 부과될 경우 대통령의 능력에 대한 평가와 부시 부통령에 대한 평가에 더 강력한 영향을 미쳤다. 한편, 반군 지원 이슈와 관련해서는 그 결과가 매우 뚜렷하게 나타났다. 사건의 책임이 대통령에게 있다고 생각하는 응답자들 가운데 반군 지원에 대한 지지는 평균 약 50퍼센트의 차이로 4개 모두의 전반적 평가의 강력한 예측변인으로 작용했다(반군 지원 반대자들은 레이건과 부시를 덜 지지했다). 마찬가지로 책임이 대통령에게 부과될 때 이란-콘트라 이슈의 중요성 인식은 4개의 평가치 가운데 3개에 더 많은 영향을 미쳤다. 이슈를 더 중요하게 여기면 여길수록 대통령에 대한 평가는 더 비판적이 되었다.

한편, 테러와 빈곤의 경우 그 결과가 간접 효과 가설에 대한 지지를 그렇게 명료하게 보여주지는 않았다. 테러에 대한 사회적 해결 귀인은 전반적 의견에 대한 이슈 한정적 의견 3개 모두의 영향력을 높여주었다. 하지만 빈곤과 관련해서는 그 양상이 반대가 되었다. 원인 귀인만이 빈곤에 대한 대통령의 직무수행 평가, 정부 국방 예산에 대한 선호도, 그리고 사회복지 프로그램에 대한 지지 등이 레이건 대통령의 전반적인 직무수행 평가에 미치는 효과를 상승시켰다. 그러나 이런 간접 효과는 응답자들이 대통령의 능력과 청렴도를 평가할 때에는 매우 산발적으로만 나타났다.

마지막으로, 인종 불평등의 경우 간접 효과 가설은 이렇다 할 지지를 받지 못했다. 이슈 한정적 의견의 영향력을 강화시키는 책임성 귀인의 유일한 사례는 정부 예산 선호도에 관한 질문이었다. 해결 귀인이 사회적일 때 이들 선호도는 3개의 대통령의 평가 모두에 상대적으로 더 강력한 영향을 미쳤다.

사회적 귀인이 전반적 의견과 이슈 한정적 의견의 상호의존성에 특별히 큰 영향력을 행사하는 이유는 이들 귀인이 갖는 "정치적" 특성뿐만 아니라 실제의 정치 현실이 반영된 것에서 비롯된 것일 수 있다. 현직의 레이건 대통령에게 사회적 책임성 귀인은 그에 대한 부정적 평가를 의미했지만 그것을 제외한 다른 귀인은 긍정적 평가를 의미했다. 그렇게 보면 이슈 한정적 의견의 영향력을 강화시키는 사회적 귀인의 힘은 또 정치적 평가에서의 "부정성 편향(negativity bias)"을 반영한 것이라고 할 수도 있다. 실제로 정치인의 부정적 특징이나 특성은 이들의 긍정적 특징이나 특성보다 유권자의 태도에 더 강력한 영향을 미치는 경향이 있다는 연구 결과도 존재한다.[6] 책임을 사회에 부과하는 사람들에게 이슈 한정적 의견은 레이건 대통령 평가에 일반적으로 부정적 단서로 작용했는데, 그렇다면 이것은 기존 연구 결과의 패턴을 어느 정도 설명해 주는 것이라고 하겠다.

결론

이 장에 제시된 다양한 직접 및 간접 효과의 분석은 정치적 이슈에 대한 사람들의 책임 부여 방식이 대통령의 지지율을 상승시키기도 하고 또 저하시키기도 한다는 것을 시사해 준다. 당파성이나 정치적 이념 이외에도 책임을 사회로 돌리는 사람들은 레이건 대통령에 대해 상대적으로 낮은 호감도를 보였다. 전반적인 분석 결과는 귀인이 대통령의 국민적 이미지에 미치는 영향력과 관련해 세 가지의 일반화(generalizations)가 가능하다는 것을 시사해 준다.

첫째, 대통령 평가에 대한 귀인의 영향력은 이슈가 중요하다고 인식될 경우에 증대된다. 이 장에서 검토된 이슈 중에서는 범죄가 가장 중요하다고 인식된 이슈였는데, 그것은 원인 및 해결책으로 제시된 총 수에 있어서나 혹은 "국가가 직면한 가장 중요한 문제"에 대한 응답에서 범죄가 가장 많이 언급되었기 때문이다. 범죄는 또 원인 및 해결 귀인 모두가 대통령의 지지율에 영향을 미친 유일한 "현재 진행형" 이슈였다.

간접 및 직접 효과 분석을 관통하는 두 번째 요소는 사회복지 이슈와 공공 안전 이슈의 차이와 관련되어 있다. 사회복지 이슈의 경우 원인 귀인의 직접적 영향력은 해결 귀인의 직접적 영향력을 압도했다. 또 사회적 원인 귀인은 사회적 해결 귀인보다 이슈 한정적 의견이 대통령의 전반적 평가에 미치는 영향에 더 강력한 영향력을 행사했다.[7] 하지만 공공 안전 이슈에서는 그 양상이 정반대로 바뀌었다. 거기에서는 사회적 원인 귀인은 직접적이든 간접적이든 대통령 평가에 미치는 영향에 있어서 사회적 해결 귀인에 미치지 못한 것으로 드러났기 때문이다.[8] 이런 차이는 사회복지 이슈보다 공공 안전 이슈가 권력 주체로서의 대통령에 대해 더 강력한 국민적 기대를 유발시킬 수 있다는 데 그 원인이 있을 수 있다. 다시 말해, 국민들은 빈곤이나 인종 불평등 해결보다 범죄나 테러 예방조치에 대해 대통령에게 더 높은 수준의 노력을 요구할 가능성이 크다는 것이다.[9]

따라서 테러에 대한 해결 책임성 귀인은 대통령에게 특별히 엄중하게 부과될 수 있다. 그것은 테러라는 이슈 자체가 통상적으로 외교 정책이나 국가 안보와 중복되고, 따라서 실제적으로나 관념적으로 사실상 정부 권한에 속한다고 여겨지기 때문이다. 그 결과 지미 카터(Jimmy Carter)와 로널드 레이건, 이 두 대통령 모두는 테러의 위협과 행동에 대응하는 과정에서 가장 격렬한 국민적 역풍에 시달렸다. 카터 대통령의 경우, 이란 인질 사태(Iranian hostage crisis)가 초기에는 국민의 지지를 "결집시키는(rallying)" 뜻밖의 횡재로 작용했지만 나중에는 예상과 달리 군사 작전을 펼치지 않으면 안 되는 상황으로 몰렸다. 이와 관련해 시어도어 로이(Theodore Lowi)는 다음과 같이 지적했다.

> 지미 카터(Jimmy Carter)는 평화를 사랑하는 종교적인 사람이었다. 그가 이란 구조 작전을 감행한 것은 그저 그것을 단순하게 미국 국민의 여론을 움직일 수 있는 편리한

지렛대로 활용하기 위함이 아니었다. 오히려 그 지렛대는 반대로 작동했다. 즉, 대통령은 여론 때문에 최고의 모험주의를 선택하지 않으면 안 되었다는 것이다.[10]

결국 인질 이슈는 카터 대통령의 정치적 장애물이 되었고, 허약한 대통령이라는 국민적 인식이 널리 퍼지게 된 계기가 되었다. 그리고 그것은 1980년 레이건과의 대선 경쟁에서 패배하게 된 한 요인이 되었다.

레이건 정부를 이란-콘트라 사태라는 덫에서 허우적거리게 했던 것도 바로 이와 동일한 해결 책임성이라는 짐이었다. 대통령의 참모들은 테러에 대한 대통령의 "강경 발언(talking tough)" 정책, 그리고 이따금씩 가해지는 리비아 폭격만으로는 국민적 기대에 부응할 수 없다고 우려했다. 따라서 이들은 무기로 이란 정부를 달래보려는 기이한 구애 정책을 펼치게 되었던 것이다.

이슈 중요성 인식과 공공 안전 이슈에 대한 해결 귀인의 특별한 중요성 이외에도, 대통령 평가에 대한 귀인의 뚜렷한 영향력은 대통령이라는 지위가 갖는 특별한 성격에서 비롯되기도 한다. 여기에서 대통령 지위의 특별한 성격이란 사람들의 책임성 귀인에서 차지하는 대통령이란 지위의 중요성(prominence)을 말한다. 하지만 이 장에서 검토된 사회복지와 공공 안전 이슈는 상대적으로 높은 사회적 귀인을 유발시키긴 했지만 특별히 높은 대통령 귀인 집중도를 보여주지는 않았다. 그것은 빈곤의 원인으로 가난한 사람들에게 일할 수 있는 충분한 동기를 부여하지 못한 사회복지 프로그램을 지목하는 것이 곧바로 빈곤의 원인으로 레이건 대통령이 취한 특정한 조치를 지목하는 것을 의미하지는 않기 때문이다. 따라서 공적 이슈 대부분이 갖는 복잡성과 삼권이 분리된 현실을 고려하면, 대통령과 홍보담당 참모들은 다양한 그럴듯한 여타의 사회적 원인들(가장 확실하게는 의회의 역할)을 언급함으로써 시민들로 하여금 대통령의 역할을 과소평가하도록 유도할 수 있다. 이를 좀 더 일반적으로 말하면 대통령은 노련한 미디어 관리를 통해 정치적 상황의 필요성에 따라 정치적 책임을 취하거나 부인할 수도 있다는 것이다.[11]

사람들이 다수의 잠재적 원인과 해결책에 대해 언급할 수 있는 범죄나 빈곤과 같은 포괄적 이슈와 반대로 여타의 이슈들은 사실상 그 자체로 대통령 귀인과 관련된 문제들이다. 국방이나 외교적 이슈는 대통령 참모들의 행위와 마찬가지로 국민의 관심을 대통령에게 집중시킨다. 워터게이트, 닉슨에 대한 사면, 이란 인질 사태, 이란-콘트라 사건 등 이들 모두는 그런 "대통령적인(presidential)" 이슈와 관련된 비용을 전형적으로 보여주는 사건들이다. 이런 사건들은 대통령의 책임성을 사실상 경감시켜줄 수 없다는 점에서 대통령의 지지율을 심각하게 위협하는 이슈나 사건이라 할 수 있다. 예를 들면, 이란-콘트라 사건에서 레이건 대통령의 미디어 담당자들이 할 수 있는 일이란 그 이슈가 스스로 잦아들거나 혹은 네트워크가 중동의 갈등에 대해 더 많이 다루도록 희망하는 것 이외에는 사실상 없었다는 것이다. 요약하면, 이슈는 그 이슈 자체가 지닌 대통령 평가와 연관된 내재적 관련성(built-in relevance)의 측면에서 차이를 보인다. 거기에서 오래된 이슈는 대통령 이외의 다양한 사회적 요인 탓으로 돌려질 수 있지만, 백악관을 출발점으로 하는 특정한 의사 결정의 경우 미디어 담당자들이 아무리 노력한다고 해도 대통령의 책임성을 약화시키는 것은 쉬운 일이 아니라는 것이다.

9장

개인차의 역할

지금까지 진행된 분석은 네트워크의 프레임 효과가 실제로 존재한다는 것을 증명해 주었다. 그 분석 결과에 따르면 원인 및 해결 책임성 귀인은 텔레비전 뉴스가 일화적 프레임을 통해 제시되는가 혹은 주제적 프레임을 통해 제시되는가에 의해, 또 뉴스 안에서 어떤 주제가 강조되는가에 의해 영향을 받는다는 것을 알 수 있다.

이 장에서는 프레임 효과 반응에서의 개인차(individual differences)와 이슈 전체를 관통하는 프레임 효과의 일반화 가능성(generalizability) 차이에 대해 검토한다. 결론적으로 말하면, 암시 감응성(suggestibility)에서의 개인차는 존재하고, 또 대부분의 시청자들은 이슈 전체에 걸쳐 뉴스 프레임 효과를 일반화하지는 못하는 것으로 밝혀졌다. 이를테면, 빈곤의 일화적 프레임이 실업에 대한 책임 귀인에 거의 영향을 미치지 않는다는 것이다.

프레임 민감도에서의 개인차

　이 부분의 연구에서는 오래된 개인의 성향적 특성(dispositional characteristics)이 지닌 네트워크 프레임 중재자로서의 역할에 대해 검토한다. 이 분석의 목적은 프레임 효과가 특정 귀인에 대한 "내재적(built-in)" 선호도 때문에 얼마나 제한받고, 또 얼마나 강화되는지 그 정도를 알아보는데 있다. 이를 위해 기본적인 세 범주의 성향적 특성이 고려대상으로 검토된다. 거기에는 당파성(partisanship), 정치적 개입 정도(level of political involvement), 그리고 다양한 사회적 및 인구통계학적 특성으로 구성된 나머지 하나의 범주가 포함된다.

　당파성은 중요하다. 그것은 그런 당파성에 초기 사회화(socialization)와 기본적인 문화적 가치관의 영향이 고스란히 담겨 있기 때문이다. 당파성과 프레임의 상호작용 분석은 당파성의 두 주요 지표, 즉 정당 일체감(party identification)과 진보-보수 성향에 의해 주로 영향을 받는다(부록C를 참조하라). 일반적으로 이 둘 모두는 인생 초기 단계에서 내면화되고 정치를 바라보는 시각에 중요한 여과장치(filters)의 역할을 하는 것으로 알려져 있다.[1] 7장과 8장에 제시된 이슈 한정적 의견과 전반적 의견에 대한 분석이 보여주듯, 민주당원과 공화당원, 진보층과 보수층의 의견 목록에는 일관된 차이가 존재한다. 따라서 당원들은 특정한 책임성 귀인을 포함하고 있는 "신념 체계(belief system)"를 내면화할 가능성이 상대적으로 더 높기 때문에 일반적으로 민주당원과 공화당원은 특정 뉴스 프레임에 대한 반응에서 차이를 보일 것이라고 예측되었다. 특히 공화당원이 민주당원에 비해 주제적 프레임에 더 저항적일 것이라고 예측되었다. 그것은 공화당의 정서 자체가 연구 대상인 표적 이슈에 대해 사회적 귀인보다는 개인적 귀인 혹은 처벌적 귀인에 더 비중을 두고 있기 때문이다. 보수층 역시 주제적 프레임에 덜 민감할 것으로 예측되었다. 그것은 사회적 귀인이 통상적으로 자신이 가지고 있는 평소 이념과 상호 배치되기 때문이다. 요약하면, 당파성은 뉴스 프레임에 의해 전달되는 모순적인 단서로부터 시청자를 보호할 것이라고 예측되었다.

정치 개입 정도 역시 뉴스 해석의 원천으로 잠재적 중요성을 지닌다. 정치에 깊게 개입하고 있는 사람들은 공적 이슈에 대해 더 많이 알고 있고, 보다 광범위하고 다양한 정보원에 접근할 수 있으며, 또 보다 심도 깊은 정치적 해석 능력을 가지고 있을 가능성이 컸다. 따라서 이들은 상대적으로 정치적 개입 정도가 덜한 사람들보다 텔레비전 뉴스 보도가 제공하는 대항적(countervailing) 맥락 단서에 직면해서도 자신이 부과하는 책임성 귀인, 그것이 사회적이든 개인적이든, 그것을 유지하는 데 더 확고할 것으로 예측되었다. 달리 말하면, 좀 더 정치 개입적인 시청자는 상대적으로 강한 뉴스 기사 반박 능력을 갖게 되는데, 그런 능력은 뉴스 프레임이 유발시키는 효과에 대해 일정 정도의 면역성을 만들어낼 것으로 예측되었다는 것이다.[2]

이 프레임 연구에는 정치적 개입의 여러 측면을 알아보는 다수의 질문들이 포함되었다. 그런 질문에는 정치 참여도(political participation), 정치적 관심(political interest), 식견(information), 그리고 텔레비전 뉴스를 시청하는 빈도 등이 포함되었다(부록C를 참조하라).

성향적 특성의 마지막 범주는 학력, 인종, 성, 결혼여부, 연령 등을 포함하는 사회경제적 요인으로 구성되었다. 일반적으로 이런 특성은 텔레비전 이용 행태와 상관관계가 있는 것으로 알려져 있다. 통상 저학력자, 소수자, 가정주부, 노인, 여성 등은 전반적으로는 텔레비전에, 구체적으로 텔레비전 뉴스에 더 의존적인 경향성이 있다고 여겨진다.[3] 따라서 이런 특성이 네트워크의 프레임 효과를 얼마나 강화시키는지 혹은 약화시키는지를 파악하는 것은 "실제 세계(real world)"에서의 프레임 효과 크기와 관련해 시사하는 바가 많다고 하겠다.

당파성, 정치 개입, 사회경제적 배경 등 이 세 유형의 성향적 특성이 미치는 영향은 빈곤, 범죄와 테러, 그리고 이란-콘트라 사건 이슈와 관련되어 분석되었다. 거기에서 범죄와 테러는 통합적으로 검토되었는데 그것은 원인 및 해결 귀인의 관련 범주가 내용적으로 동일했기 때문이다. 빈곤에 대한 두 실험도 이 분석을 위해 통합되었다.[4] 실업과 인종 불평등은 이 단계의 분석에서는 제외되었다. 그 이유는 실업의 경우 일화적 프레임 대 주제적 프레임의 차이가 너무나 미미했기 때문이고, 인종 불평등은 실험 설계가 일화적 프레임이 존재하지 않는 주제(인종 차별)를 포함하고 있었기 때문이다.

이들 세 분석을 위해 실험 조작은 단순화되었다. 빈곤과 범죄 및 테러의 경우, 실험 조작은 각각의 주제적 및 일화적 조건을 통합하는 것을 의미했다. 이란-콘트라 사건의 경우에서는 정치 프레임 조건을 정책 프레임 조건과 비교하는 것을 의미했다.

빈곤, 범죄, 테러

　빈곤, 범죄, 테러 귀인에 대한 성향적 특성의 영향은 표9.1에 요약되어 있다. 표의 항목들은 주제적 프레임에 대한 반응에서 사회적 귀인을 부과하는 집단의 상대적 경향성을 보여주는 평균적인 "조정된 책임성 점수(adjusted responsibility scores)"이다. 거기에서 양의 점수는 문제 집단이 주제적 기사에 노출된 후 책임을 사회적 요인으로 돌리는 경향성이 증가했다는 것을 의미한다. 예를 들면, 민주당원의 경우 빈곤 원인 귀인에 대한 .20이란 항목은 민주당원이 공화당원이나 무당층보다 빈곤에 대한 주제적 프레임 반응에서 사회적 귀인을 부과할 가능성이 상당히 컸다는 것을 의미한다.[5]

　당파성은 지금까지 원인과 해결 귀인 모두에 대해 가장 중요한 특성이었다. 실제로 빈곤, 범죄, 혹은 테러에 대한 사회적 책임성을 암시하는 뉴스 기사는 공화당원에 의해서는 무시되었고 민주당원에 의해서는 수용되었다. 범죄와 테러의 경우, 정치적 이념의 영향력은 정당 일체감의 영향력과 유사했다. 거기에서 진보층은 원인과 해결 책임성에 대한 귀인이 부과될 때 주제적 프레임에 더 반응적이었던 반면, 보수층은 해결 책임성에 대한 귀인이 부과될 때 주제적 프레임에 덜 반응적이 되었다. 따라서 네트워크의 영향력은 오래된 당파적 선호도에 의해 영향을 받았다고 할 수 있다.

표9.1 **프레임 효과의 개인차: 빈곤, 범죄, 테러**

	빈곤[a]		범죄/테러[b]	
	원인 책임성	해결 책임성	원인 책임성	해결 책임성
당파성				
민주당원	.20****	.12*		
공화당원	-.12****	-.17****	-.20***	-.33****
무당층				
진보층	.07*		.12*	.24****
보수층				-.21***
중도층				
정치 개입				
높은 참여				.21***
낮은 참여				-.09***
높은 관심	.13*			.11***
낮은 관심	-.05*			-.16***
높은 식견				.19**
낮은 식견				-.09**
빈번한 뉴스 시청자				
빈번치 않은 뉴스 시청자				
개인적 배경				
고학력				
저학력				
백인	-.03*			-.05***
비백인	.20*			.37***
남성				
여성				
연령 < 35			.20****	
연령 > 35			-.16****	

주: 표의 항목은 주제적 프레임 효과와 관련해 조정된 사회적 귀인의 평균치이다. 빈 항목은 집단 사이에 유의한 차이가 없었음을 나타낸다.

[a]수 = 330.

[b]수 = 194.

양측 t-검증에 의해 ****p < .01; ***p < .05; **p < .10; *p < .15 이었다; 예를 들면, 민주당원은 .01의 유의성 수준에서 공화당원이나 무당층과 차이를 보이고 있다.

당파성과 진보-보수 성향을 제외하면 개별차의 흔적은 미미했다. 다만 빈곤에 대한 정치 개입과 관련해 한 가지 차이가 존재했는데, 그것은 정치에 상대적으로 많은 관심을 가지고 있는 시청자의 경우, 원인 책임성이 부과될 때 주제적 프레임에 상대적으로 많은 영향을 받았다는 점이다. 범죄 및 테러와 관련해서는 하나의 좀 더 뚜렷한 유형이 등장했는데, 거기에서 정치에 대해 좀 더 관심이 많고, 식견이 있으며, 참여적인 시청자는 해결 책임성이 부과될 때 주제적 프레임에 더 반응적인 모습을 보였다. 이런 결과는 프레임 효과가 상대적으로 정치 개입도가 높은 사람들 사이에서 약화되기보다 오히려 더 강화되는 경향성을 보였다는 점에서 예측과는 정반대의 양상을 보였다고 할 수 있다.

개인적 배경 지표와 관련해서는 단지 몇 개의 개인차만이 존재했다. 학력과 성은 대체로 프레임 효과와 관련이 없었다. 하지만 이 두 검증 모두에서 비백인(nonwhites)의 해결 귀인은 주제적 프레임에 의해 상당히 큰 영향을 받았다. 한편, 범죄와 테러에 대한 주제적 프레임은 상대적으로 더 젊은 시청자의 원인 귀인에 더 큰 영향력을 행사했다.

이란-콘트라 사건

이란-콘트라 사건에 대한 개인차 분석 결과는 표9.2에 제시되어 있다. 표의 항목들은 그 사건의 정치 프레임에 노출된 후 대통령에게 책임을 상대적으로 더 많이 혹은 더 적게 부과했던 정도를 보여준다. 예를 들면, 민주당원에 대한 .29라는 항목은 민주당에 소속된 사람들이 대통령 개인의 대응 방식을 집중 조명한 뉴스 기사를 시청한 후에 대통령에 대해 더 많은 책임을 부과하게 되었다는 것을 의미한다. 이것은 공화당원이나 무당층 (independents)의 시청 후 반응과는 상당히 다른 반응이라 할 수 있다.

8장에 제시된 결과를 감안하면 이와 같이 네트워크의 프레임 효과가 시청자의 정당 일체감이나 정치적 성향에 의해 크게 영향을 받았다는 그리 놀라운 일은 아니다. 실제로 민주당원과 진보층은 대통령의 책임을 암시하는 뉴스 보도에 더 많은 영향을 받은 반면, 무당층과 보수층은 상대적으로 덜 영향을 받은 것으로 드러났다.[6] 또 레이건 대통령에게 늘 반대할 가능성이 가장 많을 것으로 예측되었던 시청자는 원인의 주체(causal agent)로 대통령에게 초점을 맞춘 뉴스 기사에 가장 민감하게 반응한 것으로 드러났다.

표9.2 프레임 효과의 개인차: 이란─콘트라 사건

당파성	
민주당원	.29**
공화당원	
무당층	-.17*
진보층	.50***
보수층	-.39***
중도층	
정치 개입	
높은 참여	-.12**
낮은 참여	.30**
높은 관심	
낮은 관심	
높은 식견	
낮은 식견	
빈번한 뉴스 시청자	-.10*
빈번치 않은 뉴스 시청자	.16*
개인적 배경	
고학력	
저학력	
백인	
비백인	
남성	
여성	
연령 < 35	
연령 > 35	
수	85

주: 표의 항목은 정치적 프레임 효과와 관련해 조정된 대통령 귀인 평균치이다. 빈 항목은 집단 사이에 유의한 차이가 없었음을 나타낸다.

양측 t─검증에 의해 ***p < .01; **p < .05; *p < .10 이었다.

한편, 정치 개입의 지표 가운데 참여성 지수와 텔레비전 뉴스를 시청하는 빈도 등 이 둘 모두는 프레임에 영향을 미치는 것으로 밝혀졌다. 이를테면, 정치 활동가와 뉴스를 더 자주 보는 시청자는 지배적인 정치 프레임에 상대적으로 영향을 덜 받았다. 하지만 시청자의 개인적 배경은 앞에서와 마찬가지로 프레임 민감도 차이에 별다른 영향력을 행사하지 않았다.

종합하면, 네트워크의 프레임 효과는 주로 오랜 당파적 성향에 의해 영향을 받았다. 민주당원과 진보층은 주제적 보도에 민감하게 반응한 반면, 공화당원과 보수층은 일화적 보도에 민감하게 반응했다. 마찬가지로 민주당원과 진보층은 이란-콘트라 사건의 정치적 프레임에 큰 영향을 받았다. 이런 차이는 귀인 과정에 대한 당파적 일관성의 중요성을 잘 보여준다. 다시 말해, 특정 책임성 귀인을 암시하는 뉴스 기사는 일단의 기존 정서와 선호도 속에서 해석되는데, 그런 암시들이 당파적 성향과 일치할 경우 프레임 효과는 상대적으로 강화되는 경향을 보이지만, 충돌할 경우에는 프레임 효과는 상대적으로 약화되는 경향을 보인다는 것이다.

네트워크 프레임 효과는 확산되는가?

지금까지의 분석은 개별적인 정책이나 개별적인 이슈 영역 안에서의 네트워크 프레임 효과에 대해서만 살펴보았다. 그러나 프레임 효과는 이슈를 가로지르며 확산되는 것도 가능하다. 예를 들면, 빈곤의 일화적 프레임은 실업이나 여타 경제 관련 이슈에 대한 사람들의 책임 부과 방식에 영향을 미칠 수 있다. 이런 누수(spillover) 효과를 알아보기 위해 2개의 실험이 설계되었다. 거기에서 먼저 주요한(primary) 이슈 표적과 부차적 (secondary) 이슈 표적 모두에 영향을 미칠 수 있는 프레임 조작이 이루어졌고, 그런 후 이 두 이슈에 대한 원인 및 해결 책임성 귀인의 측정치가 구해졌다. 이런 식의 실험 진행은 프레임 누수 효과와 관련된 두 가지 검증을 가능하게 해 준다. 하나는 주요 표적의 일화적 혹은 주제적 프레임이 부차적 표적에 대한 책임성 귀인에 얼마나 큰 영향을 미치는지를 검증하는 것이다. 그리고 다른 하나는 일화적 혹은 주제적 프레임이 시청자의 원인 및 해결 귀인에서 이슈 상호 간 일관성(consistency)에 얼마나 큰 영향을 미치는지를 검증하는 것이다.[7]

실험 1: 빈곤과 실업

빈곤과 실업 모두 경제적 안전과 관련된 이슈이기 때문에 사람들은 원인 및 해결 책임성 문제에 대해 유사하게 답변할 것이라고 가정되었다. 이를테면, 빈곤의 책임을 가난한 사람들에게 돌리는 사람들은 마찬가지로 실업에 대한 책임도 실직을 당한 당사자에게 돌리게 될 것이라는 것이다. 따라서 만약 두 이슈가 심리적으로 연결되어 있다면, 빈곤에 대한 주제적 프레임은 실업에 대한 사회적 책임성 귀인을 강화시킬 것이지만, 빈곤에 대한 일화적 프레임은 실업에 대한 개인적 책임성 귀인을 강화시키게 될 것이다.

하지만 결과는 주제적이든 혹은 일화적이든 빈곤에 대한 어떤 프레임도 사실상 사람들이 실업과 관련해 책임성을 부과하는 방향에 거의 영향을 미치지 않았다는 것을 보여준다(표9.3을 참조하라). 다만 원인 책임성 영역에서 하나의 유의미한 차이가 존재했는데, 그것은 주제적 조건에 배정된 참가자들이 성인 싱글맘 조건에 배정된 참가자들보다 실업의 사회적 원인에 대해 더 많이 언급했다는 사실이다(p < .10). 하지만 해결 책임성의 영역에서는 어떠한 유의미한 차이도 존재하지 않았다.

이런 실험 결과는 사람들이 무엇을 관련 정보로 여길 것인지와 관련해 상대적으로 엄격하다는 것을 시사해 준다. 그 결과 일화적이든 주제적이든 빈곤에 대한 그 어떤 프레임도 사실상 실업에 대한 책임성 귀인에 영향을 미치지 않았던 것이다. 따라서 프레임 효과는 일반화되지 않았다고 할 수 있다. 다시 말해, 빈곤과 관련해 프레임이 유발시켰던 시청자 귀인에서의 일련의 유의미한 차이가 실업과 관련해서는 사실상 재생산되지 않았다는 것이다.

이런 빈곤과 실업 사이의 누수 효과를 더 알아보기 위해 원인 및 해결 책임성 종합 지수 사이의 개별적 수준에서의 상관관계가 산정되었다. 그 값은 개별 응답자의 사회적 귀인 비율에서 개별 응답자의 개인적 귀인 비율을 차감해 얻었다. 빈곤과 실업에 대한 이들 순 책임성 지수 사이의 단순 상관관계(r)는 원인 귀인에서는 .22였고 해결 귀인에서는 .26이었다. 이런 결과는 실업과 빈곤 사이의 표면적인 유사성에도 불구하고 사람들이 이두 이슈에 대해 일관된 책임성을 부과하지 않았다는 것을 의미한다. 또 일화적이든 주제적이든 빈곤에 대한 그 어떤 프레임도 이슈 간 일관성(inter-issue consistency) 정도에 영향을 미치지 않은 것으로 드러났다. 이것은 책임성 귀인이 보편적이었다기보다는 이슈 한정적이었다는 것을 의미한다.

표9.3 **프레임 효과의 누수: 빈곤과 실업**

실업에 대한 책임성	조건					
	주제적 (1)	어린이 (2)	실직 노동자 (3)	노 미망인 (4)	성인 엄마 (5)	10대 엄마 (6)
개인적 원인 책임성	.36	.38	.40	.28	.33	.25
사회적 원인 책임성	.63*[5]	.54	.57	.56	.48	.56
개인적 해결 책임성	.24	.21	.22	.20	.13	.13
사회적 해결 책임성	.76	.74	.78	.80	.84	.86
피험자 수	49	43	38	39	49	26

주: 표의 항목은 평균 귀인치이다.
*표기된 조건과 양측 t–검증 시 유의성 수준 .10에서 차이를 보임.

실험 2: 범죄와 테러

실업과 빈곤을 상호 비교하는 실험에서는 두 이슈 중 오직 하나, 즉 빈곤만을 프레임 조작 대상으로 삼았다. 하지만 범죄와 테러에 대한 연구에서는 상보효과(reciprocal effects)를 알아보기 위해 두 표적 이슈 모두에 대해 프레임 조작이 이루어졌다. 따라서 만약 사람들이 범죄와 테러에 대해 유사한 책임성을 부과한다고 가정하면, 다시 말해 이 두 이슈 사이에 상보효과가 존재한다면, 각 이슈 내 일화적 혹은 주제적 보도에 의해 유발된 프레임 효과 역시 비록 작은 규모라 하더라도 나머지 이슈 안에 존재해야 한다. 예를 들면, 테러에 대한 주제적 프레임은 범죄에 대한 사회적 귀인을 강화시켜야 하고, 범죄에 대한 일화적 프레임은 테러에 대한 개인적 및 처벌적 귀인을 증가시켜야 한다는 것이다.

분석 결과 범죄와 테러 프레임 조작과 관련해서는 단 한 가지 경우에서만 유의미한 상보효과가 존재했다(표9.4). 거기에서 테러에 대한 주제적 프레임은 범죄와 관련해 상대적으로 매우 높은 사회적 해결 귀인을 유발했다. 즉, 주제적 프레임 조건에서의 사회적 귀인 정도는 .37이었던 반면 일화적 프레임 조건에서는 .21에 불과했던 것이다. 나머지 귀인 범주에서는 범죄에 대한 일화적 프레임과 주제적 프레임 사이의 차이는 테러에 대한 귀인에 어떠한 차이도 만들어내지 않았다. 그것은 반대의 경우에서도 마찬가지였다.

한편, 귀인의 전반적 이슈 간 일관성 수준을 보면, 두 이슈에 대한 원인 및 해결 책임성 지수 사이의 상관관계는 각각 .20과 .31이었다. 이런 상관관계의 크기는 개개인이 책임을 부과할 때 범죄와 테러를 매우 느슨하게 연관시켰다는 것을 시사해 준다. 그러나 빈곤-실업 실험 결과와 달리 프레임 조작이 귀인의 이슈 간 일관성 수준에는 영향을 미쳤다. 이를테면, 테러의 주제적 프레임은 원인과 해결 귀인 사이의 상호의존성을 상당히 강화시켰지만, 범죄의 주제적 프레임 역시 두 이슈 모두에 대해 해결 귀인 사이의 상호의존성을 상당히 강화시켰기 때문이다.[8] 따라서 이 분석의 결과는 일화적 프레임 조건 속의 시청자들은 범죄와 테러에 대한 책임성 귀인을 이슈별로 따로따로 유지시키려는 경향성이 있었던 반면, 주제적 프레임 조건 속의 시청자들은 이 두 이슈에 대한 책임성 귀인을 하나로 통합하려는 경향성이 있었다는 것을 시사해 준다.

표9.4 **프레임 효과의 누수: 범죄와 테러**

	테러 보도	
	일화적	주제적
범죄에 대한 원인 책임성		
개인적	.41	.42
사회적	.40	.41
처벌적	.17	.15
범죄에 대한 해결 책임성		
사회적	.21*	.37
처벌적	.49	.42
피험자 수:	48	36
	범죄 보도	
	일화적	주제적
테러에 대한 원인 책임성		
개인적	.36	.27
사회적	.45	.51
처벌적	.15	.10
테러에 대한 해결 책임성		
사회적	.30	.28
처벌적	.49	.51
피험자 수:	61	49

주: 표의 항목은 평균 귀인치이다.
*양측 t-검증에 의한 $p < .10$.

종합하면, 프레임 효과는 포괄적이기보다 이슈 한정적이라고 할 수 있다. 대체로 뉴스 프레임은 특정 이슈에 대한 책임성 귀인에는 영향을 미쳤지만 관련 이슈에까지는 영향을 미치지 않았다. 이 장에서 이루어진 비교가 상호 유사한 이슈를 대상으로 이루어졌다는 점을 감안하면, 누수 효과가 없다는 결과는 대단히 주목할 만하다고 할 수 있다. 그것은 만약 테러에 대한 뉴스 프레임이 범죄에 대한 귀인에 영향을 미치지 않는다고 한다면, 그 프레임이 인종 불평등이나 생활비와 같은 좀 더 거리가 있는 이슈의 귀인에 영향을 미칠 가능성은 거의 없다고 할 수 있기 때문이다.[9]

결론

개인차와 누수 효과에 대한 분석은 책임성 귀인에 변화를 줄 수 있는 네트워크의 영향력이 제한적이라는 것을 보여준다. 개개인의 당파성은 뉴스 프레임의 논지(suggestions)에 저항할 수 있는 중요한 원천으로 작용한다. 거기에서 뉴스 기사의 영향력은 뉴스가 전달하는 핵심 주장과 당파성이 제공하는 장기적(long-term) 단서 사이의 상응성(correspondence) 혹은 일치도(agreement) 정도에 따라 변화를 보인다. 한편, 수용자는 특정 뉴스 프레임의 의미를 그와 밀접하게 관련된 이슈들에 대한 책임성 귀인으로 일반화시키지 못하는데, 이런 수용자의 일반화 능력 부재는 네트워크 프레임의 정치적 영향력을 한 번 더 약화시키는 요인으로 작용한다.

맺음말

현대 정치의 본질적 복잡성에도 불구하고 평범한 사람들은 국가적 이슈의 원인을 어렵지 않게 파악하고 사회 문제에 대한 대응방안이나 해결책을 제시한다. 이슈에 대한 이런 원인이나 해결 책임성 귀인은 여론 형성에 결정적 요소로 작용한다. 본서에 제시된 연구 결과는 정책 선호도, 대통령 직무수행 평가, 공공기관에 대한 평가 등 이들 모두가 원인 및 해결 책임성 귀인에 의해 커다란 영향을 받는다는 것을 보여준다. 사람들은 귀인(attributions)과 또 그런 귀인이 생성시키는 정치적 의견(political opinions)을 통해 결과적으로 정치적 영향력(political control)을 행사하게 되는데, 그런 힘은 사람들이 사실에 대한 정확한 지식(factual knowledge), 즉 식견이 부족할 때에도 마찬가지로 행사된다.[1]

프레임 실험에 참여한 개별 응답자들은 이슈에 따라 개인이나 사회, 혹은 여타 요인에 대해 부과하는 책임과 관련해 낮은 일관성을 보여주었다. 이런 결과는 사람들이 정치적 책임성과 관련해 포괄적인 틀(overarching schema)을 적용하기보다는 정치적 이슈를 하나씩(one by one) 따로따로 생각하는 경향이 있다는 것을 시사해 준다. 다시 말해, 정치적 사고는 "영역 한정적(domain specific)"이라는 것이다.[2] 따라서 본 연구의 실험 결과는 정치적 믿음 체계가 확장적(expansive)이기보다는 제한적(constricted)이고, 특정 "이슈 공중(issue public)"에 속하는 사람들은 서로 다른 전반적 의견 목록(opinion profiles)을 갖는 경향성이 있다는 점을 밝힌, 이제는 고전이 된 컨버스(Converse)와 레인(Lane)의 연구 결과를 확인시켜준다.[3] 컨버스가 지적하듯,

> 따라서 대중의 정치적 신념 체계의 실제 모습은 이슈나 정책적 요구가 완전히 제거된 모습도 아니고 또 포괄적인 이념적 일관성이 존재하는 그런 모습도 아니다. 그것은 오히려 어느 정도의 일관성을 가지고 이런 이슈나 정책적 요구의 파편과 부분, 그리고 차이를 포착하고 있는 그런 모습이다.[4]

학자들에게 불만족스런 이 결과에 따르면 포괄적인 의견 단서(global opinion cues)라는 것은 이론적으로는 경제적이지만 이슈 한정적 의견(issue-specific opinions)의 예보자(predictors)로서는 제대로 기능하지 못하는 반면, 보다 특정한 단서는 비록 경제성의 측면에서는 떨어지지만 이슈 한정적 의견 설명에 매우 강력한 수단을 제공한다는 것을 알 수 있다.

현실에서의 책임성 귀인은 사실상 포괄적 귀인과 특정 귀인이라는 양 극단 사이의 중간 지점에서 이루어지는 것으로 볼 수 있다. 그런 귀인은 정치

적 이슈의 복잡성을 원인(causation)과 해결(treatment)이라는 쌍둥이 개념으로 단순화시킨다. 그리고 이를 통해 사람들로 하여금 국가적 정치 차원에서 발생하는 일련의 사건, 정책, 기관, 집단, 저명인사들을 체계적으로 이해할 수 있게 해준다.

앞에서 살펴보았듯이 텔레비전 뉴스 프레임은 정치적 책임성 귀인 형성에 중요한 역할을 하지만 서로 다른 두 프레임의 영향력은 검토된 이슈 영역에 따라 차이를 보였다. 이를테면, 빈곤이나 테러와 같이 일화적 뉴스 프레임이 지배적인 이슈 영역에서의 일화적 프레임은 뉴스 기사의 특정 주제(subject matter)와 상관없이 개인적 귀인을 유발시키는 경향성을 보여주었다. 하지만 일화적 프레임이 마찬가지로 지배적이었던 범죄에서의 일화적 프레임은 귀인에 미치는 영향력에 있어 다루어지는 특정 주제와 비교해 부차적인 지위를 차지했다. 즉, 불법 마약을 다룬 기사는 프레임과 상관없이 개인적 원인 귀인을 유발할 가능성이 상대적으로 높았지만, 백인 범죄를 다룬 기사는 프레임과 상관없이 사회적 원인 귀인을 유발할 가능성이 상대적으로 높았다는 것이다.

다수의 주제적 프레임을 포함하고 있었던 두 이슈-실업과 인종 불평등-에서도 이들 두 뉴스 프레임의 효과는 마찬가지로 엇갈렸다. 실업의 경우 사회적 귀인이 지배적이었는데, 그것은 이슈가 일화적으로 프레임될 때에도 마찬가지였다. 따라서 이 이슈에 대한 프레임 효과는 없었다고 할 수 있다. 반면, 인종 불평등의 경우 프레임 효과와 뉴스 초점이 되는 주제 모두가 귀인에 영향을 미쳤다. 이를테면, 흑인 빈곤에 대한 일화적 프레임은 주제적 프레임에 비해 상대적으로 매우 높은 빈도의 개인적 귀인을 촉발시켰지만, 소수자 우대정책에 대한 보도는 그것이 일화적인지 혹은 주제적인지와 상관없이 주로 사회적 귀인을 촉발시켰다.

마지막으로, 이란-콘트라 사건을 분석하기 위해 성격이 다른 두 프레임 즉, 정치적 프레임(political frame)과 정책적 프레임(policy frame)이 활용된 실험 분석이 이루어졌다. 그 결과 이 두 프레임 모두 귀인에 영향을 미치는 것으로 밝혀졌다. 거기에서 정치 프레임은 이란 무기 판매 결정 과정에서 대통령의 불명확한 역할을 둘러싸고 진행된 비판과 논란에 초점을 맞추었는데, 그것은 결국 대통령 책임성 귀인을 상승시키는 역할을 했다. 반면, 무기 판매를 미 외교 정책의 한 수단으로 묘사한 정책적 프레임은 상대적으로 맥락적, 비대통령적(nonpresidential) 귀인을 유발하는 데 기여했다.

이런 미디어 프레임 효과 존재에 대한 심리학적 설명을 제시하기 전에 먼저 본 실험 결과가 가지고 있는 한계와 관련해 약간의 설명을 덧붙이는 것이 순서일 것 같다. 첫째, 각각의 실험은 모두 두 시간 범위 내에서 수행되었다는 점이다. 따라서 특정 뉴스 프레임에 대한 반복적 노출 효과나 그런 프레임 효과가 약화되는 속도와 관련해서는 어떠한 결론도 도출되어서는 안 된다.[5] 하지만 그런 프레임 효과가 비록 일시적인 것이라 하더라도, 그것은 국민 여론과 행동에 의존하는 정치 결과에는 심대한 영향을 미칠 수 있다는 점은 지적될 필요가 있겠다.

둘째, 실험 조작은 오직 텔레비전 뉴스만을 대상으로 이루어졌다는 점이다. 인쇄 미디어 속성상 주제적 프레임이 다수를 차지할 수 있는데, 그렇게 보면 텔레비전 뉴스보다 신문이나 잡지 뉴스에 주제적 프레임이 상대적으로 많을 가능성이 크다고 하겠다. 따라서 만약 실험에 참가한 사람들이 다양한 이슈와 관련해 텔레비전 뉴스뿐만 아니라 신문 보도도 접했다고 한다면 네트워크 뉴스에 지배적인 일화적 프레임의 영향력은 경감될 수도 있었을 것이다. 그리고 이것은 현실에서는 어느 정도 일어날 가능성이 있다고 하겠다.

따라서 실험에 소요된 짧은 시간과 여타 뉴스 정보원에 노출되지 않았다는 사실, 이 두 한계는 미디어 프레임 효과에 대한 연구 결과가 과대평가될 수도 혹은 과소평가될 수도 있다는 것을 시사해 준다. 이와 함께 프레임 효과가 노출 직후에 측정될 경우 과장된다는 주장이 있을 수 있다. 하지만 이와는 반대로 단 하나의 2분짜리 뉴스 기사라는 것은 평생에 걸친 정치 사회화(political socialization)라는 맥락에서 보면 너무나 미미한 자극에 불과하다는 주장 또한 사실이다. 따라서 이런 관점에서 본다면, 어쨌든 프레임 효과가 발견되었다는 것 자체가 어쩌면 주목할 만한 일이라고 할 수 있다.

게다가 본 연구에서 대상으로 삼은 모든 표적 이슈는 최근의 미국 역사에 "영속적인(perennial)" 지위를 획득했거나, 그렇지 않으면 이란-콘트라 사건의 경우에서처럼 정치에 가장 무관심한 미국인이라 하더라도 관심을 갖지 않을 수 없는 이슈였다. 요컨대, 이들 실험 결과는 모두 매우 눈에 두드러진 이슈들로부터 도출되었다는 것이다. 이렇게 눈에 두드러지는 표적 이슈를 일관되게 사용한 것은 프레임 효과를 특별히 엄격하게 검증하기 위해서이다. 그것은 사람들이 상대적으로 덜 익숙한 이슈보다 이렇게 익숙한 이슈에 대해 더 독립적인 책임성 귀인을 형성할 것으로 여겨지기 때문이다. 따라서 이슈가 매우 친숙할 경우 사람들이 프레임 효과에 덜 영향을 받게 될 것이고, 그것은 결국 프레임 효과를 엄격하게 검증하는 데 기여하게 될 것이라고 가정하는 것은 합리적인 추론이라 하겠다.

미디어 효과의 심리학

성향적 영향 대 맥락적 영향

네트워크의 프레임 효과는 심리적 맥락 안에서 발생한다. 또 문화적 규범, 당파성, 개인의 성격적 특성, 그리고 여타의 오랜 성향적(dispositional) 요인들 역시 책임성 귀인에 영향을 미친다. 그리고 이런 정치적 성향은 네트워크 프레임 효과와 상호작용한다. 이를테면, 9장에서 살펴보았듯이 일화적 프레임은 범죄, 테러, 인종 불평등, 빈곤의 개인적 귀인을 유발시키는 데 있어서 민주당원이나 진보층보다 공화당원이나 보수층에게 더 큰 영향력을 행사한다. 전반적으로 보면, 일화적 또는 주제적 프레임과 시청자의 개인적 성향이 암시하는 귀인들 사이의 편차가 크면 클수록 뉴스의 영향력은 상대적으로 약화되고, 반대로 작으면 작을수록 뉴스의 영향력은 상대적으로 강화된다고 할 수 있다.

하지만 프레임 효과는 이런 오래된 개인적 성향의 영향에도 불구하고 항상 발생한다. 그렇다면 이런 연구 결과는 문화적 규범과 정치적 가치관이 책임성 귀인에서 가장 중요한 요인으로 작용한다는 기존의 주장에 의문을 제기하는 것으로 볼 수 있다. 그것은 귀인 과정이 뉴스 보도의 지배적인 논조에 의해서도 동시에 영향을 받는 대단히 상황 제한적인 과정임을 본서에 제시된 연구 결과가 시사해 주고 있기 때문이다. 예를 들면, 개인주의나 노동관과 같은 핵심적 가치관은 사람들로 하여금 빈곤이나 인종 불평등과 같은 이슈에 대해 정부 정책이나 사회적 상황보다 각각의 개인들에게 더 많은 책임을 지우도록 유도하기도 하지만, 이들 이슈의 주제적 뉴스 프레임에 대한 노출 역시 그 자체로 앞의 성향적 요인보다 더 큰 영향을 미칠 수도 있고 또 미치기도 하기 때문이다.[6] 좀 더 일반적으로 말하면, 네트워크의 프레임 효과 발생은 인간 판단에 내재된 상황적 성격(circumstantial nature)을 다시 한 번 확인시켜 주고 있다고 하겠다. 이런 점에서 정치적 이슈에 대한 사람들의 책임성 귀인은 의미 있는 단기적 유동성(short-term flux)을 보여준다. 그리고 그런 유동성은 일상적인 정보 흐름 속에서 주제적 뉴스 프레임과 일화적 뉴스 프레임이 어떻게 구체적으로 결합되는가에 따라 영향을 받는다. 따라서 여론 및 정치적 행위와 관련해 고정된 개인적 영향 요인 – 가장 뚜렷하게는 당파성, 정치적 이념, 성격적 특성 – 에 독점적 지위를 부여하고 있는 전통적인 "성향적" 설명은 뉴스 프레임과 같은 맥락적(contextual) 요인이 포함되도록 수정될 필요가 있다고 하겠다.

접근성 편향

"접근성 편향(accessibility bias)" 주장은 텔레비전 뉴스의 영향력은 정보를 기억으로부터 "접근 가능(accessible)"하도록, 즉 복구할(retrievable) 수 있도록 만드는 힘으로부터 생겨난다는 것이다. 일반적으로 그 이론의 요지는 다음과 같다. 먼저 기억으로부터 좀 더 쉽게 복구될 수 있는 정보가 사람들의 판단이나 의견, 의사결정에 지배적 요인으로 작용하게 된다. 그리고 공적 사안의 경우 주로 미디어에 정보를 의존하게 되는데, 거기에서 좀 더 쉽게 접근할 수 정보라는 것은 미디어에 의해 상대적으로 자주 전달되는 정보이거나 혹은 최근에 전달되는 정보라는 것이다.

물론 어떤 사람에 대한 인상을 형성할 때, 또 물건을 구입하거나 여러 정치 후보자, 다양한 휴가 여행지, 여러 일자리 제안 중 하나를 선택해야 될 때 사람들은 매우 다양한 요인과 기준을 고려사항에 포함시킨다. 이런 선택적 상황과 관련해 접근성 편향은 사람들이 장기 기억(long-term memory)으로부터 적은 양의 정보 표본만을 복구시키는 경향이 있다고 가정한다. 다시 말해, 사람들은 관련된 정보 모두를 하나하나 찾기 위해 기억 전체를 샅샅이 뒤지기보다 보다 편리하게 "찾아낼(located)" 수 있는, 즉 접근성 있는 정보를 선택한다는 것이다.

특정 정보나 고려사항에 대한 접근성을 결정하는 기억 구조 및 과정과 관련해서는 상호 경쟁하고 있는 몇몇 설명이 존재한다. 예를 들면, 와이어(Wyer)와 쉬럴(Srull)은 다양한 목록의 정보는 일련의 "지시대상 함(referent bins)" - 특정 정치인, 이슈, 사건, 혹은 집단에 대한 주제 정보(subject matter information)를 담고 있는 저장소 - 에 범주화되어 저장되어 있다는 장기기억 모델을 주장한다. 하지만 와이어와 쉬럴 모델에 비판적인 가설은 좀 더 자주(혹은 최근에) 사용된 정보 목록은 관련 저장소의 맨 상층부에 축적되고 따라서 사람들이 적절한 저장소를 찾을 때 그런 목록을 가장 먼저 접하게 된다고 주장한다.[7]

보다 접근성 있는 정보에 의존한다는 것은 이미 널리 알려진 인간의 단순화 성향을 보여주는 하나의 구체적 사례라고 할 수 있다. "적정만족추구(satisficing)"에 대한 사이먼(Simon)의 선구적인 연구에서부터 트버스키(Tversky)와 카네만(Kaneman)의 "인지적 어림법(cognitive heuristics)"에 이르기까지 판단과 의사결정에 대한 심리학적 연구의 공통분모는 의사결정이나 선택 문제에 대한 엄격하고 체계적인 접근방식보다는 직관적이고 편의적인 접근방식이 지배적인 지위를 차지해 왔다는 점이다. 사람들은 가능하면 힘을 덜 들이고 간단하게 적용할 수 있는 전략을 찾는다. 또 최적의 전략보다는 수용 가능한 전략에 만족한다. 이런 일반적 경향성에 대해 슬로비치(Slovic)와 그의 동료들은 다음처럼 설명했다.

> 사람들은 스스로의 가치 판단을 포함, 다양한 문제를 머릿속에 떠오르는 것(what comes to mind)을 통해 해결한다. 그런 추론 과정이 상세하고(detailed), 엄격하며(exacting), 창의적(creative)이 되면 될수록 사람들은 그 문제와 관련해 자신이 아는 모든 것을 고려할 가능성은 더 커진다. 반면 그 과정이 간단하면 할수록 다양한 고려사항 중 상대적 접근성(relative accessibility)에 의해 영향 받을 가능성은 더 커진다.[8]

이런 단순화 전략은 사람들이 사실상 상세하고, 엄격하며, 창의적이 될 가능성이 거의 없는 정치의 영역에서도 마찬가지로 예상될 수 있다.

접근성 편향은 사회심리학자의 실험을 통해 충분히 입증되어 왔다. 이런 연구들은 통상적으로 태도를 드러내거나 의사결정을 하는 동안 사람들이 염두에 두는 다양한 고려사항 중 어느 것에 더 비중을 두는지를 측정한다. 연구 결과 다양한 실험 방법을 통해 상대적으로 접근성이 좋도록 조작한 고려사항은 객관적 관점에서 볼 때 똑같이 관련되어 있지만 특정한 실험 맥락 속에서 상대적으로 접근성이 떨어지도록 조작한 여타의 경쟁적 고려사항과 비교해 태도와 의사결정에 훨씬 더 커다란 영향을 미치는 것으로 밝혀졌다.[9]

이런 접근성에 따른 차등 가중치 원리를 잘 보여주는 유명한 사례에는 죽음의 원인으로 화재나 교통사고와 같은 선정적 사건의 중요성은 과대평가되고 심장병이나 뇌졸중과 같은 "조용한(quiet)" 위험의 중요성은 과소평가되는 경향성이 포함된다.[10] 이와 동일한 결과가 인간 상호간 인상과 관련해서도 나타났다. 즉, 사람들은 친구나 동료를 순간적으로 눈에 띄는 특성이나 특징을 통해 평가한다는 것이다.[11] 사회심리학자들은 또 정보와 마찬가지로 태도도 접근성이 더 용이할 수도 혹은 덜 용이할 수도 있는데, 접근이 더 용이한 태도일수록 태도와 행위 사이의 일관성 정도가 더 높아진다는 것을 밝혀주었다.[12]

사람들이 정보를 주로 미디어에 의존해야 하는 정치 영역의 경우, 뉴스 보도의 형식은 접근성을 결정하는 중요한 요인으로 작용한다. 통상 사람들이 공적 사안에 대해 생각할 때 머릿속에 떠올리는 것은 텔레비전 화면 위를 스쳐 지나가는 이미지와 정보다. 물론 접근성은 당파성, 사회경제적 지위, 문화적 가치관, 종교적 배경 혹은 특정 태도의 강도(intensity)와 같은 개인적 특성에 의해서도 결정된다. 예를 들면, 일부 사람들은 빈곤에 대한 책임을 물을 때 아무리 미디어가 그 이슈를 일화적 관점에서 압도적으로 프레임한다고 해도 현재의 경제 상황에 대한 정보를 습관적으로 찾아내려고 할 것이기 때문이다.

　본 연구의 주제인 프레임 효과 이외에도 정치학자들은 여론과 관련된 접근성의 세 주요한 발현 형태를 발견했다. 그것은 선거운동에서의 의제설정(agenda-setting) 효과와 점화(priming) 효과, 그리고 "밴드왜건(bandwagon)" 효과이다. 이미 널리 알려져 있듯이 "의제설정" 효과란 사람들이 국가가 직면한 중요한 문제가 무엇인지 말하라는 질문을 받을 때 주로 "뉴스에 등장하는" 이슈를 언급하는 경향성을 말한다. 그런 의제설정 효과는 모든 형태의 매스미디어 보도에서, 또 뉴스 보도의 양을 물리적으로 조작한 실험 연구에서, 그리고 뉴스 보도와 이슈 현저성(issue salience)을 시기별로 추적한 설문조사 분석 연구에서도 발견되었다. 이런 연구에서는 "국가가 직면한 가장 중요한 문제들"을 응답자가 직접 지목하는 개방형 질문과 특정 이슈의 중요성에 순위를 매기는 폐쇄형 질문 모두가 사용되었는데, 거기에서 이런 의제설정 효과는 "문제"가 지역적인(local) 경우에도, 또 국가적인(national) 경우에도 마찬가지로 발견되었다. 이들 문제 영역 모두에서 사람들은 항상 국가가 처한 가장 중요한 문제로 최근 대규모로 보도

된 이슈나 사건을 언급한다는 것을 연구 결과는 보여주었다.[13]

소위 "점화 효과"란 사람들이 정치 지도자를 평가할 때 뉴스 프로그램이 그런 정치 지도자의 평가 기준(criteria)에 미치는 영향력을 말한다. 특히 연구자들은 어떤 이슈가 국가적인 차원에서 더 중요하게 보도되면 될수록 정치적 판단을 내릴 때 그 이슈에 부여되는 비중이 더 커진다는 것을 발견했다. 따라서 의제설정 효과가 국가적 이슈의 중요성 인식에 미치는 뉴스 보도의 영향력을 말한다면, 점화 효과는 정치적 판단에서 특정 이슈에 부여되는 중요성에 미치는 뉴스 보도의 영향력을 말한다고 할 수 있다. 예를 들어 사람들이 레이건 정부 하에서 늘어난 국방 예산에 대한 뉴스 기사를 시청했다고 하자. 그러면 이들은 국가의 중요한 이슈로 무기 경쟁을 언급할 가능성은 더 커진다. 뿐만 아니라 이들은 또 레이건 대통령에 대한 전반적인 직무수행을 평가할 때 무기 제한에 대한 레이건 대통령의 직무수행 평가를 더 중요한 평가 기준으로 삼을 가능성도 커진다는 것이다.[14]

점화 효과는 대통령과 의원(congressmen) 평가와 관련된 다양한 실험을 통해 입증되었다. 이들 실험에서 대통령과 의원들은 광범위한 이슈 영역에 걸쳐 정치적 성과를 다룬 뉴스 보도와 함께 정치적 실패를 다룬 뉴스 보도에 의해서도 평가되었다. 점화 효과는 또 정치 지도자의 능력(competence)과 청렴도(integrity) 평가에서도 발견되었다.[15] 그리고 국민 설문조사에서도 마찬가지로 유의미한 점화 효과가 발견되었다. 예를 들면, 최근 연구에서 크로스닉(Krosnick)과 킨더(Kinder)는 이란에 대한 무기 판매 자금이 반군 지원을 위해 사용되었다는 폭로 직후, 미국의 중미(Central

America) 개입에 대한 미국인들의 여론이 레이건 대통령 지지율 결정요인 으로 두 배나 크게 영향력을 발휘했다는 사실을 발견했다.[16]

　미디어 효과 연구와 관련된 접근성 편향의 마지막 사례는 계기적 현상, 즉 선거운동의 "밴드왜건" 현상과 관련되어 있다. 최근 연구들은 미 대통령 후보 당선과 탈락 과정에서 발생하는 "경마(horse race)"식 보도의 효과에 초점을 맞추어 왔다. 선거의 단골메뉴가 되어버린 이런 뉴스 기사들은 후 보자의 정책적 입장이나 개인적 자질보다 후보자의 당선 가능성 – 여론조 사 순위, 대의원 수, 선거 자금 모집 현황 및 선거 관련 지표 – 을 더 상세하 게 보도한다.[17]

　접근성 편향은 그런 보도가 국민들로 하여금 후보에 대해 생각할 때 선 거에서 생존할 가능성의 관점에서 생각하도록 유도하고, 결과적으로 밴드 왜건 효과를 유발시킬 수 있는 잠재력을 갖게 된다는 것을 시사해 준다. 예 를 들면, 바텔스(Bartels)는 1984년 뉴햄프셔 예비선거 후 게리 하트(Gary Hart)에 대해 들어본 적이 있는 민주당원을 대상으로 인터뷰했는데, 사실상 이들 민주당원 모두가 하트의 후보 지명 가능성에 대해서는 의견을 피력했 지만 그날 주요 선거 이슈였던 사회보장 프로그램에 대한 연방 예산 감축 과 관련된 하트의 입장에 대해서는 매우 소수만이 의견을 피력할 수 있었 다고 지적한다.[18] 확실히 당선 가능성이 주요한 공적 이슈에 대한 입장보다 게리 하트의 후보 자격에서 더 가시적인 특징이 되었던 것이다. 물론 후보 자의 상대적 당선 가능성에 대한 인식은 유권자의 선호도에 의해 크게 영 향을 받는다. 실제로 유권자는 자신이 좋아하는 후보의 당선 가능성에 대해 희망적인 전망을 하고 그것을 과대평가하는 경향이 있다.[19] 그럼에도 불구하고 연구자들은 경마식 보도가 당선 가능성에 대한 인식을 변화시키고, 이를 통해 간접적으로 투표 선호도에 영향을 미치며, 결국은 전망이 가장 밝은 후보에게 강력한 우호적 동력을 부여하는 역할을 하게 된다는 것을 발견했다.[20]

프레임 효과 역시 접근성 편향의 관점에서 이해될 수 있다. 그것은 일화적 보도가 특정 개인의 특정 행위나 성격적 특성을 상대적으로 더 접근 가능하도록 하는 반면, 주제적 보도는 정치적 이슈를 둘러싼 사회적 혹은 정치적 상황에 더 접근 가능하도록 유도하기 때문이다. 또 2장에 제시된 바와 같이 프레임 효과에 대한 설문조사 분석 결과는 질문 형식(question format)이나 어구 선택(wording)에 의해서도 접근성이 영향을 받을 수 있다는 것을 보여준다. 예컨대, 사람들은 먼저 다양한 공직자의 정체성이나 활동과 관련해 일련의 어려운 사실 관련 질문을 받고 난 이후에 자신의 정치 관심도에 대한 질문을 받으면 자기 자신을 정치에 무관심한 사람이라고 밝히는 경향이 있다. 반면, 그런 어려운 사실 관련 질문을 받기 전에 자신이 얼마나 정치에 관심이 있는지와 관련해 질문을 받게 되면 자신을 상당히 정치에 관심이 있는 사람으로 묘사하는 경향성을 보인다.[21] 마찬가지로 "복지 수혜자(people on welfare)"란 말로 이들 복지 수혜자에 대한 태도를 알아보기 위해 질문을 하게 되면 "낭비(waste)"나 "퍼주기(handout)"와 같은 개념을 좀 더 접근 가능하도록 만들 수 있지만 "가난한 사람들(poor people)"이란 말로 질문을 하게 되면 "필요성(need)"이나 "고통(suffering)"이란 개념을 활성화시킬 수도 있다. 따라서 설문조사지(survey questionnaire)의 용어 자

체도 서로 다른 개념적 틀에 대한 접근성을 유도함으로써 책임성 귀인에 영향을 미친다고 할 수 있다.[22]

　이런 다양한 접근성 사례들은 "사람들의 머릿속에 있는 그림들(pictures in peoples' heads)"이 정치적 선택을 결정한다는 월터 리프만(Walter Lippmann)의 유명한 언급을 입증해 준다. 그럼에도 불구하고 계몽된 시민 의식을 행사하기 위해서는 반드시 그런 공적 사안의 복잡성은 해결될 필요가 있다. 그 과정에서 이런 "그림들"은 확실히 편리한 수단이 된다. 그렇다면 자신의 머릿속 그림 - 뉴스 보도에 의해 머릿속에 심어진 그림 - 에 따라 행동하는 유권자와 완벽한 정보를 가지고 "상세하고, 엄격하며, 창의적인" 선택 과정을 거친 유권자, 이 둘 모두는 과연 동일한 정치적 결론에 도달하게 되는가, 불가피하게 이 문제가 등장하게 된다.

　한 가지 가능성은 미디어에 의해 유인된 접근성 효과가 사람들을 자신의 직접적인 관심사와 필요로부터 벗어나게 할 것이라는 점이다. 다시 말해, 텔레비전 뉴스 보도가 국가적 이슈나 사건에 관심을 집중시킨다는 것은 그런 보도가 없을 때보다 유권자가 국가적 이슈에 더 많은 관심을 보일 수 있다는 것을 의미한다는 것이다. 이것은 유권자의 결정이 직접적인 개인적 상황보다 국가적 상황에 대한 인식에 의해 더 많은 영향을 받는다는 놀라운 현상(소위 "소시오트로픽(sociotropic)" 투표 현상)을 설명해 주기도 한다. 예를 들면, 킨더(Kinder)와 큐이(Kiewiet)(1979)는 유권자가 정치 후보를 평가할 때 자신의 개인적인 경제적 상황에 대한 평가보다 국가 경제 상황에 대한 평가를 더 중요하게 여긴다는 것을 발견했다.[23]

어쩌면 투표 결정 과정에서 국가적 이슈에 대한 접근성을 강화시키고 개인적 문제의 영향을 약화시키는 미디어의 그러한 경향성은 민주적 과정을 강화시키는 데 기여할 수 있을지도 모른다. 물론 거기에는 국가적 이슈에 대한 미디어의 관심으로부터 비롯되는 그런 모든 사회적 혜택이 어떤 이슈가 보도될 것인가에 대한 특정 이슈 선택 과정에서의 편향성에 의해 경감되는 한계가 있는 것도 사실이다. 하지만 가장 큰 문제는 미디어의 뉴스 의제가 정치 지도자와 "참모들(handlers)"에 의해 크게 영향을 받는다는 점이다. 예를 들어, 1988년 대선 당시 윌리 호튼(Willie Horton)과 듀카키스(Dukakis) 주지사의 탱크 안에서의 운전 행위가 네트워크의 큰 주목을 받았는데, 네트워크의 그런 관심은 부시 선거운동 본부의 "미디어 관리(media management)" 전략이 없었다면 사실상 불가능했다고 할 수 있다.[24] 좀 더 일반적으로 말하면 페트로칙(Petrocik)이 지적하듯 정당은 이슈보다는 선거 홍보를 더 선호하는데, 그것은 역사적으로 그런 홍보 전략이 자당 후보에게 더 많은 혜택을 주었기 때문이다.[25] 민주당과 공화당은 따라서 선거 홍보에 넣고자 하는 이슈에서 큰 차이를 보인다.

선거 홍보 담당자들과 이를 의뢰한 후보 진영은 뉴스 보도에 특정한 이슈를 부각시키기를 원한다. 뿐만 아니라 텔레비전 뉴스 역시 "주도적인(leading)" 신문사를 모방하려는 조직 규범과 높은 시청률 확보의 필요성과 같은 상업적 원칙 등 다양한 형태로 편집적 압박을 받는다.[26] 따라서 텔레비전 뉴스 보도와 정치적 "현실(reality)" 사이의 상응성은 항상 느슨할 수밖에 없다.[27] 결국 유권자는 뉴스 제작자와 이들의 당파적 편향성, 즉 언론사 내부의 역학관계에 의해 결정되는 판단의 길로 안내된다. 그런 뉴스 가치

의 편집상 판단에 영향을 미치는 잠재적 편향성 이외에도 텔레비전 뉴스에
지배적인 일화적 프레임은 그 자체로 민주적 과정에 대한 심각한 왜곡의
근원으로 작용한다. 이어지는 논의에서는 이런 저널리즘의 관행이 정치에
대한 국민의 이해에 어떤 의미를 갖는지 살펴보기로 한다.

일화적 프레임의 정치적 의미

　미디어 프레임 효과의 가장 두드러진 특징은 뚜렷한 한정성(specificity)
이다. 실험을 통해 프레임 효과가 관련 이슈로 전이되는 사례는 단 한 번 발
견되었는데 그것은 범죄와 테러의 상관관계 속에서였다. 거기에서 테러를
일화적으로 다룬 보도를 시청한 사람들은 범죄와 관련해 좀 더 적은 사회
적 귀인을 유발시켰다(물론 많은 사람들에게 테러는 단지 "범죄"의 한 특정 발현 형
태일 수 있다). 이를 제외하면 여타의 이슈 영역에서는 프레임 효과가 사실
상 일반화되지 않았다. 이런 결과는 이미 충분히 증명된 평범한 사람들의
포괄적, "이념적(ideological)" 추론 부재의 또 하나의 증거라고 할 수 있다.[28]

　미국인들이 이슈 간 상호연관성을 파악하지 못하는 것은 어쩌면 일화적
뉴스 보도의 부작용일 수 있다. 사람들은 대체로 빈곤이나 인종 불평등, 마
약 복용 및 범죄와 같은 사회적 문제가 원인과 해법의 측면에서 상호 연관
되어 있다는 사실에는 동의할 것이다. 그럼에도 불구하고 텔레비전은 이
렇게 반복되는 정치 문제를 일반적으로 별개의 사건이나 사례처럼 묘사한
다. 이런 경향성은 "큰 그림(big picture)"을 흐릿하게 만들고 일반화 과정을

방해하는 역할을 할 수 있다. 9장에 제시된 결과에는 이슈 간 귀인 일관성에 영향을 미치는 단 3개의 프레임 사례만이 포함되었다. 그럼에도 불구하고 이들 모두가 주제적 프레임과 비교해 일화적 프레임에서 상대적으로 약한 일관성을 보여주었다는 것은 흥미로운 일이다. 요컨대 범죄나 테러에 대한 일화적 프레임은 범죄와 테러에 대한 귀인 사이의 관련성을 약화시킨다는 것이다. 요약하면, 텔레비전 뉴스는 정치적 추론의 영역 한정성(domain specificity)에 영향을 미칠 수 있다. 그 결과 네트워크의 지배적인 일화적 뉴스 프레임과 마찬가지로 정치 문제에 대한 미국인들의 관점 역시 추상적이기보다는 구체적이고 일반적이기보다는 한정적인 성향을 띠게 된다.

복잡한 이슈를 일화적 증거(anecdotal evidence)로 단순화시킴으로써 텔레비전 뉴스는 시청자를 이슈 한정적 책임성 귀인으로 유도한다. 그리고 이런 귀인은 사회나 정부를 책임으로부터 보호하는 역할을 한다. 예를 들면, 일화적 프레임에 노출된 미국인들은 빈곤이나 범죄와 같은 고질적인 문제를 뿌리 깊은 사회적 혹은 경제적 조건의 측면에서 설명하기보다 개인의 특수한 결과로 단순하게 설명한다. 또 국가적 이슈를 특정 사례 중심으로 보도하는 일련의 뉴스를 접한 시청자들 역시 역사적, 사회적, 정치적, 혹은 여타 구조적 힘보다 개인적, 집단적 특성에 더 초점을 맞춘다. 이런 관점에서 보면 일화적 프레임은 관찰된 바로 그 문제에 "적합한(fit)" 원인과 해법을 선택하도록 하는 피상적 추론을 부추긴다고 할 수 있다.

그렇다고 미국인들이 이슈 책임성과 관련해 구조적 혹은 체계적인 설명을 원래 싫어하는 것은 아니다. 만약 텔레비전 뉴스가 국가적 문제를 언급할 때 보다 더 포괄적이고 분석적인 프레임을 제공한다면 원인과 해결 책임성에 관한 국민의 추론은 거기에 따라 바뀌게 될 것이다. 이를테면, 전국적인 영양실조 증가에 관한 뉴스 보도가 제공된다면 빈곤 문제는 충분치 못한 사회복지제도의 문제가 될 것이다. 또 비숙련 노동에 대한 수요 축소를 다룬 기사가 제공된다면 실업 문제는 근시안적인 경제 정책 혹은 시의성 없는 공공 정책의 문제가 될 것이다. 도시 빈민 지역의 상황 악화에 대한 뉴스 기사가 제공된다면 사람들은 범죄에 대한 적절한 해결책으로 소외계층을 위한 경제적 기회가 더 많이 확대되어야 한다고 언급할 것이다.

따라서 지배적인 일화적 뉴스 프레임은 그것의 주요한 효과의 측면에서 보면, 일부 미디어 학자와 비평가들이 공공 커뮤니케이션의 "헤게모니(hegemonic)" 모델이라 불렀던 이론의 실제 사례를 잘 보여주고 있다고 할 수 있다. 이 모델에서 정보의 유포는 기존 권력구조를 유지시키는 정교한 "코드 컨트롤(code control)" 과정의 일부로 여겨진다. 다시 말해, 전반적으로 보면 언론사, 구체적으로 보면 텔레비전이라는 매체는 지배집단과 그런 지배집단의 이데올로기를 옹호하는 대변인의 역할을 한다는 것이다.[29]

이슈의 사회적 책임을 외면하도록 유도하는 것 이외에도, 네트워크 뉴스는 스캔들의 당사자가 아닌 한 공직자의 이미지를 보호하려는 경향이 있다. 그것은 책임성 귀인이 여론의 매우 강력한 단서로 작용하고, 네트워크 뉴스는 그런 책임성 귀인에 영향을 미치기 때문이다. 그 결과 텔레비전 뉴스는 정치 엘리트가 의지할 수 있는 중요한 안식처가 된다. 다시 말해, 텔레비전의 사건 중심적이고 사례 중심적인 뉴스 보도는 공적 현안과 관련돼

생길 수 있는 각성(disenchantment)의 밀물로부터 현직 재임 중인 공직자들을 효율적으로 보호해 주는 역할을 한다는 것이다.

이런 텔레비전 뉴스의 "친기존체제(proestablishment)" 효과는 우리의 직관과 어긋난다. 왜냐하면 일반적으로 언론인, 정치 평론가, 사회심리학자들은 국가적 이슈를 개인의 사례를 통해 묘사하는 네트워크 뉴스 보도의 일반적 경향성이 대통령과 정부 공격의 매우 생생하고 강력한 수단이 된다고 가정하기 때문이다.[30] 통상 굶주린 아이, 마약 관련 살인 사건, 해고 노동자, 또는 테러 폭파 사건에 대한 묘사는 대통령 책임성에 대한 국민적 비난을 부추길 것으로 여겨진다. 그런 공포의 전형적인 사례로 1982년 불황이 한창일 때 레이건 대통령이 네트워크 뉴스에 퍼부은 비판을 들 수 있다.

> 우리는 저녁 뉴스를 켜기만 하면 직장을 잃은 누군가와 인터뷰하는 장면을 보게 된다. 도대체 남부 서코태쉬(South Succotash)의 누군가가 이제 막 해고당했다고 전국적으로 인터뷰해 내보는 것이 뉴스란 말인가? (1982년 3월 16일 〈The Daily Oklahoman〉와의 인터뷰)

그러나 이 책에 제시된 결과에 따르면, 오히려 대통령 참모들은 "남부 서코태쉬" 기사를 보다 더 적극적으로 부추길 필요가 있다. 그것은 그런 기사가 대통령의 책임과 관련해 의혹을 제기하기보다 그와는 정반대되는 효과를 만들어내기 때문이다.[31]

네트워크에 지배적인 일화적 프레임의 주요한 효과가 공직자의 정당성을 강화시켜주긴 하지만 그 효과가 우연적(fortuitous)인 것임은 분명하다.

그것은 일화적 프레임을 광범위하게 사용하는 동기가 당파적 혹은 이념적이라기보다는 조직의 일상적 업무나 뉴스 형식, 마케팅과 관련되어 있기 때문이다. 먼저 "객관성(objectivity)"과 같은 언론 규범은 특정 사건과 같은 "사실 관계가 분명한(hard)" 뉴스 보도에 프리미엄을 부여한다. 반면 해석적, "표면의 배후를 밝히는 심층(subsurface)" 보도는 편향성과 의견 개입이라는 비난에 훨씬 더 취약해 질 수 있는 문제점이 있다.[32] 게다가 21분의 "주요 뉴스 제공(headline service)"이라는 제약 속에서 만약 국가적 이슈를 심층적, 분석적 혹은 해석적으로 보도하게 된다면 다른 뉴스 아이템이 들어설 자리는 사실상 존재하지 않게 된다. 마지막 동기는 무엇보다 강력한 상업적 필요성이다. 여기에서 시청률과 광고료는 핵심을 차지한다. 통상 "좋은 그림(good pictures)"을 포함하고 있는 일화적 보도는 시청자의 관심을 끌고 지속적으로 유지시킬 가능성이 크다. 반면 주제적 보도는 지루하고 느린 속도감 때문에 시청자의 관심을 유발시킬 가능성이 많지 않다. 미 저널리즘의 저명한 학자인 벤 백디키언(Ben H. Bagdikian)은 미 공공 정책 저널리즘에서 일화적 프레임이 득세하는 근본 원인은 뉴스 프로그램의 상업적 요구라고 주장했다. 그는 언론사에 대한 기업의 집중적인 통제를 논하면서 미국 뉴스 프로그램의 독특한 일화적 성격을 포함, 그런 통제가 만들어내는 뉴스 프로그램의 다양한 결과를 밝혀내었다.

> 다른 민주 국가에 존재하고 있는 가장 훌륭한 저널리즘과 비교해 미 저널리즘이 지닌 문제는 개별 사건의 근본 원인, 그런 사건들 사이의 관계 및 결과를 드러내 보여주는 체계적인 정치적, 사회적 분석이 취약하다는 점이다.[33]

요컨대, 텔레비전 뉴스 기자와 편집자가 정치적 이슈를 묘사할 때 특정 사건이나 특정 일화에 매달리도록 하는 강력한 조직적 압박이 존재한다는 것이다.

그런 언론 규범이나 관행이 있다고 해서 대통령이나 여타 공직자들이 항상 뉴스의 일화적 프레임을 이용해 책임으로부터 벗어날 수 있다는 뜻은 아니다. 정치적 논란이 장기적으로 폭발하게 되면 사건은 점점 더 자발적인 성격을 띠게 되고 백악관은 더 이상 뉴스를 조정할 수 없게 된다. 이런 "위기(crisis)" 상황이 되면 네트워크는 일반적으로 독립성이라는 자신의 특권을 행사한다. 예를 들면, 이란 무기 판매에 대한 네트워크 뉴스 보도의 경우 전체 보도의 3분의 2가 사실상 그런 결정에 대해 정치적으로 매우 비판적인 내용을 담고 있었다. 6장의 결과가 보여주듯 이런 뉴스 보도는 시청자로 하여금 대통령에게 책임을 부과하도록 유도하고, 결국은 레이건 대통령의 지지율을 급격하게 하락시키는 요인으로 작용했다. 어떤 대통령이든 만약 그런 다량의 적대적인 보도와 마주하게 된다면 결국 정치적으로 심각한 타격을 받게 될 것이다. 따라서 이런 "미디어 위기(media crises)"를 모면하는 것도 정치적으로 매우 중대한 능력이라 할 수 있다. 그렇다면 일단 위기가 발생하면 어떻게 하는 것이 정치적 타격을 최소화하는 데 도움이 되는가? 그것은 논란의 핵심을 대통령 리더십에 대한 논란보다 정부 정책에 대한 논란으로 프레임하는 것이다. 예를 들어, 네트워크가 이란-콘트라 사태를 이란-이라크 전쟁이나 중동의 미국인 인질 문제의 관점에서 보도했을 때, 시청자들은 그 사건에 대한 대통령의 직접적인 책임이 상대적으로 덜 있다고 판단했는데, 바로 이런 식의 프레임 전환이 그런 사례에 속한다고 하겠다.

텔레비전 뉴스 프레임이 국가적 이슈에 대한 책임성 귀인에 미치는 영향력은 정책과 관련해서도 마찬가지로 중요한 의미를 갖는다. 미국인들은 정치적 이슈와 관련해 사회적 책임성을 덜 거론하는 만큼 그런 이슈의 해결과 관련된 정부의 조치나 노력에 대해서도 덜 지지하는 경향이 있다. 예를 들어, 만약 사람들이 빈곤의 책임이 사회에 있다고 생각하면 가난한 사람들을 돕기 위한 정부의 적극적인 노력에 대해 지지를 보낼 것이다. 본서에 제시된 결과는 사회복지 이슈를 특정 범주의 개인이나 집단의 관점에서 프레임하게 되면, 그런 프레임은 사회복지에 대한 국민적 지지를 강화시키기보다 오히려 약화시킬 가능성이 있다는 것을 시사해 준다. 그럼에도 불구하고 뉴딜(New Deal) 이래로 미국의 사회복지 정책은 아동, 장애인, 싱글맘, 혹은 노인과 같이 특정한 수혜 집단을 표적으로 하는 프로그램의 관점에서 입안되어 왔다. 테러와 관련해서도 같은 주장이 제기될 수 있다. 테러 행위에 대한 미국의 대응은 항상 "사안별(case-by-case)"로 접근하는 방법을 취해 왔고 특정 국가나 집단을 표적으로 삼아 왔다. 예를 들면, 레이건 정부는 이란을 포함, 테러를 지원하는 일단의 국가를 공표하고 이들에 대한 다양한 경제적, 통상적 제재조치를 권고했다. 이렇게 반복적으로 테러 문제를 특정 가해자의 관점에서 정의하게 되면, 사람들은 테러 조직의 결성을 조장하는 좀 더 심층적인 사회적, 경제적 관점에서 이 문제를 해결하기보다 테러범을 체포하고 처벌하는 조치에 더 많은 관심을 갖게 된다. 좀 더 일반적으로 말하면, 정치적 문제를 보편적으로 정의하는 것과 반대로 특정적인 것(혹은 집단 한정적인 것)으로 정의해 활용하는 것은 사회적 혹은 경제적 변화의 한 주체로서의 정부 역할을 축소시키고자 하는 정치 엘리트들에게는 하나의 강력한 설득적 도구가 된다는 것이다. 갬슨(Gmason)이 주장하듯 일화적 프레임은 공공 정책에 대한 국민적 논쟁을 억제함으로써 결국은 사회를 통제하는 하나의 강력한 형식이 된다.[34]

　　종합하면, 네트워크의 프레임 효과 연구에 대한 결과는 매스미디어 영향력이란 결국 "구성 과정(organization process)"이란 견해에 또 하나의 관점을 제공한다. 뉴스 수집 및 보도와 관련된 일상적 결정 과정은 공공 이슈에 대한 매우 제한적인 관점을 강요한다.[35] 그 결과 텔레비전은 "사상의 자유 시장(marketplace of ideas)"을 제공하기보다 특정 사건의 나열, 즉 "맥락 없는 맥락(context of no context)"만을 제공하는 데 그친다.[36] 또 뉴스 프레임은 국민들의 책임성 추론에 영향을 미치는데, 거기에서 일화적 프레임이 지배적 지위를 차지한다는 것은 결국 텔레비전 뉴스가 정치 엘리트의 힘을 억제하는 수단으로 작용하기보다는 그들의 언사와 행위를 더욱 더 정당화시켜 주는 데 기여하게 된다는 것을 의미한다.[37]

일화적 프레임과 정치적 책무성

　　선출직 공직자의 행위에 대해 통제권을 행사할 수 있는 국민의 힘은 일반적으로 민주 정부의 중대한 수단으로 여겨진다. "회고적 투표(retrospective voting)" 이론에 따르면, 국민들은 본질적으로 경쟁자의 선거 공약이나 약속보다 현 공직자의 직무수행에 대한 승인이나 거부를 통해 자신의 힘을 행사한다.[38] 표면적으로 보면 선거를 통한 응징(punishment) 공포야말로 정치인을 움직이게 하는 동력이다. 그것 때문에 정치인은 유권자에게 유리한 입법을 하게 되고, 그것을 통해 국가적 문제를 해결하려고 한다. 그러나 회고적 투표 이론은 유권자가 국가적 문제에 대한 책임을 정부에 지울 수 있고 또 지울 것이라는 가정에 기초하고 있다. 따라서 만약 유권자가 지도자에게 책임을 부과할 수 없게 된다면, 선출직 공직자들은 까다로운 문제를 해결할 동기를 갖지 못할 것이고, 또 구체적인 프로그램이나 논쟁적인 주장을 아무런 책임감 없이 공허한 구호나 듣기 좋은 말로 바꿀 수도 있게 될 것이다.

이상적으로 보면 민주 사회의 매스미디어는 정치 현실에 대한 "거울 이미지(mirror image)"를 제공해야 되고, 정부의 조치(혹은 무조치)와 사회적 문제 사이의 관련성을 시청자가 잘 파악할 수 있도록 도움을 주어야 한다. 하지만 다양한 이유로 인해 미국의 네트워크 뉴스는 이런 이상에 부응하지 못하고 있다. 자주 지적되어 왔듯이 그 원인 중 하나는 뉴스 프로그램에 대한 시간상의 제약이다. 이런 제약은 다양한 이슈를 사실상 고려대상에서 배제하도록 만든다. 게다가 상업적 현실과 객관성에 대한 언론 규범은 주요 이슈에 대한 네트워크의 보도를 대체로 일화적 관점에서 보도하도록 조장해왔다.

일화적 프레임에 부여된 프리미엄(premium)은 다수의 중요한 이슈들이 국민을 국정의 비판적 관찰자로 유도하기 위해 필요한 뉴스 보도로 다루어지지 않았고, 앞으로도 다루어지지 않을 것이라는 것을 의미한다. 주지하다시피 다수의 사회적 문제는 즉각적으로 혹은 쉽게 추적할 수 있는 그런 현상이 아니다. 따라서 그 모습이 분명하게 잘 드러나지 않는다. 이런 주제는 "좋은 그림"에 목말라하는 언론인에게는 뉴스 가치가 덜한 것으로 여겨진다. 예를 들면, 불충분한 공교육, 오래 지속될 것으로 보이는 대규모 최하층 계급의 등장, 그리고 날로 악화되고 있는 환경 문제 등은 일반적으로 특정 사건을 통해 명백하게 그 모습이 드러나지 않는 이슈들이다. 따라서 이런 이슈에 대한 기사는 많지가 않다. 마찬가지로 저축이나 대출 기관의 부정이나 관리 부실은 그 부실로 인한 손해가 연방 정부 예산에 실제로 영향을 미쳤다고 정치인들이 인정할 때까지는 미디어의 어떠한 관심도 끌지 못한다.

본서의 연구 결과는 텔레비전 뉴스가 정치 현실의 거울 이미지로 작동하지 못할 뿐만 아니라 체계적인 방식을 통해 정치 문제에 대한 시청자의 책임성 귀인에 영향을 미치고, 그 결과 선거 책무성(electoral accountability)이라는 민주적 규범을 약화시키고 있다는 것을 시사해 준다. 이 책에 제시된 실험은 일화적 프레임에 대한 노출이 연구 대상에 포함된 이슈 대부분에 대해 개인적(즉, 비사회적) 책임성 귀인을 유도하는 경향이 있음을 보여준다. 사실 이런 문제 대부분에 대해 효율적으로 대처하려고 한다면 전면적이고 계획적인 공략이 요구되는데, 그런 공략은 정부의 지원을 통해, 또 일부의 경우에는 정부의 직접적인 개입을 통해 가장 잘 진행될 수 있다는 것은 명확하다고 하겠다. 그럼에도 불구하고 전반적으로 텔레비전 뉴스는 사회적 책임성 귀인을 활성화시키지 못하고 실제로는 오히려 그것을 억누르는 역할을 수행하기 때문에 사회 문제와 정치 지도자들의 조치 혹은 무조치 사이의 관련성을 희석시키는 경향이 있다. 결국 일화적 프레임은 이런 관련성을 약화시킴으로써 선거 책무성을 방해하는 역할을 한다고 할 수 있다.

최근 몇몇 정부의 현안 대응 실패는 미국 정치의 이런 선거 책무성 붕괴를 보여주는 징후로 볼 수 있다. 대체로 정부의 제한된 역할을 옹호하고 있는 케빈 필립스(Kevin Phillips) 같은 보수적 비평가조차 "새롭게 등장하고 있는 미국 문제를 정의하고 논쟁하는 데 있어서 정부가 보여주는 깜짝 놀랄만한 무능력"에 대해 비난을 쏟아 부어왔다.[39] 워싱턴 현장의 여타 논평가들 역시 정치적 마비상태와 정부의 무책임성에 대해 비난해 왔다. 〈뉴욕커 The New Yorker〉 기자 엘리자베스 드류(Elizabeth Drew)의 말을 인용하면 "현재 우리 정치는 책임에 대한 어떠한 보상도, 혹은 난제(hard questions)를 정면으로 돌파하는 것에 대한 어떠한 보상도 없는 상태에 이르렀다."[40] 따라서 현재 미국에 절실히 필요로 되는 것은 공적 이슈를 정면으로 응시하고 그와 관련된 정치적 위험을 기꺼이 감수하고자 하는 능력 있는 지도자라고 하겠다.

정치적 책무성 무력화에 대한 일화적 프레임의 영향이 가장 뚜렷하게 나타나는 곳은 대통령 선거 운동이다. 거기에서 네트워크는 매일매일 진행되는 선거 운동을 10초의 "방송용 어구(sound bites)"[41]로 전환시키려 하고, 경마(horse race), 즉 경쟁 메커니즘에 집요한 관심을 보인다. 그러나 그것은 결국 다양한 이슈나 후보자의 정책적 제안에 대한 보도를 최소화시키는 역할을 한다. 그리고 그런 선거 운동에 대한 피상적 보도는 결과적으로 후보자로 하여금 국가적 이슈를 진지하게 고려하지 않도록 하는 강력한 방해 요인으로 작용하게 된다. 그 일례로 듀카키스 진영은 고공 행진하는 대학 등록금으로부터 중산층 가정을 보호하기 위해 일련의 세부적인 정책을 내놓았지만 당시 네트워크는 이런 제안에 대해 사실상 아무런 관심도 보이지

않았던 것을 들 수 있다.[42]

1988년의 텔레비전 선거 보도는 중대한 사회적, 경제적 문제를 해결하기 위한 후보자들 사이의 경쟁을 유도하지 못했다. 오히려 그것은 국기에 대한 맹세(Pledge of Allegiance), 애국심, 일시적인 가석방 프로그램, 국기 모독(flag desecration), 미국시민자유연맹(American Civil Liberties Union)의 회원 자격, 그리고 구체적이기보다는 상징적이라 할 수 있는 여타 이슈에 대해 더 많은 관심을 보였다. 게다가 후보자들 역시 중요한 이슈를 해결하기 위해 어떠한 설득력 있는 방안을 내놓지 않았다. 이를테면, 조지 부시(George Bush)는 자신이 "교육 대통령(education presidency)"이 되겠다고 약속했지만 동시에 모순적이게도 세금 인상에는 반대했다. 마이클 듀카키스(Michael Dukakis) 역시 1980년대에 이루어진 매사추세츠(Massachusetts) 주의 경제 성장은 전적으로 자신의 뛰어난 리더십 덕분이었다고 주장했다. 베테랑 언론인인 잭 거몬드(Jack W. Germond)와 쥘 윗커버(Jules Witcover)는 승리한 부시 선거운동에 대한 인상을 요약하면서 다음과 같이 지적했다. 전반적으로 보면 선거운동 과정이, 그리고 좀 더 구체적으로 보면 텔레비전 뉴스 보도 형식이 "일종의 위장막을 만들어 줌으로써 부시는 그 뒤에서 '가치 있는 것들(values)'에 대한 공허한 일반론을 언급하면서 유권자들이 요구할 권리가 있는 프로그램화된 구체적 방안(programmatic specifics)에 대해서는 언급을 회피할 수 있었다. 결국 그 두 요인은 미국이 직면한 정말 중요한 이슈를 부시가 교묘하게 피하는 데 일조했다."[43]

일화적 프레임은 결국 공적 담론의 사소화(trivialization)와 선거 책무성 약화에 기여한다. 텔레비전 뉴스의 그런 일화적 보도 의존성은 공적 사안에 대한 왜곡된 묘사를 제공한다. 그것은 반복적으로 제기되는 이슈를 서로 관련 없는 사건으로 묘사함으로써 논리적인 최종 결론에 도달하기 위해 필요한 국민들의 증거 축적을 방해하기 때문이다. 일화적 프레임은 또 국민의 관심을 사회와 정부 책임으로부터 이탈시킴으로써 해결하려고 하면 반드시 유권자에게 짐이 될 수밖에 없는 국가적 문제를 얼버무리게 만든다. 어쩌면 텔레비전 뉴스는 미국 사회의 아편(opiate)이라 할 수 있다. 그것은 국민 복지에 대한 잘못된 의식을 선동하고, 이를 통해 미국 사회가 직면하고 있는 수많은 경제적, 사회적 질병을 지도자들로 하여금 정면으로 대응하지 않으면 안 되는 시기를 지속적으로 연장시키고 있기 때문이다.

부록

내용 분석

코딩

다음은 뉴스 기사와 설문조사 자료 코딩(coding) 절차에 관한 설명이다.

모든 뉴스 기사는 연구 목적을 알지 못하는 별도의 두 학생에 의해 코딩되었다. 코딩 작업의 신뢰도(reliability)는 분류의 일치도 비율에 의해 계산되었다. 코더 간 일치도(inter-coder agreement) 비율은 빈곤에 대해서는 93이었고, 이란 무기 판매에 대해서는 82였다. 문제가 된 기사에 대해서는 제3의 코더(third coder)를 통해 의견불일치를 해소했다.

원인 및 해결 책임성 귀인을 도출하기 위해 설계된 모든 설문조사 질문은 둘 혹은 세 명의 대학원생(graduate-student) 코더를 통해 독립적으로 코딩되었다. 본 연구의 검토 대상이 된 여섯 가지 이슈의 원인 및 해결 책임성에 대한 코더 간 평균 일치도는 .90이었다.

텍스트 분석에 대한 영상 분석 보완

완전히 주제적이거나 또는 완전히 일화적인 뉴스 기사는 사실상 존재하지 않았다. 그렇다고 해서 기사를 둘 중 하나의 형식으로 구분한 본 연구의 기사 분류 방법이 그렇게 큰 왜곡을 초래한다고 할 수는 없다. 그것은 비록 하나의 전형적인 기사에 두 프레임적 요소들이 포함되어 있긴 했지만, 그럼에도 불구하고 그런 기사는 통상 둘 중 한 방향으로 명백하게 기울어져 있었기 때문이다. 밴더빌트 초록에 기초한 기사 분류를 다시 한 번 검증하기 위해 테러, 빈곤, 실업을 다룬 뉴스 기사에 대한 직접적인 영상 검토가 이루어졌다. 먼저 테러와 관련해서는 52개의 기사가 대표적인 표본으로 검토되었다. 검토 결과 이 중 80퍼센트는 주로 일화적이었고, 20퍼센트는 주로 주제적이었다. 보통 일화적으로 분류된 기사는 평균 방송 시간의 83퍼센트를 일화적 보도에 할애했고, 주제적으로 분류된 기사는 평균 80퍼센트를 주제적 보도에 할애했다.

빈곤과 관련해서는 빈곤을 다룬 뉴스라고 구분된 CBS 기사 모두를 검토했다. 그 결과 초록을 통해 주제적으로 분류된 빈곤 기사는 평균 방송 시간의 89퍼센트를 주제적 프레임에 할애했다. 일화적으로 구분된 기사는 평균 방송 시간의 82퍼센트를 일화적 프레임에 할애했다. 한편, 실업과 관련해서는 대규모의 CBS 표본 기사들이 검토되었다. 주제적으로 분류된 기사는 평균 방송 시간의 80퍼센트를, 일화적으로 분류된 기사는 평균 방송 시간의 85퍼센트를 각각 주제적, 일화적 프레임에 할애했다. 요약하면, 테러, 빈곤, 실업을 다룬 CBS의 통상적인 기사에는 주제적 프레임과 일화적 프레임이 어느 정도 혼합되어 있었지만, 그럼에도 불구하고 기사는 항상 두 프레임 중 하나로 확실히 기운 모습을 보였다. 다시 말해, 일화적 프레임과 주제적 프레임이 반반씩 등장하는 기사는 사실상 없었다는 것이다.

현장 실험

1985년 6월과 1987년 9월 사이 모두 9개의 실험이 진행되었다. 실험에 참가한 사람들의 수는 40명에서부터 244명까지였다. 장소와 시청 모임 시간, 실험 절차 등은 모든 실험에 동일하게 적용되었다.

원인 및 해결 책임성 귀인 측정

이 측정치를 얻기 위해 특정 범주의 원인 및 해결 책임성을 언급한 개방형 질문에 대한 응답 수를 실험 참가자 각자가 응답한 총 응답 수로 나누었다. 예를 들면, 빈곤에 대한 사회적 원인 책임성의 측정치는 원인에 대한 전체 응답 가운데 사회적 조건과 정부의 조치/무조치에 대해 언급한 비율이었다. 마찬가지로 범죄와 테러에 대한 처벌적 해결 책임성 측정치는 전체 해결 응답 가운데 강력한 처벌 부과를 요구하는 해결 응답의 비율이었다.

일반적으로 이런 측정치에는 특정 귀인의 상대적 빈도가 반영되게 된다. 따라서 절대 빈도 (absolute frequency)에 상응하는 지표도 필요했는데, 이를 위해 두 개의 별도 지표가 만들어졌다. 첫 번째 지표는 원인 및 해결 응답으로 사회적, 개인적, 혹은 처벌적 책임성을 언급한 순 응답 수였다. 두 번째 지표는 간단한 이분법에 의해 구해진 지표였다. 그 이분법에서는 최소한 하나의 사회적, 개인적, 혹은 처벌적 귀인을 언급한 응답자들이 아무 것도 언급하지 않은 응답자들과 비교되었다. 이 두 지표에 따른 결과는 전반적으로 전체 비율 측정치(proportional measures)에 따른 결과와 유사했지만, 프레임 효과가 상대적으로 더 강력했다는 것을 보여주었다.

책임성 모델 파악

각각의 책임성 모델(models of responsibility)은 "순(net)" 원인 및 해결 책임성 점수 표에 대한 교차 분석을 통해 구성되었다. 이 점수에는 빈곤, 실업, 인종 불평등의 경우 개인적 귀인에 대한 사회적 귀인의 상대적 우위가 반영되어 있고, 범죄와 테러에 대해서는 개인적, 처벌적 귀인에 대한 사회적 귀인의 우위가 반영되어 있다. 예를 들면, 실업과 관련해 두 개의 사회적 원인을 언급하고 한 개의 개인적 원인을 언급한 사람은 순 점수 +34(.67 - .33)라는 점수를 얻었다. 마찬가지로, 실업과 관련해 오직 사회적 원인만을 언급한 사람은 1이라는 점수를 얻었고, 오직 개인적 요인만을 언급한 사람은 −1이라는 점수를 얻었다. 인종 불평등의 특정 사례에서는 원인 및 해결 귀인으로 소수자 우대정책이나 특별대우를 언급한 비율은 개인적 귀인 비율과 함께 가산되었고, 사회적 귀인 비율로부터는 차감되었다. 이런 순 점수는 0점을 중심으로 이분화(dichotomized)되었다.

범죄와 테러에 대한 원인 책임성 귀인의 경우, 개인의 성격적 특성이나 불충분한 처벌(개인적 및 처벌적 책임성)을 언급한 응답 비율이 먼저 합산되었다. 그런 후 그 비율은 다시 사회적 요인을 언급한 비율로부터 차감되었다. 그 결과 이들 점수는 0점을 중심으로 이분화되었다. 해결 책임성의 경우, "보다 강력한 처벌"을 요구하는 응답(처벌적 책임성) 비율이 "사회적 상황의 개선"을 요구하는 응답(사회적 책임성) 비율로부터 차감되었고, 그 결과 값은 마찬가지로 이분화되었다.

통계적 유의미성

통계적 유의미성(statistical significance)이란 개념은 관측된 차이의 신뢰도(reliability)를 말한다. 통계적으로 유의미한 차이란 이론적으로 볼 때 동일한 실험이 계속될 경우 반복적으로 나타나게 될 차이를 의미한다. .05 수준에서 유의미한 차이−이것은 그림과 표에서 $p < .05$로 표시되어 있다−란 100번을 시도하면 95번 나타날 차이를 말한다. 또 만약 .10 수준에서 만족되는

차이라고 한다면 그 차이는 100번 중 90번 나타날 것으로 예측되는 차이를 말한다. 일반적으로, 통계적 유의미성은 피험자(즉, 실험 참가자)의 수가 상대적으로 적을 때 관측하기가 더 어렵다. 게다가 연구자가 유의미성에 대해 "비방향(nondirectional)" 양측 검증(two-tailed tests) 방법을 이용할 경우, 그런 유의미한 차이를 얻는다는 것은 더 어려워진다. 따라서 소규모의 실험 조건과, 보다 관대한 단측 검증(one-tailed tests) 방법을 사용해도 아무런 문제가 없을 것으로 밝혀진 몇몇 사례에서의 강력한 방향성 예측에도 불구하고 실험 전체에 걸쳐 양측 유의미성 검증 방법을 사용했다는 점을 감안하면, 본서에 제시된 유의미성 검증 방법은 본질적으로 보수적이라고 할 수 있다.

빈곤 실험 2

다음은 개별 조건에 대한 간단한 설명이다.

〈흑인 어린이(Black Child)〉 조건에서는 먼저 세인트루이스(St. Louis)에 살고 있는 흑인 소년과 소녀가 등장해 자신의 미래 희망에 대해 설명한다. 그런 후 사회복지사가 등장해 아동 빈곤의 심각성에 대해 논평한다. 그에 상응하는 〈백인 어린이(White Child)〉 조건에서는 두 형제가 등장하는데, 이들은 자신들이 매일 먹는 음식에 대해 설명한다. 이어 기자가 등장해 이들이 가지고 놀 장난감이 부족하다는 것을 지적한 후, 사회복지사가 등장해 아동 빈곤의 심각성에 대해 언급한다.

〈백인 실직자(White Unemployed Worker)〉 조건에서는 위스콘신(Wisconsin) 주에 살고 있는 한 남성이 등장해 자신의 가족이 의존해야 되는 다양한 사회복지비용의 삭감 조치에 대해 설명한다. 그런 후 기자가 등장해 그 지역의 암울한 경제 전망에 대해 언급한다. 그에 상응하는 〈흑인 실직자(Black Unemployed Worker)〉 조건에서는 베트남 전쟁에 참가한 적이 있는 한 실직자가 등장해 특별한 기술이 없는 사람에게는 취업할 수 있는 기회가 없다며 한탄한다. 그런 후 지역 취업 담당 기관의 한 책임자가 등장해 육체노동자가 할 수 있는 일자리가 부족한 상태라고 설명한다.

〈백인 성인 싱글맘(White Adult Single Mother)〉 조건에서는 30대에 갑자기 이혼을 당하게 된 한 엄마에 대한 묘사가 먼저 이루어진다. 그런 후 사회복지 수혜자로 살아가는 재정적, 심리적 어려움에 대한 설명이 이어진다. 〈흑인 성인 싱글맘(Black Adult Single Mother)〉 조건에서는 30대의 한 여성이 등장해 자신이 감당할 수 있는 집과 제대로 된 보육시설을 찾는 데 따른 여러 어려움에 대해 설명한 후 언젠가는 일할 수 있게 되기를 바란다는 희망을 피력한다.

〈은퇴한 미망인(Retired Widow)〉 조건에서는 사회복지 제도에 의존하고 있는 60대의 흑인 여성이나 백인 여성 중 한 명이 등장한다. 거기에서 이들 각자는 자신이 겪는 경제적 어려움과 생계비 인상에 미치지 못하는 사회복지 혜택에 대한 두려움에 대해 설명한다.

마지막으로, 〈10대 싱글맘(Teenage Single Mother)〉 두 조건 모두 미국 내 한 부모(single parents) 가정에서 10대 싱글맘이 차지하는 비율이 점점 더 늘어나고 있다는 앵커의 논평과 함께 시작된다. 백인 조건에서는 한 아이를 키우고 있는 10대가 등장한다. 그녀는 아이의 아빠가 부모로서의 책임을 거부했지만 가족을 통해 사회적, 정서적 지원을 받을 수 있었다고 설명한다. 마찬가지로 흑인 조건에서는 흑인 10대 여성이 한 아이와 함께 등장한다. 그녀는 아이 때문에 고등학교를 중간에 그만둘 수밖에 없었지만 가능하면 빨리 학교로 복귀해 졸업하고 싶다고 말한다.

상관 분석

설문조사 지표

개인적 특성

    정치적 당파성(party affiliation)은 통상적인 폐쇄형 질문(closed-ended question), 즉 "평소 당신은 당신 자신을 공화당원, 민주당원, 무당층, 기타 중 어디에 속한다고 생각하십니까?"라는 질문을 통해 측정되었다. 그런 후 정당 일체감(party identification) 질문에 공화당원이나 민주당원에 호감을 표명한 응답자 비율에 맞춰 이분 가변수(dummy variables)가 구해졌다. 진보-보수(liberal-conversative) 성향은 7점 척도(seven-point scale)를 통해 평가되었다. 그 척도의 양 끝 지점은 "매우 진보적"(1) 그리고 "매우 보수적"(7)으로 표시되었다. 1번이나 2번을 선택한 응답자들은 진보적으로 분류되었고, 6번이나 7번을 선택한 응답자들은 보수적으로 분류되었다. 또 당파성과 이념이 "모두 섞인" 질문을 통해서도 별도의 상관 분석이 진행되었다. 이 중 어떤 결과도 두드러진 차이를 보이지는 않았다.

    정치 활동은 네 항목에 대한 지수를 통해 평가되었다. 응답자들은 지난 대통령 선거에 투표를 했는지, 정치 조직이나 후보에게 기부금을 낸 적이 있는지, 선거 운동을 도운 적이 있는지, 또 정치

집회나 모임에 참석한 적이 있는지 등 이들 네 항목에 대해 질문을 받았다. 각 항목에 대한 응답은 아니오/그렇다에 따라 0점 또는 1점으로 처리되었고, 이후 네 항목에 대한 응답은 합산되었다.

정치에 대한 관심은 세 가지 질문을 통해 평가되었다. 응답자들은 자신이 얼마나 자주 "정치나 공적 사안"과 관련해 지인들과 이야기를 나누는지, "현재 정치권에서 진행 중인 일들에 대해 얼마나 잘 이해하고 있는지," 그리고 정부나 정치에 대한 뉴스에 "통상 얼마나 많은 관심을 부여하고 있는지" 등을 표시했다. 이 세 질문에 대한 응답은 늘 매우 밀접한 상관관계를 보여주었고 따라서 정치적 관심 지수를 만들기 위해 합산되었다.

정치적 식견은 이슈 한정적 관점에서 정의되었다. 다시 말해, 어떤 특정 실험에 참여한 참가자들의 식견 점수에는 연구 대상에 포함된 이슈나 사건에 대한 식견만이 반영되었다는 것이다. 예를 들어, 빈곤의 경우, 응답자들은 전국적인 빈곤율, 레이건 대통령 재임 중 생긴 연방 재정 적자 규모의 방향, 레이건 대통령 재임 중 생긴 정부의 사회복지 예산 방향, 그리고 빈곤율이 가장 높은 미국인 집단 등을 적시하라는 질문을 받았다.

뉴스 시청의 빈도 측정을 위해서는 단 하나의 질문만이 사용되었다. 질문은 다음과 같았다. "당신은 얼마나 자주 TV 전국 뉴스를 시청하십니까?: 거의 하지 않는다, 일주일에 1, 2차례, 일주일에 3, 4차례, 거의 매일."

마지막으로, 특정 경제 지수에는 응답자의 교육 수준과 인종이 반영되었다.

이슈 한정적 의견

빈곤

레이건 대통령의 빈곤 관련 예산과 직무수행에 대한 평가는 "매우 잘함(very good)"에서 "매우 못함(very poor)"까지의 5점 척도로 이루어졌다. 기업 경영자에 대한 평가도 "빈곤 개선에 크게 기여했다(helped decrease poverty significantly)"에서 "빈곤 악화에 크게 기여했다(helped worsen poverty significantly)"까지 5점 척도로 이루어졌다. 국방과 사회복지 정부 예산 평가는 "예산을 크게 증가시켰다(greatly increase spending)"에서 "예산을 크게 축소시켰다(greatly decrease spending)"까지의 7점 척도로 이루어졌다. 국방 예산 질문은 빈곤과 관련된 것으로 취급되었는데, 그것은 많은 사람들이 국방과 사회복지 예산을 상충 관계(trade-offs)에 놓여 있는 것으로 여겼기 때문이다. 실제로 두 질문에 대한 응답은 부정적으로 밀접하게 상호 관련되어 있었다.

이에 대응하는 국민선거표본 예비설문조사(NES Pilot survey)에서의 측정치들은 다음과 같았다: 레이건 대통령의 "국가 예산 균형(the balancing of the national budget)"(v5441)과 "경기(the economy)"(v8414) 대처 방식에 대한 평가치; 사회복지 프로그램(흑인, 의료보험, 보육을 지원하는 사회보장 프로그램) 정부 예산 확대에 대한 지지, "정부 보장 일자리"(v707) 지지, 그리고 "소수자에 대한 정부 지원"(v714) 지지에 대한 지수; 가난한 사람들(V5219), 복지 수혜자(V5228), 그리고 흑인(V8118)에 대해서는 감정 온도계(feeling thermometer) 점수 등이었다.

사회적 원인 책임성을 측정하는 국민선거표본 예비설문조사로부터의 항목은 변수 8240-43이었다. 응답자들은 다음의 잠재적 원인들에 대해 5점 척도로 동의하는지 아니면 동의하지 않는지 질문을 받았다. 그러한 원인에는 "일부 기업체와 산업체에서의 낮은 임금," "다수의 미국인들에게 좋은 학교를 제공하지 못하는 사회의 실패," 그리고 "충분한 일자리를 제공하지 못하는 민간 업체의 실패" 등이 포함되었다. 한편, 개인적 책임성을 측정하는 항목은 변수 8235-38으로 구성되었다. 여기에는 "가난한 사람들의 노력 부족," "가난한 사람들의 절약 정신 부족과 취약한 돈 관리 능력," "해이한 도덕관념과 만성적인 음주," 그리고 "가난한 사람들의 능력과 재능 부족" 등이 원인으로 포함되었다. 이에 대한 답변에서 사회적 항목에 대한 평균 항목 간 상관관계(r)는 .34였다. 반면, 개인적 항목에 대해서는 평균 항목 간 상관관계가 .36이었다.

예비설문조사에서의 해결 책임성 지수는 다음 항목들을 통해 구해졌다. "성공하지 못한 사람들이 체제를 비난해서는 안 된다. 거기에 대한 책임은 온전히 자신이 져야 한다"(v8402), "사람들은 열심히 노력하면 자신이 원하는 것을 대체로 얻을 수 있다"(v8406), "열심히 일할 의지가 있는 사람은 누구든 충분히 성공할 가능성이 있다"(v8204). 이들 항목 간 평균 상관관계는 .28이었다.

예비설문조사에서 빈곤에 대한 식견을 측정하기 위해 사용된 구체적 항목은 변수 8512-8513, 8516, 8519였다. 이들 변수는 만연한 실업률과 물가상승률, 그리고 가난한 사람과 흑인의 당파적 선호도에 관한 지식을 알아보는 것이었다. 이들 항목 간 평균 상관관계는 .24였다.

인종 불평등

민권에 대한 레이건의 직무수행을 평가하기 위해 '매우 잘함'에서 '매우 못함'까지의 5점 척도가 사용되었다. 제시 잭슨, 민권 지도자, 그리고 흑인에 대한 평가는 100점 척도의 감정 온도계를 통해 이루어졌다. 정부의 민권 프로그램에 대한 지지도는 7점 척도를 통해 평가되었다. 그리고 마지막으로 민권 프로그램 연방 예산에 대한 지지도는 3점 척도를 통해 이루어졌다.

범죄

사형제도에 대한 지지도는 "강력히 지지한다"에서 "강력히 반대한다"까지의 7점 척도를 통해 평가되었다. 레이건의 직무수행과 판사들의 직무수행에 대한 평가는 "매우 잘함"에서 "매우 못함"까지의 표준적인 5점 척도를 통해 이루어졌다. 경찰에 대한 평가는 100점 척도의 감정 온도계를 통해 이루어졌다. 그리고 마지막으로 법 집행에 대한 예산 선호도는 이전에 사용된 것과 동일한 3점 척도를 통해 이루어졌다.

테러

레이건 대통령과 이스라엘 정부가 "테러 수준(level)에 영향을 준" 정도(degree)는 5점 척도를 통해 평가되었다. 카다피 대령과 미군에 대한 평가는 100점 척도의 감정 온도계를 통해 이루어졌다. 예산 선호도는 3점 척도를 통해 평가되었고, 마지막으로 테러 지원 국가에 대한 군사력 사용에 관한 의견은 "군사력 사용(use military force)"에서 "외교적 압박 활용(use diplomatic pressure)"까지의 7점 척도를 통해 평가되었다.

외교 정책 의견

프레임 실험에서 직무수행 평가는 "매우 잘함"에서 "매우 못함"까지의 표준적인 5점 척도를 통해 이루어졌다. 예산과 관련해서는 과거의 관행에 따라 "증가," "현 상태 유지," "축소"로 평가되었다. 중미 개입, 테러 지원 국가에 대한 군사적 보복, 미·소 협력과 관련해서는 7점 척도를 통해 이루어졌다.

한편, 여러 차례 실시된 〈CBS 뉴스〉와 〈뉴욕타임스〉 설문조사의 경우, 콘트라 지원 질문, 노스 대령에 대한 평가, 그리고 이란-콘트라 이슈의 심각성 인식과 관련해서는 모두 7월 16일 실시된 설문조사에 의존했다. 거기에는 대통령 책임성에 대한 개방형 지표와 폐쇄형 지표가 모두 포함되어 있었다. 이란-콘트라 사건에 관한 대통령 직무수행 평가는 12월 설문조사 결과를 이용했다. 거기에는 오직 대통령 책임성("대통령은 알고 있었는가?")에 대한 폐쇄형 지표만이 포함되었다. 마지막으로 타워위원회 보고서의 공정성에 관한 문제는 1987년 2월 28일부터 3월 1일까지 시행된 설문조사 결과를 이용했다. 거기에는 마찬가지로 대통령 책임성에 대한 폐쇄형 지표가 포함되어 있었다. 따라서 표7.7의 대통령 책임성 귀인 계수에는 서로 다른 측정치들이 반영되어 있다고 할 수 있다. 예를 들면, 7월 16일 설문조사에서의 측정치는 대통령 책임성 지수라고 할 수 있다. 하지만 나머지 설문조사의 경우 그 측정치는 "대통령은 알고 있었는가?"란 질문에 '네'라고 답했는지의 여부에 불과하다. 다음은 다양한 질문의 정확한 문구들이다.

> *반군 지원.* 당신은 니카라과 정부와 싸우고 있는 반군에 대해 정부가 군사적 및 여타 지원을 제공하는 데 찬성하십니까 아니면 반대하십니까?

> *노스 대령.* 여기 올리버 노스와 관련된 몇몇 의견을 기술해 놓았습니다. 당신의 생각을 말씀해 주시기 바랍니다.
> • 당신은 올리버 노스의 행동이 지나쳤다고 생각하십니까?
> • 당신은 올리버 노스가 마치 초법적인 존재인 것처럼 행동했다고 생각하십니까?
> • 당신은 올리버 노스가 국민 영웅이라고 생각하십니까?
> • 당신은 올리버 노스가 진정한 애국자라고 생각하십니까?

이에 대한 지수는 '그렇다' 혹은 '아니다'를 합산해 만들어졌다.

> *이란-콘트라 사건의 중요성.* 이란-콘트라 사건은 국가적으로 볼 때 워터게이트 사건만큼 중요한가, 아니면 그렇지 않은가?

> *타워위원회.* 당신은 타워위원회 보고서가 레이건 정부에 대해 너무 가혹했다, 혹은 레이건 정부에 대해 너무 관대했다, 아니면 공정했다고 생각하십니까?

> *이란-콘트라 직무수행.* 당신은 이란 무기 판매 및 반군 관련 전반적 이슈에 대한 로널드 레이건의 대처 방식에 찬성하십니까?

다음은 질문의 정확한 문구들이다.

- 당신은 로널드 레이건의 외교 정책 수행 방식에 찬성하십니까 아니면 반대하십니까?
- 조지 슐츠 국무장관에 대한 당신의 의견은 다음 중 무엇입니까? 호의적이다, 호의적이지 않다, 유보적이다, 그에 대해 의견을 가질 만큼 충분히 알지 못한다.
- 당신은 로널드 레이건이 대부분의 다른 나라들이 과거보다 오늘날 미국을 더 존경하도록 만드는 데 성공했다고 생각하십니까, 아니면 그렇지 못했다고 생각하십니까?
- 당신은 로널드 레이건과 의회 중 누가 더 외교 정책과 관련해 올바른 결정을 할 수 있다고 믿습니까?
- 테러에 대한 의사 결정 시 미 정부는 인질의 생명에 대해 더 신경을 써야 된다고 생각하십니까, 아니면 테러범과는 어떠한 협상도 없다는 정책 기조를 유지하는 더 신경을 써야 된다고 생각하십니까?

1979년 이래로 미국은 소련과의 2차 전략무기제한협정 합의에 따라 무기 제한을 준수해 왔습니다. 물론 그 협정은 아직 상원의 인준을 받지 못했습니다. 로널드 레이건은 이런 제한을 더 이상 준수하지 않겠다고 결정했습니다.

- 레이건 결정에 대한 당신의 생각은 다음 중 무엇입니까? 찬성한다, 반대한다, 그에 대해 의견을 가질 만큼 충분히 알지 못한다.
- 당신은 로널드 레이건의 소련과의 무기 제한 협상 대처 방식에 대해 찬성하십니까 아니면 반대하십니까?

마지막으로, 식견에 대한 지표는 설문조사마다 달랐다. 대부분의 경우에서 "이란-콘트라 청문회에 대한 관심"이 식견의 대용물로 사용되었다. 그러나 7월 16일 설문조사에서는 식견에 관한 질문이 가용했다. 거기에는 "니카라과가 세계 어디에 위치하고 있는지 말씀해 주시겠습니까?"란 질문이 포함되어 있었다.

책임성 귀인에서의 당파성 차이

7장에 제시된 각각의 상관 분석 결과를 해석할 때 책임성 귀인이 당파성이나 정치적 이념을 대체할 수 있는 것이 결코 아니었다는 사실을 염두에 두는 것은 중요하다. 빈곤과 실업, 그리고 인종 불평등에 대한 원인 및 해결 귀인은 참가자의 당파성이나 정치적 이념에 대해 사실상 어떤 가변성도 보여주지 않았다. 전반적으로 자칭 진보적인 사람들은 개인적 귀인보다 사회적 귀인을 더 선호하는 경향을 보였던 반면, 보수적인 사람들은 정반대의 패턴을 보여주었다. 마찬가지로 그 차이에 있어서는 전반적으로 작았다 할지라도 공화당원은 민주당원보다 개인적 귀인을 더 많이 언급하는 경향성을 보여주었다.

범죄와 테러에 대한 책임성 귀인 역시 참가자의 당파성이나 이념적 정체성에 주로 의존하면서 마찬가지로 매우 미미한 차이를 보였다. 전반적으로 민주당원과 진보층은 사회적 귀인을 더 많이 언급한 반면, 공화당원과 보수층은 그것에 대해 상대적으로 덜 언급했다. 그럼에도 불구하고 이런 패턴이 가장 명확하게 드러난 사례가 있었는데, 그것은 테러에 대한 해결 책임성과 관련되어 있었다. 거기에서 진보층의 44퍼센트, 그리고 민주당원의 30퍼센트가 사회적 해결 책임성에 대해 언급한 반면, 보수층의 경우 14퍼센트, 공화당원의 경우 9퍼센트만이 이에 대해 언급했다.

NES 설문조사에서도 역시 빈곤에 대한 책임성 귀인은 당파성이나 이념과는 상당히 뚜렷하게 구별되었다. 거기에서도 당파성이나 이념 때문에 원인 및 해결 책임성 귀인 지수에서의 변화량은 미미했다.

당파성이나 진보-보수 성향이 국가적 이슈에 대한 원인 및 해결 책임성 귀인에서의 미미한 변화의 원인으로 작용했기 때문에 귀인 측정치가 이슈 한정적 의견에 어느 정도 영향을 미치게 되면 그것은 확연하게 눈에 띈다.

그런 책임성 귀인의 단 하나의 유의미한 당파적 편향성의 사례는 이란-콘트라 사건이었다. 거기에서 민주당원과 공화당원은 책임을 대통령에게 부과하는 데 유의미한 차이를 보였다. 이런 편향성을 조정하기 위해 〈CBS 뉴스〉-〈뉴욕타임스〉 설문조사의 대통령 책임성 지표("대통령은 알고 있었는가?"질문이나 혹은 "대통령은 알고 있었는가?"와 "노스가 하고 있는 거짓말은 무엇인가?"의 합, 이 둘 중 하나)는 두 당파적, 이념적 집단에 상응하는 네 개의 가변수에 회귀되었다. 이 방정식으로 얻은 잔차(residuals)는 이후 표7.7과 7.8의 다양한 의견을 예측하기 위해 사용되었다.

전반적 의견

서포크 카운티 실험에서 진행된 대통령의 전반적 직무수행에 대한 평가는 단 하나의 질문을 통해 측정되었다. 그 질문은 "당신은 대통령으로서 레이건 대통령의 직무수행에 대해 어떻게 평가하십니까?"이었다. 다양한 자질 평가도 이루어졌는데, 그런 평가치는 종합적인 능력과 청렴도 지수를 구축하기 위해 사용되었다. 응답자들은 "식견이 있다(knowledgeable)", "열심히 일을 한다(hard-working)", "경험이 많다(experienced)", "지적이다(intelligent)"와 같은 자질이 레이건 대통령과 어울리는 정도를 각 항목마다 "매우 잘 어울린다(extremely well)"에서 "전혀 어울리지 않는다(not well at all)"까지의 4점 척도를 이용해 표시했다. 이들 항목에 대한 응답은 상호 밀접하게 관련되어 있었고(서포크 카운티 실험 전체에서 이들 항목 간 평균 상관관계는 .68이었다), 따라서 능력 지수를 만들기 위해 합산되었다. 신뢰 항목과 관련해서도 유사한 절차가 진행되었다. 이들 항목에는 "공정하다(fair)", "정직하다(honest)", "배려심이 있다(compassionate)" 그리고 "공감 능력이 있다(sympathetic)"가 포함되었다. 이와 관련된 전체 실험의 항목 간 평균 상관관계는 .48이었다.

NES 예비설문조사에서 진행된 레이건 대통령의 전반적인 직무수행에 대한 평가는 "매우 잘한다"에서 "매우 못한다"까지의 5점 척도를 통해 평가되었다(NES Codebook의 V456). 한편, 레이건 대통령의 능력과 신뢰도에 대한 평가는 다수의 자질 평가를 통해 측정되었다. 능력의 경우 응답자들은 "식견이 있다", "강력한 리더십이 있다" 그리고 "지적이다"라는 특성이 레이건 대통령을 얼마나 잘 묘사해 주는지를 "매우 잘 묘사하고 있다"에서 "전혀 그렇지 않다"까지의 4점 척도를 통해 평가했다. 이들에 대한 응답은 두 범주로 나누어진 뒤 합산되었다. 그리고 세 항목 간 평균 상관관계는 .57이었다. 신뢰도 구성에 활용된 자질 항목에는 "공정하다", "배려심이 있다", "품위 있다(decent)" 그리고 "도덕적이다(moral)"가 포함되었다(이 항목들은 NES Codebook 내의 각각 V602, V603, V606, V614에 해당하는 것이었다). 이들 항목 간 평균 상관관계는 .52였다.

〈CBS 뉴스〉-〈뉴욕타임스〉 설문조사에서 진행된 대통령의 전반적인 직무수행에 대한 질문은 표준적인 "당신은 대통령으로서 로널드 레이건의 직수수행 방식에 찬성하십니까 아니면 반대하십니까?"였다. 11월의 설문조사에서 대통령 능력에 대한 인식 지수는 4개의 질문을 통해 만들어졌다.

1. 당신은 로널드 레이건이 압박받는 상황에서도 훌륭한 판단 능력을 보여주고 있다고 생각하십니까?
2. 당신은 로널드 레이건이 강력한 지도자라고 생각하십니까?
3. 당신은 로널드 레이건이 대통령으로서 다루어야 될 복잡한 문제들을 이해하고 있다고 생각하십니까?

4. 당신은 로널드 레이건이 어려운 국제적 위기를 현명하게 잘 헤쳐 나갈 것이라는 데 믿음을 가지고 있습니까, 아니면 그의 접근 방식에 우려하고 계십니까?

이런 질문에 대한 응답('그렇다' 아니면 '그렇지 않다')은 매우 밀접한 상관관계(평균 항목 간 상관관계는 .56이었다)를 가지고 있었고, 따라서 합산되었다. 7월 설문조사의 경우 능력과 관련해서는 단 하나의 질문만이 포함되어 있었다. 그것은 "당신은 대체로 로널드 레이건이 자신의 정부에서 진행되는 일의 실제 책임자라고 생각하십니까, 아니면 대체로 다른 사람들이 정부를 실질적으로 운영하고 있다고 생각하십니까?"라는 질문이었다.

11월 설문조사에는 레이건의 개인적 청렴도와 관련해 단 하나의 질문만이 포함되어 있었다. 그것은 "당신은 로널드 레이건이 공인의 삶을 살고 있는 대부분의 사람들보다 더 정직하고 더 진실하다고 생각하십니까?"였다. 7월 설문조사에는 개인적 청렴도와 관련해 이와 같은 질문도, 또 이와 다른 질문도 포함되어 있지 않았다.

부시 부통령에 대한 평가를 알아보는 질문은 다음과 같은 문장으로 구성되었다(이 질문은 11월 설문조사에서만 구할 수 있었다). "조지 부시에 대한 당신의 생각은 다음 중 어떤 것입니까? 우호적이다, 우호적이지 않다, 유보적이다, 의견을 가질 정도로 그에 대해 잘 알지 못한다."

마지막으로, 11월 설문조사에는 응답자의 연방 정부에 대한 신뢰도를 측정하는 질문이 포함되어 있었다.

1. 당신은 얼마나 자주 워싱턴 정부가 올바른 일을 하고 있다고 믿습니까? 거의 항상 그렇다, 대체로 그렇다, 매우 가끔씩 그렇다.
2. 당신은 얼마나 자주 워싱턴 정부가 진실을 말한다고 생각하십니까? 항상 그렇다, 대체로 그렇다, 거의 그런 적이 없다.

이 두 질문에 대한 응답은 매우 밀접한 상관관계($r = .47$)가 있었고, 따라서 지표를 만들기 위해 합산되었다.

표8.2의 동시성(simultaneity) – 범죄, 테러, 혹은 인종 불평등에 관한 정치 지도자들에 대한 전반적 평가에서 비롯되는 잠재적 피드백 – 문제를 해결하기 위해 레이건 대통령에 대한 평가

에서는 먼저 당파적 및 이념적 영향력이 제거되었다. 그런 후 책임성 지수(원인 및 해결)를 예측하기 위해 사용되었다. 이런 2단계 절차는 당파성과 진보-보수 성향이 문제 이슈에 대한 책임성 귀인에 직접적으로 미치는 영향이 미미했다는 점에서 적절했다고 할 수 있다. 그런 2단계 분석 결과는 전반적 직무수행, 능력, 혹은 청렴도 평가가 귀인에 사실상 어떤 유의미한 영향도 미치지 못했음을 밝혀주었는데, 그것은 이들에 대한 표8.2의 귀인 계수가 "합리화(rationalization)" 효과에 크게 오염되어 있지 않다는 것을 시사해 준다.

국민설문조사의 무기 판매에 대한 대통령 책임성 지표에서도 마찬가지로 당파적, 이념적 편향성이 제거되었다(표8.4). 그럼에도 불구하고 그 지표에는 사라지지 않는 "합리화 편향"이 존재한다는 것을 부인할 수는 없다. 다시 말해, 이 설문조사에 참여한 많은 사람들은 무기 판매와 그와 관련된 사건에 대한 레이건 대통령의 인지 정도에 관한 어떠한 구체적인 정보도 접하지 못했을 수도 있다는 것이다. 이런 사람들은 대통령에 대한 전반적 인상을 단순히 투사시킴으로써 응답을 했을 수 있다. 이것은 태도 연구에서는 상당히 흔한 편향인데, 이것에 의해 어떤 표적 인물의 구체적인 성격적 특성은 표적 인물에 대한 응답자의 전반적 호감에 의해 "채워진다(filled in)." 따라서 표8.4의 귀인 지표에 대한 계수는 마찬가지로 레이건을 매우 존경했던 사람들이 "레이건은 알고 있었는가?"라는 질문에 대해 부정적으로 반응하도록 유인되었다는 것을 보여주는 것으로 여겨질 수도 있다는 것이다. 불행히도 설문조사에서의 무기 판매에 대한 책임성 귀인과 레이건 대통령에 대한 전반적 지지 사이의 원인 영향력의 흐름을 밝히기 위해 할 수 있는 일은 많지 않다. 그것은 둘 모두 당파성과 이념적 성향과 같은 흔한 선행 요인에 지배적인 영향을 받기 때문이다.

간접 효과

전반적 의견에 미치는 전반적 의견 영향력에 대한 이슈 한정적 의견의 영향력에서의 비율 증가는 이슈 한정적 의견과 귀인 사이의 상호작용 조건에 대한 계산을 통해 추정되었다. 그 방정식은 다음과 같다.

전반적 평가 = b_0 이슈 한정적 의견$_i$ + b_1 원인 책임성 지수$_i$ + b_2 해결 책임성 지수 + b_3(이슈 한정적 의견$_i$ × 원인 책임성 지수$_i$) + b_4(이슈 한정적 의견$_i$ × 해결 책임성 지수$_i$) + b_5 당파성 + b_6 정치적 이념 + b_7 식견 + b_8 사회경제적 지위 + e_i

이 방정식에서 아래에 쓰인 첨자 i 는 일단의 이슈들이다. 계수 b_3와 b_4는 각각 원인 및 해결 귀인의 간접 효과에 해당한다. 이런 계수가 유의미할 경우 책임성을 여타 요인이 아닌 사회적 요인에 부과하는 것은 이슈 한정적 의견이 전반적 의견에 미치는 영향을 강화시키는 효과를 야기한다. 그런 비율 차이는 계수 b_3과 b_4로부터 계산되었다.

다변량 맥락 속에서 간접 효과를 검토하는 것은 사실상 실현 불가능한 일이었다. 그것은 다양한 상호작용 조건들 사이에서, 그리고 이슈 한정적 의견들 사이에서의 공선성(collinearities)이 너무나 높았기 때문이다.

개인차

개인적 특성에 대한 분석은 한 번에 하나의 특성을 검토하는 순차적 방식으로 진행되었다. 개별적 성향적 특성의 독립적 효과를 추산하는 것은 프레임 조작과 특정 성향적 특성 사이의 다양한 상호작용 조건에 대한 계산을 필요로 했다. 각 실험에 참여하는 상대적으로 적은 참가자 수와, 또 상호작용 조건과 그런 조건들의 구성 요소들 사이의 극단적인 공선성 때문에 사실상 다변량 분석을 시도하는 것은 불가능했다. 예를 들면, 프레임 × 성(gender) 상호작용 조건과 성 사이의 상관관계는 본질적으로 대단히 밀접하다. 따라서 특정 수용자 특성의 상대적 효과를 평가하는 것은 현실적으로 가능하지 않았다.

주

머리말

1. 다음을 참조하라. Hearold(1986).

2. 이들 주장의 전반적 검토와 요약과 관련해서는 다음을 참조하라. An-solabehere, Behr, and Iyengar(1991).

3. 다음을 참조하라. Weisman(1984); Weintraub(1985).

4. 의제설정 연구의 포괄적 검토와 관련해서는 다음을 참조하라. Rogers and Dearing(1988).

5. 다음을 참조하라. Iyengar and Kinder(1987).

6. 다음을 참조하라. Page and Shapiro(1987).

7. 예를 들면, Neal Postman(1985)은 텔레비전 뉴스란 본질적으로 일화적 매체라고 주장했다.

8. 다음을 참조하라. Altheide(1987); Paletz, Ayanian, and Fozzard(1982).

9. 환경에 대한 네트워크 뉴스 보도가 매우 일화적이라는 증거와 관련해서는 다음을 참조하라.

Greenberg et al.(1989).

1장

1. 이런 방대한 연구문헌에 대한 자세한 검토와 관련해서는 다음을 참조하라. Kinder(1983); Kinder and Sears(1985); Luskin(1987).

2. 예를 들면, 다음을 참조하라. Brady and Sniderman(1985); Hurwitz and Peffley(1987); Iyengar(1989).

3. 원인 책임성에 대한 구체적 논의와 관련해서는 다음을 참조하라. Fincham and Jaspars (1980); Shaver(1985); Kruglanski(1989). 해결 책임성 개념에 대해서는 다음을 참조하라. Brickman et al.(1982).

4. 다음을 참조하라. Mayhew(1974); Fenno(1978); Denzau, Riker, and Shepsle (1985). 정치인들이 책임을 주장하거나 회피하기 위해 사용하는 몇몇 구체적 전략과 관련해서는 다음을 참조하라. Weaver(1986); McGraw(1990a, 1990b).

5. 귀인의 자발성 증거와 관련해서는 다음을 참조하라. Nisbett and Ross(1980); Weiner (1985a); Iyengar(1987). 귀인이 태도 변화에 미치는 영향에 관한 구체적인 실험 연구와 관련해서는 다음을 참조하라. Schneider, Hastorf, and Ellsworth(1979); Fiske and Taylor(1984); Brickman et al.(1982); Schachter(1964); Weiner(1985b). 비실험적 연구결과에 대해서는 다음을 참조하라. Bettman and Weitz(1983); Folkes(1984); Pettigrew(1979); Iyengar(1987).

6. 행동 효과에 관한 이 연구의 전반적 검토와 관련해서는 다음을 참조하라. Lemkau, Bryant, and Brickman(1982); Langer and Rodin(1976); Rodin(1986); Lerner(1980).

7. 예를 들면, 다음을 참조하라. Langer(1975); Wortman(1976).

8. 다음을 참조하라. Sniderman and Brody(1977); Lau and Sears(1981); Abramowitz, Lanoue, and Ramesh(1988).

9. 경제적 상황이 정치적 태도에 미치는 영향을 다룬 연구에는 다음 자료들이 포함된다. Key(1966); Fiorina(1981); Kiewiet(1983); Hibbs(1987); Hibbs, Rivers, and Vasilatos(1982); Abramowitz, Lanoue, and Ramesh(1988).

10. 행동의 상황적 제한성(specificity)을 보여주는 증거는 Mischel(1968)에 의해 처음 제시되었다. 이 연구는 행동의 "성격적 특성" 기원 개념에 대해 직접적으로 문제를 제기했다. 그로 인해 사회심리학 분야에서 광범위한 논쟁을 불러일으켰다. 논쟁의 초점은 주로 성격적 특성과 상황 사이의 상대적 영향력, 또 이 둘의 상호작용 효과에 집중되었다. 이에 대한 최근의 개괄적 검토와 관련해서는 다음을 참조하라. Nisbett(1980); Kenrick and Funder(1988).

2장

1. 프레임에 대한 실험 연구 결과와 관련해서는 다음을 참조하라. Kahneman and Tversky (1982, 1984, 1987); Quattrone and Tversky(1988); Thaler(1987); Payne, Laughhunn, and Crum(1980); Slovic, Fischhoff, and Lichtenstein(1982).

2. Kahneman and Tversky(1984), p. 343.

3. Schelling(1984).

4. 다음을 참조하라. McNeil et al.(1982).

5. Thaler(1980).

6. 다음을 참조하라. Lane(1962). Lane의 선구적인 연구는 보통 사람들의 경우 자신의 정치적 견해를 설명할 때 불안감이나 심지어는 압박감을 드러내고, 또 관련 이슈에 대해 뒤죽박죽된 모순적 입장을 자주 내보인다는 것을 밝혀주었다.

7. 설문 문장 구성 연구와 관련해서는 다음을 참조하라. Schuman and Presser(1982); McClendon and O'Brien(1988). 비록 대부분의 정치적 의견에 대한 프레임 연구가 설문 조사 연구 결과에 주로 의존하고 있지만, 이익 혹은 손실로서의 자극 인식이 정치적 판단에 미치는 영향에 관한 실험 연구도 점점 더 늘어나고 있다. 다음을 참조하라. Quattrone and Tversky(1988); An-solabehere, Iyengar, and Simon(1990).

8. 예를 들면, 다음을 참조하라. Sullivan, Piereson, and Marcus(1982).

9. 다음을 참조하라. Smith(1987). 의견 응답 사이의 상호관련성 정도가 프레임에 영향을 받는다는 또 하나의 연구 결과가 있다. 예를 들면, 소수자 우대정책의 경우 그것이 흑인에 대한 "불공정한 이점(unfair advantage)"으로 묘사되면 소수자 우대정책을 지지하는 백인은 마찬가지로 민권도 지지한다. 하지만 소수자 우대정책이 백인에 대한 역차별(reverse discrimination)의 관점에서 묘사되면 민권 지지와 소수자 우대정책 지지 사이의 일치도는 줄어들게 된다. 다음을 참조하라. Kinder and Sanders(1986).

10. 다음을 참조하라. Schuman and Presser(1982); Kahneman and Tversky(1984). 정치 설문조사에서 응답 고정성이 가장 교육 수준이 낮은 저학력 계층이나 혹은 가장 식견이 부족한 사람들 사이에서만 집중적으로 나타나는 것은 아니라는 유사한 연구 결과와 관련해서는 다음을 참조하라. Achen(1975).

11. Kahneman and Tversky(1984), p.343.

12. 말하는 사람(talking heads)의 존재 혹은 부재는 두 뉴스 프레임을 식별하는 데 중요한 차이다. 주제적 보도는 그것이 "객관적" 보도라는 규범에 부응하려고 하면 반드시 다양한 주제 "전문가"와의 인터뷰를 필요로 한다. 일화적 보도는 통상 그런 전문가 정보원을 배제한다.

13. 이런 구조적 영향과 관련해서는 다음을 참조하라. Gans(1979); Roshco(1975); Arlen (1976); Weaver(1972); Ranney(1983).

14. 그런 연구 결과와 관련해서는 다음을 참조하라. Gitlin(1980); Gamson and Modigliani (1989).

15. 그와 관련된 연구 결과는 영국 텔레비전 뉴스를 대상으로 분석한 다음 자료들을 참조하라. Elliot, and Murdock(1970); Glasgow University Media Group(1976), (1980).

16. 다음을 참조하라. Altheide(1987).

17. Altheide 1987, p. 300.

18. 텔레비전 뉴스의 경마식 보도에 대한 최근 연구와 관련해서는 다음을 참조하라. Buchanan (1991); Hallin(1990).

19. Bateson(1972)과 Goffman(1974)에 의해 개발된 사회학적 전통에 근거한 이런 연구를 미디어 "프레이밍(framing)"이라 한다. 그러나 이들은 프레임이 선택 문제에 미치는 영향을 연구하는 심리학적 연구와는 구분되고, 커뮤니케이션 분석에 대한 접근방법에서도 상당한 차이를 보인다. 이런 사회학적 연구 방법은 주로 미디어 묘사 방식에서의 "줄거리(story lines)," 상징, 그리고 상투적인 관념(stereotypes)의 사용 방식에 초점을 맞춘다. 예를 들면, 이런 연구는 텔레비전 뉴스가 원자력 발전에 반대하는 시위를 보도할 경우, 통상 그런 뉴스는 기타 연주 중인 너저분한 젊은이의 이미지를 제공함으로써 그 시위에 참여하는 참가자들 모두가 마치 급진적인 대항문화의 일원인 것처럼 묘사한다는 사실을 밝혀냈다(이에 대해서는 다음을 참조하라. Gamson(1989)). 따라서 이런 연구는 뉴스 프레임을 이념적 혹은 가치적 관점에서 정의한다(이에 대해서는 다음을 참조하라. Gitlin(1980); Cohen and Young(1981); Gamson and Modigliani(1989); Gamson and Lasch(1983); Gamson(1989)). 비록 사회학자들이 상당히 다른 의미로 프레임을 사용하는 이유에 대해 "프레임"이란 용어 자체 때문이라고 주장하지만 그럼에도 불구하고 이들의 연구와 본서에 제시되는 연구 모두가 텔레비전 뉴스는 기존 체제 강화에 상당한 역할을 한다고 결론짓는 것은 흥미로운 일이라 하겠다.

3장

1. 그런 경향의 예외적인 연구로는 다음을 참조하라. Hovland(1959); Iyengar and Kinder (1987).

2. 실험 연구와 관련해서는 다음을 참조하라. Carl-smith, Ellsworth, and Aronson(1976) and Campbell and Stanley(1966).

3. 물론 그런 주장은 확률론적(probabilistic) 주장에 불과하다. 실제로 무작위 배정에도 불구하고 실험 조건은 그 구성에 차이를 보일 수 있다. 따라서 무작위 배정이 기대되는 효과를 달성하고 있는지를 검증하는 것은 실험 연구의 일반적 관행이다. 본 연구에서 진행된 9개의 프레임 실험 중 그 어떤 것에서도 배경 요인에 유의미한 차이를 보인 조건은 없었다.

4. 안내문은 다음과 같았다. "오늘날 텔레비전은 미국인들의 주요한 정보원이다. 본 연구의 목적은 사람들이 텔레비전 뉴스 기사를 어떻게 평가하고, 이해하며, 해석하는지를 알아보는 것이다. 우리는 특별히 '선택적 지각'에 관심이 있다. 정치나 정부에 대한 사람들의 의견이 뉴스에

대한 반응 방식에 영향을 미치는가? 공화당원과 민주당원은 실제로 동일한 뉴스를 시청하는가?"

5. 여기에 기술된 실험 절차는 실험 연구에 관한 미국심리학회(American Psychological Association) 지침에 따라 충실하게 진행되었다.

6. 본질적으로 까다롭긴 하지만 개방형 지표는 몇몇 근거로 인해 고정 선택(fixed-choice)이나 평가 척도(rating-scale) 지표보다 더 바람직한 것으로 여겨진다. 첫째, 개방형 지표는 상대적으로 덜 개입적이고 연구자의 의도가 응답자에게 전달되는 것을 막아준다. 둘째, 원인 및 해결 책임성 귀인을 알아보는 폐쇄형 항목을 구성하기 위한 이전의 연구 결과가 사실상 존재하지 않기 때문에 그런 지표를 사용하는 것은 위험할 수 있다는 것이다. 마지막으로, 책임성에 대한 개방형 측정 방법이 더 높은 예측 타당도(predictive validity)를 달성한다는 귀인 관련 연구 결과가 있기 때문이다(이에 대해서는 다음을 참조하라. Russell, McAuley, and Jerico(1987)).

7. 참가 문의는 미디어실(Media Laboratory)을 통해 이루어졌다. 전화를 받는 동안 잠재적 참가자들은 연령을 포함한 다양한 인구통계학적 요인에 의해 분류되었다. 거기에서 대학생이거나 18세 이하라고 밝힌 문의자는 정중하게 거부되었다.

8. 각각의 실험에 참여한 참가자들은 두 개의 기사를 보는 동안 자신이 느끼는 감정을 기록하도록 요청받았다. 그런 감정 목록에는 행복, 희망, 공포, 슬픔, 분노, 그리고 혐오 등이 포함되었다. 이들의 응답 – '그렇다(yes)' 혹은 '그렇지 않다(no)' – 은 공감(affect) 지수를 만들기 위해 이후 합산되었다. 거기에서 감정 자극의 유의미한 차이를 보인 첫 번째 경우는 빈곤 실험1에서 발생했는데, 그것은 별반 의미가 없는 것이었다. 왜냐하면 공감과 관련해 유의미한 차이를 보였던 이 두 조건 모두 원인과 해결 귀인에서 동일한 패턴을 도출시켰기 때문이다. 한편, 조건 전체에 걸쳐 유의미한 감정 차이를 보인 두 번째 경우는 테러 실험1에서 발생했다. 하지만 여기에서의 감정 차이는 원인 귀인의 차이와 관련되어 있었다. 이런 결과에 대한 좀 더 상세한 논의는 4장을 참조하라.

9. 실험 요구에 대한 상세한 논의와 관련해서는 다음을 참조하라. Orne(1962).

4장

1. 신문의 내용 분석에 기초한 유사한 연구 결과와 관련해서는 다음을 참조하라. Graber (1980). 네트워크가 범죄를 일화적 프레임으로 묘사한 정도는 해마다 차이가 있었다. 그럼에 도 불구하고 매년 범죄에 대한 보도에서 일화적 프레임이 차지하는 비율은 최소한 75퍼센트 는 되었다.

2. 다음을 참조하라. Paletz, Ayanian, and Fozzard(1982); Altheide(1987).

3. Altheide(1987), p. 174.

4. Carroll et al.(1987)에 의해 범죄에 대한 원인 귀인의 유사한 분석이 이루어졌다. 이 연구에 서는 다수의 폐쇄형 질문이 "전문적인(expert)" 귀인자인 가석방심의위원회 위원들(parole -board members)과 보호 관찰관들(probation officers)에게 제시되었다.

5. 그러나 이런 통합적 수준에서의 유사성은 실험 참가자라면 누구든 그가 이 두 이슈에 대해 일 관성을 가지고 책임을 부과했다는 것을 의미하는 것으로 이해되어서는 안 된다. 9장의 결과가 보여주듯, 이 두 이슈에 대한 개인적 수준의 원인 및 해결 귀인의 일관성은 그렇게 강고하지 않았다.

6. 이 실험은 한 가지 점을 제외하면 모든 방법론적 측면에서 여타의 실험과 동일했다. 그 예외는 바로 통제 집단을 활용하는 것이었는데, 이들 통제 집단의 참가자들은 테러와 관련된 어떠한 뉴스도 보지 않았다. 이 실험은 항공기 납치 사건이 발생한 직후인 1985년 9월에 진행되었다.

7. 예를 들면, 다음을 참조하라. Ross(1977); Jones(1979).

8. 주제적인 '미국의 외교 정책' 조건에서 테러에 대한 높은 수준의 개인적 귀인에 대한 그럴듯 한 사후 설명(post hoc explanation)은 감정과 관련되어 있을 수 있다. 이 기사는 항공기 납 치 사건을 미국에 대한 정치적 반대의 표현으로 제시했기 때문에, 그리고 레이건이 몹시 화난 표정으로 테러범들을 비난했기 때문에, 그것은 보다 강력한 "외집단(outgroup)"이라는 고 정관념(즉, 납치범에 대한 보다 강한 부정적 감정)을 강화시키고, 결국은 원인 요인으로 테러 범의 개인적 성격 결함을 더 많이 언급하도록 부추겼을 수 있었다. 실험 후 설문지에는 항공기 납치를 다룬 기사가 참가자들의 다양한 감정, 즉 "혐오," "분노," "공포" 등을 "자극"했는지를 참가자들에게 물어보는 일단의 질문이 포함되어 있었다. 이에 대한 응답은 부정적 감정에 대

한 종합 측정치를 만들기 위해 합산되었다. 그 결과 '미국 외교 정책' 조건에 참여한 참가자들은 여타 조건에 참여한 참가자들에 비해 문제의 뉴스 보도에 의해 유의할 정도로(p < .05)로 더 많은 감정적 자극을 받은 것으로 드러났다. 이뿐만 아니라 모든 조건에 걸쳐 부정적 감정이 더 많이 자극받으면 받을수록 그만큼 언급되는 개인적 원인의 비율 역시 증가했다는 것이 밝혀졌다. 요약하면, '미국의 외교 정책' 조건의 기사 제시 방식은 의도하지 않았지만 항공기 납치범에 대한 시청자의 적대감을 고조시켰고, 그것은 결국 개인적 귀인을 유도하는 원인으로 작용했다고 할 수 있다.

9. 예를 들면, 다음을 참조하라. Graber(1980).

10. 이런 상황 하에서는 범죄자의 인종이 흑인 및 백인 일화적 조건에서 묘사된 범죄 행위에 대한 "정당성(justifiability)" 정도와 혼동될 수 있는 명백한 위험이 존재한다. 그럼에도 불구하고 게츠 사건이 포함된 이유는 실험이 진행되는 당시 게츠 사건은 뉴욕 지역에서는 대단히 뉴스 가치가 높은 사건으로 여겨졌고, 또 범죄에 대한 일화적 뉴스 보도의 대표적인 기사로 여겨졌기 때문이다.

5장

1. 다음을 참조하라. McCloskey and Zaller(1984); Verba and Orren(1985); Bellah et al.(1985).

2. 미국인들은 가난을 가난한 사람들 자신의 책임이라고 생각한다는 연구 결과에 대해서는 다음을 참조하라. Feagin(1975); Goodban(1981); Kluegel and Smith(1986); Feldman(1983); Lewis and Schneider(1985); Verba and Orren(1985). 실업에 대해서도 마찬가지 태도를 보이는데, 이와 관련된 연구 결과에 대해서는 다음을 참조하라. Furnham(1982); Schlozman and Verba(1979). 마지막으로 인종 불평등에 대한 책임을 흑인 탓으로 돌리는 경향과 관련해서는 다음을 참조하라. Apostle et al.(1983); Sniderman and Hagen(1985).

3. 비록 소수자 우대정책에 대한 보도량이 인종 불평등에 관한 뉴스 보도에서 차지하는 비율은 상대적으로 적었지만, 그 비율은 1981-83년 동안 5퍼센트 이하에서 1984-86년 동안 30퍼센트로 늘었다. 그에 상응해 인종 차별 뉴스의 수와 그것이 인종 불평등에 관한 뉴스에서 차지

하는 상대적 비율 역시 1981-83년 동안 176개(전체 보도의 76퍼센트)에서 1984-86년 동안 45개(33퍼센트)로 크게 줄었다.

4. 실업과 빈곤 기사의 일화적 및 주제적 구분 역시 1년 단위로 이루어졌다. 비록 실업에 대한 일화적 프레임이 1982년과 1983년의 불황기 동안 최고치(25퍼센트)를 기록하기는 했지만 매해마다 주제적 프레임은 여전히 지배적이었다. 반면, 빈곤의 경우 주제적 프레임이 전체의 55퍼센트를 차지했던 1981년을 제외하면 매년 일화적 프레임이 기사의 대부분을 차지했다. 전반적 패턴에서 벗어난 1981년의 이런 예외적 현상은 레이건 정부의 사회복지 프로그램 삭감안을 둘러싸고 의회에서 벌어지는 논쟁에 대해 주제적으로 다룬 기사들이 넘쳐났기 때문이다.

5. 빈곤과 실업의 경우, 원인 및 해결 귀인의 자발성은 참가자들에 대한 다음과 같은 질문을 통해 평가되었다. "빈곤/실업에 대한 기사를 듣거나 읽을 때 당신은 무엇에 대해 생각하십니까? 생각나는 모든 것을 열거해 주시기 바랍니다." 이런 "생각-목록" 질문에 대한 응답은 기술(descriptions), 설명(explanations), 감정 표현(expressions of affect), 해결 방안(prescriptions of treatments) 등 4개의 포괄적 범주로 분류되었다. 이들 양 이슈에 대한 설명과 해결 방안은 전체 생각 중 50퍼센트를 차지했는데, 이것은 원인과 해결 책임성이 "자연스런(natural)" 개념임을 시사해 준다. 다시 말해, 원인과 해결 귀인은 사람들이 정치 이슈에 대해 생각할 때 자연스럽게 떠올리는 것처럼 보인다는 것이다.

6. 이런 사회적 및 개인적 요인 이외에도 소수의 원인 책임성 응답에는 "문화적(cultural)" 설명이라고 하면 가장 적절해 보일 수 있는 것들에 대한 언급이 포함되었다. 이런 응답은 주로 "붕괴된 가정(broken homes)"이나 "대부분의 사람들이 가난 속에 태어나고 있다"와 같은 가족적 특성에 대한 언급으로 이루어졌다. 하지만 이런 응답에 암시된 원인 메커니즘이 본질적으로 개인적인 것인지 혹은 사회적인 것인지는 명확하지가 않았다. 따라서 이런 응답은 "기타(other)" 범주로 분류되었고, 이에 대한 더 이상의 분석은 진행되지 않았다.

7. 비록 실업에 대한 원인으로 경제적 측면을 강조하기는 했지만, 그렇다고 경제 혹은 특정 경제 흐름의 어떤 단 한 측면을 지배적으로 언급하지는 않았다. 오히려 응답자들은 광범위한 경제적 원인에 대해 언급했다. 더구나 이 범주의 응답은 예를 들면, "현재 경기가 불황이다," 혹은 "업체들이 직원을 고용하지 않는다"와 같이 좀 애매했고, 산만했으며, 모호했다. 따라서 이것은 경제적 원인에 대한 빈도가 실업에 대한 원인 책임성 귀인으로는 상당한 모호성이 있다는 것을 시사해 준다. 이런 결과는 이전 연구와 유사한 결과다. Schlozman와 Verba(1979, p.

194)가 지적하듯, 책임성에 대한 나름 타당성 있는 어떤 특정한 이해방식을 공유할 것으로 기대되는 실업자들조차도 서로 다른 의견을 가지고 있다. 이를테면, "어떤 사람들은 모두를 탓하고, 또 어떤 사람들은 아무도 탓하지 않는다. 또 다른 사람들은 혼란스러워 하고, 또 다른 사람들은 그럼에도 불구하고 나름대로의 이론을 가지고 있다"는 것이다.

8. 빈곤과 실업 사이의 차이는 상당히 다른 방법(폐쇄형)의 지표를 사용했던 이전의 연구 결과와 일치한다(이와 관련해서는 다음을 참조하라. Feagin(1975); Kluegel and Smith(1986); Goodban(1981); Furnham(1982); Feather and Davenport(1981)). 하지만 인종 불평등의 경우, 본 연구에서 드러난 원인 귀인의 커다란 사회 책임성 부과는 불평등에 대한 폐쇄형 측정 방법에 기초한 이전의 연구 결과와는 다르다. 예를 들면, NES와 지역 설문조사를 이용한 Sniderman과 Hagen(1985)은 국민들이 불평등의 원인으로 개인을 주로 지목하고 있다는 사실을 발견했다(이와 관련해서는 Apostle et al.(1983)을 참조하라). 그러나 이들 연구자들이 이용한 폐쇄형 문항에는 본 연구에서 드러난 사회적 범주의 원인들이 전혀 포함되지 않았다. 대신 포함된 것은 역사적 요인("여러 세대에 걸친 노예제도"), 신의 뜻, 그리고 음모론("흑인을 계속 억압하고자 하는 부유한 소수의 백인 집단") 등이었다. 따라서 이런 응답 자료는 본 연구에서 제시되고 있는 개방형 응답과 쉽게 비교될 수는 없다고 하겠다.

9. 다음을 참조하라. Brickman et al.(1982).

10. 처음 이 두 조건은 노숙자의 인종적 효과를 알아보기 위해 별개의 조건으로 설계되었다. 그러나 인종적 효과에 대한 연구에서 이 두 조건은 유사한 응답 패턴을 도출했다. 따라서 분석을 위해 이 두 조건은 하나의 조건으로 처리되었다.

11. 다음을 참조하라. Walster(1966).

12. 그런 귀인의 "희망적 사고(wishful thinking)"의 연구 결과와 관련해서는 다음을 참조하라. Lerner(1980); Shaver(1970).

13. 다음을 참조하라. U.S. Congress(1985).

14. 통합된 주제적 조건을 통합된 일화적 조건과 비교했을 때 모두 네 개의 비교치가 통계적으로 유의미성을 획득했다. 거기에서 뉴스 프레임이 주제적일 때 사회적 원인 및 해결 귀인은 개인적 원인 및 해결 귀인보다 2대 1의 이상의 큰 차이를 보였다. 이와는 반대로 일화적 조건에서는 사회적 대 개인적 원인 및 해결 귀인의 비율은 거의 동일하게 나타났다.

6장

1. Neustadt(1960)에 의한 선구적인 연구 이래로 많은 연구자들이 현대 정치에서 대통령 지지율이 차지하는 중요성에 대해 연구했다. 다음을 참조하라. Cronin(1980); Kernell(1986); Light(1982); Lowi(1985).

2. 이런 사건 구분에 대한 좀 더 자세한 설명은 다음을 참조하라. Ostrom and Simon(1989).

3. Ibid.

4. Ross(1977); Jones(1979).

5. 그 기간 동안 모두 다섯 번의 설문조사가 진행되었다. 실시된 시기는 다음과 같다. 1986년 11월 30일(N=687), 1986년 12월 7-8일(N=1036), 1987년 2월 28일-3월 1일(N=1174), 1987년 7월 9일(N=658), 1987년 7월 16일(N=665).

6. 이 정도의 대통령 책임성은 서포크 카운티 프레임 실험에서 밝힌 책임성 귀인과 비교해 확연히 높은 것이라 할 수 있는데, 그것은 아마도 측정방법의 차이에서 비롯된 것이 아닌가 한다. 국민설문조사에서 응답자들이 책임성 귀인과 관련해 레이건 대통령이나 혹은 "백악관 참모진," 이 둘 중 하나만을 골라야 할 경우에는 대통령에 대한 지목이 25퍼센트에 불과했다. 그런데 이 수치는 서포크 카운티 실험에서의 대통령 책임성에 대한 개방형 언급 비율과는 훨씬 더 가까운 수치다.

7. 비록 드러난 차이가 예측되었던 방향과 일치하기는 했지만, 이 두 조건은 또 원인 요인으로 대통령의 능력이나 청렴도에 대한 상대적 언급 빈도의 측면에서 유의미한 차이를 보여주지는 않았다. 즉, 대통령의 부정확한 진술 등에 대한 보도가 능력 부족의 응답 비율에 아무런 변화를 주지 못한 반면, 대통령의 신뢰성에 대한 보도는 솔직하지 못하다거나 신뢰성이 부족하다는 응답 비율을 매우 미미하게 상승시키는 데 그쳤다는 것이다.

8. Ostrom and Simon(1989), pp. 379-83.

7장

1. 관련 연구 결과는 1장 각주 5-7에 언급되어 있다.

2. 인종 불평등의 특정 사례에서는 소수자 우대정책이나 특별대우를 언급한 원인 및 해결 귀인의 비율이 개인적 귀인 비율에는 더해졌고, 사회적 귀인 비율로부터는 차감되었다. 실업은 이 분석에서 제외되었는데, 그것은 어떤 프레임 효과도 실업과 관련해 발견되지 않았기 때문이다. 그러나 실업 관련 자료에 대한 유사한 분석 결과는 모든 측면에서 빈곤과 인종 불평등에 대한 분석 결과를 확실하게 더 뒷받침해 주었다.

3. 다음을 참조하라. Kinder and Sears(1985).

4. 이 두 예측변수에 대한 대부분의 계수가 무의미했기 때문에 이들 계수는 뒤에 제시되는 표에서 제외되었다.

5. 예를 들면, 사형제도에 대한 의견을 예측하는 방정식에는 사회적 원인 귀인과 사회적 해결 귀인으로 구성된 곱셈 항이 포함되었다.

6. 테러와 관련해 이스라엘 정부의 직무수행에 대한 평가를 예측하는 방정식에는 실험 참가자가 유대인인지 아닌지를 나타내는 가변수(dummy variable)가 포함되었다.

8장

1. 다음을 참조하라. Kinder(1986); Kinder and Sears(1985); Iyengar and Kinder (1987). 부록C도 참조하라.

2. 논리적으로 다음도 동일하게 적용될 수 있다. 즉, 빈곤 책임을 개인에게 돌리는 응답자들 역시 이슈 한정적 의견에 초점을 맞출 수 있다는 것이다. 예를 들면, 이들은 "불요불급한(unnecessary)" 복지 프로그램에 대한 엄격한 제한의 관점에서 대통령의 직무수행을 주로 평가하게 될 것이다. 하지만 그런 간접적 효과는 하나도 발견되지 않았다.

3. 이 실험 결과는 다음을 참조하라. Iyengar and Kinder(1987), chapter 9.

4. 재임 8년 동안의 레이건 대통령 지지율 추이와 관련해서는 다음을 참조하라. Ostrom and Simon(1989).

5. 이 결과를 해석하는 데에는 다시 한 번 신중을 기할 필요가 있다. 7장에 지적된 바와 같이 무기 판매에 대한 책임성 귀인과 레이건 대통령에 대한 전반적 평가는 상호 밀접하게 관련되어 있다.

6. 다음을 참조하라. Lau(1982), (1985); Fiorina and Shepsle(1990); Born(1990); Ansolabehere(1988); Ansolabehere, Iyengar, and Simon(1990).

7. 빈곤과 인종 불평등에 대한 원인 책임성 귀인에서 비롯되는 9개의 유의미한 상호작용 효과가 존재했다. 하지만 해결 책임성과 관련해서는 오직 3개의 상호작용만이 유의미한 효과를 유발시켰다.

8. 범죄와 테러에 대한 해결 책임성 귀인은 총 15개의 유의미한 간접 효과를 유발했다. 반면 원인 책임성 귀인은 5개의 유의미한 간접 효과를 유발하는 데 그쳤다.

9. 사람들은 대통령이 해야 될 일과 하지 말아야 될 일에 대해 고정관념을 가지고 있다는 연구 결과와 관련해서는 다음을 참조하라. Kinder et al.(1980).

10. 다음을 참조하라. Lowi(1985), p. 173.

11. 여러 논평가들이 지적하듯 레이건 정부는 여타의 원인에 책임을 돌리거나 혹은 책임 자체를 부인하는 데 매우 능했다. 그 결과 "미꾸라지 백악관(Teflon presidency)"이라는 딱지가 붙여졌다. 정치적 책임성 회피 전략과 관련해서는 다음을 참조하라. McGraw(1990b).

9장

1. 다음을 참조하라. Kinder and Sears(1985).

2. 미디어 의제설정 효과의 중재자로서 역할을 반박하는 사례 연구와 관련해서는 다음을 참조하라. Iyengar and Kinder(1985).

3. 다음을 참조하라. Roberts and Maccoby(1985); Bower(1985); Frank and Greenberg(1980).

4. 범죄와 테러 조건을 하나로 통합하기 전에 성향적 특성 효과는 각각의 이슈에 대해 개별적으로 검토되었다. 거기에서 어떠한 모순적인 관계도 발견되지 않았다. 두 빈곤 실험을 통합하기 전에도 동일한 절차가 진행되었고 결과 역시 동일했다.

5. 통계에 밝은 독자를 위해 설명을 덧붙인다면, 표의 항목은 프레임 조작에 대한 책임성 지수를

회귀시키고, 예측된 지수로부터 응답자의 실제 책임성 지수를 차감함으로써 얻어진 평균 잔차들이다. 음의 지수는 그 집단의 실제 책임성 지수가 실험 조작에 의해 상대적으로 낮게 예측되었다는 것을 의미한다. 다시 말해, 그 집단의 구성원들이 표본의 나머지 구성원들보다 주제적 조건 아래에서 상대적으로 낮은 사회적 귀인을 부과했다는 것이다. 반대로 양의 지수는 전반적인 주제적 프레임의 효과를 감안할 때 예측보다 더 사회적 귀인을 부과했다는 것을 의미한다. 한편, 프레임 효과에 이렇다 할 영향을 미치지 못한 것(여기에서는 양측 t-검증에 의해 .15의 수준에서 통계적 유의미성을 갖지 못한 차이)으로 밝혀진 수용자 특성은 표에서 제외되었다.

6. 공화당원이라고 해서 특별히 정치적 프레임에 저항적인 것은 아니었다. 그것은 연구 대상에 포함된 사실상의 공화당원 모두가 자신이 배정된 실험 조건에 관계없이 레이건 대통령에게 책임을 부과하기를 꺼려했기 때문이다.

7. 첫 번째 검증은 본질적으로 누수 효과의 통합 지표이지만 두 번째 검증은 개별적 수준의 지표를 제공한다.

8. 프레임이 이슈 간 일치도에 미치는 영향은 다음 방정식을 통해 검토되었다.

$$\text{귀인}_{\text{범죄}} = b_1 (\text{귀인}_{\text{테러}}) + b_2 (\text{프레임}_{\text{테러}}) + b_3 (\text{귀인}_{\text{테러}} \times \text{프레임}_{\text{테러}})$$

계수 b_3는 테러 프레임이 범죄와 테러 귀인의 상호의존성에 미치는 영향력의 정도를 측정한 값이다. 범죄와 테러 실험에서 4개의 관련 상호작용 계수 중 3개는 .15 수준에서 유의미했다. 빈곤과 실업 실험에서는 어떤 상호작용 계수도 유의미하지 않았다.

9. 실제로 범죄와 테러에 대한 보도가 인종 불평등에 대한 시청자의 책임성 귀인에 미치는 영향은 존재하지 않았다. 거꾸로 주제에 따른 인종 불평등 뉴스 프레임(흑인 빈곤, 소수자 우대정책, 그리고 인종 차별)도 테러에 대한 귀인에 이렇다 할 영향을 미치지 않았다. 그러나 인종 불평등을 인종 차별의 관점에서 프레임하는 것은 범죄에 대한 사회적 해결 귀인 수준을 상승시키는 데 기여했다($p < .10$).

맺음말

1. 정치적 지식 수준에 관한 연구와 관련해서는 다음을 참조하라. Kinder and Sears(1985).

2. 정치적 사고의 영역 한정성에 관한 논의에 대해서는 다음을 참조하라. Iyengar(1990).

3. 다음을 참조하라. Converse(1963); Lane(1962).

4. Converse(1964), p. 247.

5. 프레임 연구에 사용된 것과 동일한 한 실험 디자인은 실험 참가자의 응답에 상당한 지연 효과를 낳았다. 거기에서 참가자들은 뉴스에 노출된 지 일주일이 지난 다음 "당신은 지금 국가가 직면한 가장 중요한 세 가지 문제가 무엇이라고 생각하는가?"라는 질문을 받았다. 이들은 응답을 통해 이전의 뉴스 보도 내용을 상기하려고 했고, 따라서 그것은 적어도 미디어 의제설정 효과가 일주일 정도는 지속된다는 것을 시사해 주었다. 이와 관련된 좀 더 자세한 설명은 다음을 참조하라. Iyengar and Kinder(1987).

6. 가치관이 정치적 의견에 영향을 미친다는 증거와 관련해서는 다음을 참조하라. Feldman (1983); Sniderman and Brody(1977). 범죄와 빈곤 영역에서 유의미한 인종 프레임 효과가 발생한다는 것은 그 자체로 각 개인이 정치적 이슈에 대한 책임을 부여할 때 널리 공유된 문화적 규범과 고정관념이 중요한 자극제로 작용한다는 증거다.

7. 다음을 참조하라. Wyer and Srull(1986). 비록 와이어와 쉬럴은 그들 스스로 이 점을 명확히 하고 있지 않다. 하지만 특별히 가치 있거나 중요하다고 여겨지는 정보(예를 들면, 완고한 보수적 유권자를 겨냥한 연방예산적자에 대한 후보자의 입장)가 장기기억 저장소에서도 우월적인 지위를 차지하게 되고, 따라서 "만성적(chronic)" 즉 지속적인 접근성 효과의 원인으로 작용할 가능성은 크다고 볼 수 있다. 장기기억, 정보 회복, 접근성 편향에 대한 이와 다른 설명과 관련해서는 다음을 참조하라. Anderson(1983); Collins and Loftus(1975); Craik and Lockhart(1972); Rumelhart and Ortony(1977).

8. Slovic, Fischhoff, and Lichtenstein(1980, p. 127). 의사결정과 판단 연구의 다양한 하위 연구 분야 검토와 관련해서는 다음을 참조하라. Einhorn and Hogarth(1981); Abelson and Levi(1985); Kahneman, Slovic, and Tversky(1982).

9. 이런 증거들을 개괄적으로 검토하고 있는 연구와 관련해서는 다음을 참조하라. Taylor and Fiske(1979); Wyer and Srull(1984); Higgins, Bargh, and Lombardi(1985); Sherman and Corty(1984); Bargh(1985); Taylor(1982).

10. 다음을 참조하라. Slovic, Fischhoff, and Lichtenstein(1980).

11. 이들 연구의 개괄적 검토와 관련해서는 다음을 참조하라. Wyer and Hartwick(1980); Higgins and King(1981).

12. 이 연구와 관련해서는 다음을 참조하라. Fazio(1990); Fazio and Williams(1986). 유사한 접근성 효과가 설문조사 응답 연구에서 발견되었다.

13. 다수의 의제설정 효과 연구문헌에 대한 개괄적 검토와 관련해서는 다음을 참조하라. Rogers and Dearing(1988).

14. 이와 관련된 연구 결과는 다음을 참조하라. Iyengar and Kinder(1987), chapter 7.

15. 이와 관련된 자세한 설명은 다음을 참조하라. Iyengar and Kinder(1987), chapter 8.

16. 다음을 참조하라. Krosnick and Kinder(1990).

17. 1988년 대통령 선거에 대한 텔레비전 및 신문 기사의 경마식 보도 지배 현상에 대한 개괄적 분석과 관련해서는 다음을 참조하라. Buchanan(1991). 경마식 보도는 자연스럽게 선두를 달리는 후보들을 더욱 더 유리하게 만드는 효과를 유발하지만 동시에 언론의 예상보다 선전하고 있는 후보, 다시 말해 경선에서 예상보다 선전하고 있는 후보에 대해서는 뜻밖의 선물이 되기도 한다. 예를 들면, 게리 하트(Gary Hart)는 1984년 뉴햄프셔 민주당 예비선거에서 3등을 차지했다. 당시 그는 무명의 정치인이었기 때문에 이러한 결과는 그 자체로 엄청난 미디어의 관심을 끌었다.

18. Bartels(1988), p. 42.

19. 이와 관련된 연구 결과는 곧 출간 예정인 Popkin의 연구를 참조하라.

20. 다음을 참조하라. Bartels(1988), chapter 6; Bartels(1985); Brady(1984).

21. 다음을 참조하라. Bishop, Oldendick and Tuchfarber(1982).

22. 설문조사 연구에서의 접근성의 중요성에 대한 전반적 논의와 관련해서는 다음을 참조하라. Zaller and Feldman(1988); Bishop, Oldendick, and Tuchfarber(1982). Tourangeau 등(1989)은 특정 주제에 대한 접근성이 이들 주제에 대한 설문조사 질문에 응답하는 응답자

들의 시간을 줄여준다는 직접적인 증거를 제시한다.

23. 이 연구 및 그와 관련된 연구에 대한 개괄적 검토와 관련해서는 다음을 참조하라. Kinder and Sears(1985); Iyengar and Kinder(1987).

24. 부시 선거운동본부는 국방 영역에서 부시가 더 많은 경험을 가지고 있다고 설명하는 아나운서와 함께 군 탱크를 몰고 있는 듀카키스 주지사를 보여주는 텔레비전 광고를 내보냈다.

25. 다음을 참조하라. Petrocik(1990). 미디어 의제에 대한 공직 후보자의 영향력과 관련해서는 다음을 참조하라. Arterton(1978); Grossman and Kumar(1981); Hart 1987; Mickelson(1989).

26. 뉴스 내용에 영향을 미치는 이런 요소들의 중요성에 대한 자세한 분석과 관련해서는 다음을 참조하라. Epstein(1973); Gans(1979); Tuchman(1978); Westin(1982).

27. 네트워크의 경제 뉴스 보도와 실제 경제와의 상응성에 대한 연구 결과와 관련해서는 다음을 참조하라. Behr and Iyengar(1985); Harrington(1989).

28. 다음을 참조하라. Lane(1962); Converse(1964); Kinder and Sears(1985).

29. 그 모델과 관련해서는 다음을 참조하라. Gitlin(1980); Donald and Hall(1986); Seidel (1975); Edelman(1977). 구체적 사례와 관련해서는 다음을 참조하라. Gitlin(1980); Jensen(1987); Cohen and Young(1981); Fishman(1980); Glasgow University Media Group(1980).

30. 예를 들면, 다음을 참조하라. Nisbett and Ross(1980)

31. 유사한 연구 결과에 대해서는 다음을 참조하라. Iyengar and Kinder(1987). 이 두 연구자들은 실업과 환경오염에 대한 사례 중심 보도가 이 두 이슈에 대한 시청자의 관심을 고조시키기보다 약화시켰다는 것을 발견했다.

32. 다음을 참조하라. Roshco(1975); Gans(1972).

33. Bagdikian(1985), p. 103.

34. 다음을 참조하라. Gamson and Modigliani(1986).

35. 다음을 참조하라. Compaine(1985); Bagdikian(1983); Bennett(1990).

36. Postman(1985), p. 110.

37. 미국 언론은 정치 엘리트를 맞대면 하면 일반적으로 "공손한(deferential)" 태도를 취한다는 연구 결과와 관련해서는 다음을 참조하라. Bennett(1990); Boylan(1986).

38. 미국 선거의 "회고적" 투표와 그것이 정책 입안자들에게 미치는 영향과 관련해서는 다음을 참조하라. Key(1964); Fiorina(1981); Brody and Page(1972); Mayhew(1974).

39. 1989년 10월 23일자 〈타임 Time〉지에 언급됨.

40. 1989년 10월 30일자 〈뉴욕커〉 p. 106, "Letter from Washington."

41. 축약되는 방송용 어구에 대한 연구 결과와 관련해서는 다음을 참조하라. Hallin(1990).

42. 다음을 참조하라. Germond and Witcover(1989).

43. Germond and Witcover(1989), p. 459.

참고
문헌

Abelson, Robert P., and Ariel Levi. 1985. Decision making. In Gardner Lindzey and Elliot Aronson(eds.), *The handbook of social psychology,* vol.1. New York: Random House.

Abramowitz, Alan I., David J. Lanoue, and Subha Ramesh. 1988. Economic conditions, causal attributions, and political evaluations in the 1984 presidential election. *Journal of Politics* 50:848-63.

Achen, Christopher H. 1975. Mass political attitudes and the survey response. *American Political Science Review* 69:1218-31.

Altheide, David L. 1987. Format and symbol in television coverage of terrorism in the United States and Great Britain. *International Studies Quarterly* 31:161-76.

Anderson, John R. 1983. *The architecture of cognition.* Cambridge: Harvard Univ. Press.

Ansolabehere, Stephen. 1988. Rational choice and the puzzle of negative voting: A random utilities model of the vote. Paper presented at the Annual Meeting of the Midwestern Political Science Association.

Ansolabehere, Stephen, Shanto Iyengar, and Adam Simon. 1990. Good news, bad news, and voting. Paper presentes at the Annual Meeting of the American Political Science Association.

Ansolabehere, Stephen, Roy L. Behr, and Shanto Iyengar. 1991. Mass media and elections: An overview. *American Politics Quarterly* 19:109-39.

Apostle, Richard A., Charles Y. Glock, Thomas Piazza, and Marijean Suelzle. 1983. *The anatomy of racial attitudes.* Berkeley and Los Angeles: Univ. of California Press.

Arlen, Michael J. 1976. *The view from highway 1: Essays on television.* New York: Farrar, Strauss & Giroux.

Arterton, Christopher F. 1978. The media politics of presidential campaigns. In James D. Barber (ed.), *Race for the presidency: The media and the nominating process.* Englewood Cliffs, N.J.: Prentice-Hall.

Bagdikian, Ben H. 1983. *The media monopoly.* Boston: Beacon Press.

———. 1985. The U.S. media: Supermarket or assembly line? *Journal of Communication* 35:97-109.

Bargh, John A. 1985. Automatic and conscious processing of social information. In Robert S. Wyer, Jr., and Thomas K. Srull (eds.), *Handbook of social cognition,* vol. 3. Hillsdale, N.J.: Lawrence Erlbaum Associates.

Bartels, Larry M. 1985. Expectations and preferences in presidential nominating campaigns. *American Political Science Review* 79:804-15.

———. 1988. *Presidential primaries and the dynamics of public choice.* Princeton, N.J.: Princeton Univ. Press.

Bateson, Gregory. 1972. *Steps to an ecology of mind: Collected essays in anthropology, psychiatry, evolution, and epistemology.* San Francisco: Chandler Publishing Company.

Behr, Roy L., and Shanto Iyengar. 1985. Television news, real-world cues, and changes in the public agenda. *The Public Opinion Quarterly* 49:38-57.

Bellah, Robert N., Richard Madsen, William M. Sullivan, Ann Swidler, and Steven M. Tipton. 1985. *Habits of the heart: Individualism and commitment in American life.* Berkeley and Los Angeles: Univ. of California Press.

Bennett, W. Lance. 1990. Toward a theory of press-state relations in the United States. *Journal of Communication* 40:103-25.

Bettman, James R., and Barton A. Weitz. 1983. Attributions in the board room: Causal reasoning in corporate annual reports. *Administrative Science Quarterly* 28:165-83.

Bishop, George F., Robert W. Oldendick, and Alfred J. Tuchfarber. 1982. Political information processing: Question order and context effects. *Political Behavior* 4:177-200.

Born, Richard. 1990. Surge and decline, negative voting, and the midterm loss phenomenon: A simultaneous choice analysis. *American Journal of Political Science* 34:615-45.

Bower, Robert T. 1985. *The changing television audience in America.* New York: Columbia Univ. Press.

Boylan, James. 1986. Declarations of independence. *Columbia Journalism Review,* Nov./Dec., 29-46.

Brady, Henry E. 1984. Chances, utilities, and voting in presidential primaries. Paper delivered at the Annual Meeting of the Public Choice Society, Phoenix, Ariz.

Brady, Henry E., and Paul M. Sniderman. 1985. Attitude attribution: A group basis for political reasoning. *American Political Science Review* 79:1061-78.

Brickman, Phillip, James Karuza, Jr., Dan Coates, Ellen Cohn, and Louise Kidder. 1982. Models of helping and coping. *American Psychologist* 37:368-84.

Brody, Richard A., and Benjamin I. Page. 1972. The assessment of policy voting. *American Political Science Review* 66:450-58.

Buchanan, Bruce. 1991. *Electing a president: The Markle commission report on campaign '88.* Austin: Univ. of Texas press, forthcoming.

Campbell, Donald T., and Julian C. Stanley. 1966. *Experimental and quasi-experimental designs for research.* Chicago: Rand McNally & Co.

Carlsmith, J. Merrill, Phoebe C. Ellsworth, and Elliot Aronson. 1976. *Methods of research in social psychology.* Reading, Mass.: Addison-Wesley.

Carroll, John S., William T. Perkowitz, Arthur J. Lurigio, and Frances M. Weaver. 1987. Sentencing goals, causal attributions, ideology, and personality. *Journal of Personality and Social Psychology* 52:107-18.

Cohen, Stanley, and Jock Young. 1981. *The manufacture of news: Social problems, deviance, and the mass media.* London: Constable.

Collins, A. M., and Elizabeth F. Loftus. 1975. A spreading-activation theory of semantic processing. *Psychological Review* 82:407-28.

Compaine, Benjamin M. 1985. The expanding base of media competition. *Journal of Communication* 35:81-96.

Converse, Phillip E. 1964. The nature of belief systems in mass publics. In David Apter (ed.), *Ideology and discontent.* New York: The Free Press.

Craik, Fergus I., and R. S, Lockhart. 1972. Levels of processing: A framework for memory research. *Journal of Verbal Learning and Verbal Behavior* 11:671-84.

Cronin, Thomas E. 1980. *The state of the presidency.* Boston: Little, Brown & Co.

Denzau, Arthur, William Riker, and Kenneth Shepsle. 1985. Farquharson and Fenno: Sophisticated voting and home style. *American Political Science Review* 79:1117-34.

Donald, James, and Stuart Hall. 1986. *Politics and ideology: A Reader.* Philadelphia: Open Univ. Press.

Drew, Elizabeth. 1989. Letter from Washington. *The New Yorker,* 30 Oct.

Edelman, Murray J. 1977. *Political language: Words that succeed and policies that fail.* New York: Academic Press.

Einhorn, Hillel J., and Robin M. Hogarth. 1981. Behavioral decision theory. *Annual Review of Psychology,* vol. 32. Palo Alto, Calif.: Annual Review, Inc.

Epstein, Edward J. 1973. *News from nowhere.* New York: Random House.

Fazio, Russell H. 1990. Multiple processes by which attitudes guide behavior: The Mode model as an integrative framework. In Mark P. Zanna (ed.), *Advances in experimental social psychology,* vol. 23. New York: Academic Press.

Fazio, Russell H., and C. J. Williams. 1986. Attitude accessibility as a moderator of the attitude-perception and attitude-behavior relations: An investigation of the 1984 presidential election. *Journal of Personality and Social Psychology* 51:505-14.

Feagin, Joseph. 1975. *Subordinating the poor: Welfare and American beliefs.* Englewood Cliffs, N. J.: Prentice-Hall.

Feather, Norman T., and Philip Davenport. 1981. Unemployment and depressive affect: A motivational and attributional analysis. *Journal of Personality and Social Psychology* 41:422-36.

Feldman, Stanley. 1983. Economic individualism and American public opinion. *American Politics Quarterly* 11:3-29.

Fenno, Richard F., Jr. 1978. *Home style: House members in their districts.* Boston: Little, Brown & Co.

Fincham, Frank D., and Jos M. Jaspars. 1980. Attribution of responsibility: From man the scientist to man as lawyer. In Leonard Berkowitz (ed.), *Advances in experimental social psychology* vol. 16. New York: Academic Press.

Fiorina, Morris J. 1981. *Retrospective voting in American national elections.* New Haven, Conn.: Yale Univ. Press.

Fiorina, Morris J., and Kenneth A. Shepsle. 1990. A positive theory of negative voting. In John Ferejohn and James Kuklinski (eds.), *Information and democratic processes.* Urbana: Univ. of

Illinois Press.

Fishman, Mark. 1980. *Manufacturing the news.* Austin: Univ. of Texas Press.

Fiske, Susan T., and Shelley E. Taylor. 1984. *Social cognition.* New York: Random House.

Folkes, Valerie S. 1984. Consumer reactions to product failure: An attributional approach. *Journal of Consumer Research* 10:398-409.

Frank, Ronald E., and Marshall G, Greenberg. 1980. *The public's use of television.* Beverly Hills: Sage Publications.

Furnham, Adrian. 1982. Explanations for unemployment in Britain. *European Journal of Social Psychology* 12:335-52.

Furnham, Adrian, and Alan Lewis. 1986. *The economic mind.* Brighton: Wheatsheaf.

Gamson, William A. 1989. News as framing. *American Behavioral Scientist* 33:157-61.

Gamson, William A., and Kathryn E. Lasch. 1983. The political culture of social welfare policy. In Shimon E. Sprio and Ephraim Yuchtman-Yaar (eds.), *Evaluating the welfare state: Social and political perspectives.* New York: Academic Press.

Gamson, William A., and Andre Modigliani. 1989. Media discourse and public opinion on nuclear power. *American Journal of Sociology* 95:1-37.

Gans, Herbert. 1972. The famine in American mass communications research: Comments on Hirsch, Tuchman, and Gecas. *American Journal of Sociology* 77:697-705.

———. 1979. *Deciding what's news.* New York: Pantheon Books.

Germond, Jack W., and Jules Witcover. 1989. *Whose broad stripes and bright stars? The trivial pursuit of the presidency,* 1988. New York: Warner Books.

Gitlin, Todd. 1980. *The whole world is watching.* Berkeley and Los Angeles: Univ. of California Press.

Glasgow University Media Group. 1976. *Bad news.* London: Routledge & Kegan Paul.

———. 1980. *More bad news.* London: Routledge & Kegan Paul.

Goffman, Erving. 1974. *Frame analysis: An essay on the organization of experience.* Cambridge: Harvard Univ. Press.

Goodban, Nancy. 1981. *Attributions about poverty.* Ph.D. diss., Harvard Univ.

Graber, Doris A. 1980. *Crime news and the public.* New York: Praeger.

Greenberg, Michael R., David B. Sechsman, Peter M. Sandman, and Kandice L. Salomone. 1989.

Risk, drama, and geography in coverage of environmental risk by network television. *Journalism Quarterly* 66:267-76.

Grossman, Michael B., and Martha J. Kumar. 1981. *Portraying the president: The White House and the news media.* Baltimore: Univ. of Maryland Press.

Hallin, Daniel C. 1990. Sound bite news. In Gary Orren (ed.), *Blurring the lines.* New York: The Free Press.

Halloran, James D., Philip Elliot, and Graham Murdock. 1970. *Demonstrations and communication: A case study.* Harmondsworth: Penguin Books.

Harrington, David E. 1989. Economic news on television. *Public Opinion Quarterly* 53:17-40.

Hart, Roderick P. 1987. *The sound of leadership.* Chicago: Univ. of Chicago Press.

Hearold, Susan. 1986. A synthesis of 1,043 effects of television on social behavior. In George Comstock (ed.), *Public communication and behavior,* vol. 1. New York: Academic Press.

Hibbs, Douglas A., Jr. 1987. *The American political economy: Macroeconomics and electoral politics in the United States.* Cambridge: Harvard Univ. Press.

Hibbs, Douglas, A., Jr., Douglas Rivers, and Nicholas Vasilatos. 1982. On the demand for economic outcomes: Macroeconomic performance and mass political support in the United States, Great Britain, and Germany. *Journal of Politics* 44:426-62.

Higgins, E. Tory, and Gillian King. 1981. Category accessibility and information processing: Consequences of individual and contextual variability. In Nancy Cantor and John Kihlstrom (eds.), *Personality, cognition, and social interaction.* Hillsdale, N. J.: Lawrence Erlbaum Associates.

Higgins, E. Tory, John A. Bargh, and W. Lombardi. 1985. Nature of priming effects on categorization. *Journal of Experimental Psychology: Learning, Memory, and Cognition* 11:59-69.

Hovland, Carl I. 1959. Reconciling conflicting results derived from experimental and survey studies of attitude change. *American Psychologist* 14:8-17.

Hurwitz, Jon, and Mark Peffley. 1987. How are foreign policy attitudes structured? A hierarchical model. *American Political Science Review* 81:1099-1120.

Iyengar, Shanto. 1987. Television news and citizens' explanations of national issues. *American Political Science Review* 81:815-32.

———. 1989. How citizens think about political issues: A matter of responsibility. *American Journal of Political Science* 33:878-900.

———. 1990. Shortcuts to political knowledge: Selective attention and the accessibility bias. In John Ferejohn and James Kuklinski (eds.), *Information and the democratic process*. Urbana: Univ. of Illinois Press.

Iyengar, Shanto, and Donald R. Kinder. 1985. Psychological accounts of agenda-setting. In Richard Perloff and Sidney Kraus (eds.), *Mass media and political thought*. Beverly Hills: Sage Publications.

———. 1987. *News that matters*. Chicago: Univ. of Chicago Press.

Jensen, Klaus. 1987. News as ideology: Economic statistics and political ritual in television network news. *Journal of Communication* 37:8-27.

Jones, Edward E. 1979. The rocky road from acts to dispositions. *American Psychologist* 34:107-17.

Kahneman, Deniel, and Amos Tversky. 1982. The psychology of preferences. *Science* 246:136-42.

———. 1984. Choices, values, and frames. *American Psychologist* 39:341-50.

———. 1987. Rational choice and the framing of decisions. In Hillel J. Einhorn and Robin M. Hogarth (eds.), *Rational choice: The contrast between economics and psychology*. Chicago: Univ. of Chicago Press.

Kahneman, Daniel, Paul Slovic, and Amos Tversky (eds.), 1982. *Judgement under uncertainty*: Heuristics and biases. London: Cambridge Univ. Press.

Kenrick, Douglas T., and David C. Funder. 1988. Profiting from controversy: Lessons from the person-situation debate. *American Psychologist* 43:23-34.

Kernell, Samuel. 1986. *Going public*. Washington: Congressional Quarterly Press.

Key, V. O., Jr. 1964. *Politics, parties, and pressure groups*. New York: Thomas Young Crowell Co.

———. 1966. *The responsible electorate*. Cambridge: Harvard Univ. Press.

Kiewiet, D. Roderick 1983. *Macroeconomics and micropolitics: The electoral effects of economic issues*. Chicago: Univ. of Chicago Press.

Kinder, Donald R. 1983. Diversity and complexity in American public opinion. In Ada W. Finifter (ed.), *Political science: The state of the discipline*. Washington, D. C.: American Political Science Association.

———. 1986. Presidential character revisited. In Richard R. Lau and David O. Sears (eds.), *Political cognition: The nineteenth annual Carnegie symposium on cognition*. Hillsdale, N.J.: Lawrence Erlbaum Associates.

Kinder, Donald R., and D. Roderick Kiewiet. 1979. Economic discontent and political behavior: The role of personal grievances and collective judgements in congressional voting. *American Journal of Political Science* 23: 495-527.

Kinder, Donald R., Mark D. Peters, Robert P. Abelson, and Susan T. Fiske. 1980. Presidential prototypes. *Political Behavior* 2:315-37.

Kinder, Donald R., and David O. Sears. 1985. Public opinion and political behavior. In Gardner Lindzey and Elliot Aronson (eds.), *Handbook of social psychology,* vol. 2. New York: Random House.

Kinder, Donald R., and Lori Sanders. 1986. Revitalizing the measurement of white Americans' racial attitudes: A report to the NES Board of Overseers. Univ. of Michigan, Mimeo.

Kluegel, James, and Elliot R. Smith. 1986. *Beliefs about inequality.* New York: Aldine de Gruyter.

Koenig, Louis W. 1986. *The chief executive.* New York: Harcourt Brace Jovanovich.

Krosnick, Jon A., and Donald R. Kinder. 1990. Altering the foundations of popular support for the president through priming. *American Political Science Review* 84:497-512.

Kruglanski, Arie W. 1989. *Lay epistemics and human knowledge: Cognitive and motivational biases.* New York: Plenum Press.

Lane, Robert E. 1962. *Political ideology: Why the common man believes what he does.* New York: The Free Press.

Langer, Ellen J. 1975. The illusion of control. *Journal of Personality and Social Psychology* 32:311-28.

Langer, Ellen J., and Judith Rodin. 1976. The effects of choice and enhanced personal responsibility for the aged: A field experiment in an institutional setting. *Journal of Personality and Social Psychology* 34:191-98.

Lau, Richard R. 1982. Negativity in political perception. *Political Behavior* 4:353-78.

———. 1985. Two explanations for negativity effects in political behavior. *American Journal of Political Science* 29:119-38.

Lau, Richard R., and David O. Sears. 1981. Cognitive links between economic grievances and political responses. *Political Behavior* 3:279-302.

Lemkau, James, F. B. Bryant, and Phillip Brickman. 1982. Client commitment in the helping relationship. In T. A. Mills (ed.), *Basic processes in helping relationships.* New York: Aldine de Gruyter.

Lerner, Melvin. 1980. *The belief in a just world.* New York: Plenum Press.

Lewis, Irving, and William Schneider. 1985. Hard times: The public on poverty. *Public Opinion* 9:2-7.

Light, Paul. 1982. *The president's agenda.* Baltimore, Md.: Johns Hopkins Univ. Press.

Lowi, Theodore J. 1985. *The personal president: Power invested, promise unfulfilled.* Ithaca, N.Y.: Cornell Univ. Press.

Luskin, Robert C. 1987. Measuring politial sophistication. *American Journal of Political Science* 31:856-99.

McClendon, McKee J., and David J. O'Brien. 1988. Question-order effects on subjective well-being. *Public Opinion Quarterly* 52:351-64.

McCloskey, Herbert, and John Zaller. 1984. *The American ethos: Public attitudes toward capitalism and democracy.* Cambridge: Harvard Univ. Press.

McGraw, Kathleen M. 1990a. Avoiding blame: An experimental study of political excuses and justifications. *British Journal of Political Science* 20:119-42.

———. 1990b. Managing blame: An experimental investigation of the effectiveness of political accounts. Department of Political Science, State Univ. of New York at Stony Brook. Mimeo.

McNeil, Barbara, Steven Parker, Harold Sox, Jr., and Amos Tversky. 1982. On the elicitation of preferences for alternative therapies. *New England Journal of Medicine* 306:1259-62.

Mayhew, David. 1974. *The electoral connection.* New Haven, Conn.: Yale Univ. Press.

Mickelson, Sig. 1989. *From whistle stop to sound bite: Four decades of politics and television.* New York: Praeger.

Mischel, Walter. 1968. *Personality and assessment.* New York: John Wiley, & Sons.

National Election Studies. 1986. *1985 pilot study codebook.* Ann Arbor, Mich.: Center for Political Studies.

Neustadt, Richard. 1960. *Presidential power.* New York: John Wiley, & Sons.

Nisbett, Richard E. 1980. The trait construct in lay and professional psychology. In Leon Festinger (ed.), *Retrospections on social psychology.* New York: Oxford Univ. Press.

Nisbett, Richard E., and Less Ross. 1980. *Human inference: Strategies and shortcomings of social judgement.* Englewood Cliffs, N.J.: Prentice Hall.

Orne, Martin T. 1962. On the social psychology of the psychological experiment. *American Psychologist* 17:776-83.

Ostrom, Charles W., Jr., and Dennis M. Simon. 1989. The man in the Teflon suit? *Public Opinion Quarterly* 53:353-87.

Page, Benjamin I., and Robert Y. Shapiro. 1987. What moves public opinion? *American Political Science Review* 81:23-43.

Paletz, David, J. Ayanian, and P. Fozzard. 1982. Terrorism on television news: The IRA, the FALN, and the Red Brigades. In William Adams (ed.), *Television coverage of international affairs*. N.J.: Ablex.

Payne, John W., D. Laughhunn, and R. Crum. 1980. Translation of gambles and aspiration-level effects in risky-choice behavior. *Management Science* 26:1039-60.

Petrocik, John R. 1990. The theory of issue ownership: Issues, agendas, and electoral coalitions in the 1988 election. Department of Political Science, Univ. of California, Los Angeles. Mimeo.

Pettigrew, Thomas. 1979. The ultimate attribution error: Extending Allport's analysis of prejudice. *Personality and Social Psychology Bulletin* 5: 461-76.

Popikin, Samuel L. 1991. *The reasoning voter.* Chicago: Univ. of Chicago Press, forthcoming.

Postman, Neal 1985, *Amusing ourselves to death.* New York: Viking.

Quattrone, George A., and Amos Tversky. 1988. Contrasting rational and psychological analyses of political choice. *American Political Science Review* 82:719-36.

Ranney, Austin. 1983. *Channels of power.* New York: Basic Books.

Roberts, Donald F., and Nathan Maccoby. 1985. Effects of mass communication. In Gardner Lindzey and Elliot Aronson (eds.), *Handbook of social psychology,* vol. 2. New York: Random House.

Rodin, Judith. 1986. Aging and health: Effects of the sense of control. *Science* 233:1271-76.

Rogers, Everett M., and James W. Dearing. 1988. Agenda-setting research: Where has it been and where is it going? In James A. Anderson (ed.), *Communication yearbook,* vol. 11. Beverley Hills: Sage Publications.

Roshco, Bernard. 1975. *Newsmaking.* Chicago: Univ. of Chicago Press.

Ross, Lee. 1977. The intuitive psychologist and his shortcomings. In Leonard Berkowitz (ed.), *Advances in experimental social psychology,* vol. 10. New York: Academic press.

Rumelhart, David E., and Antony Ortony. 1977. The representation of knowledge in memory. In Richard C. Anderson, Rand J. Spiro, and William E. Montague (eds.), *Schooling and the acquisition of knowledge.* Hillsdale, N.J.: Lawrence Erlbaum Associates.

Russell, Daniel, Edward McAuley, and Valerie Jerico. 1987. Measuring causal attributions for success and failure: A comparison of methodologies for assessing causal dimensions.

Journal of Personality and Social Psychology 52:1248-57.

Schachter, Stanley. 1964. The interaction of cognitive and physiological components of emotional state. In Leonard Berkowitz (ed.), *Advances in experimental social psychology,* vol. 1. New York: Academic Press.

Schelling, Thomas C. 1984. *Choice and consequence: Perspectives of an errant economist.* Cambridge: Harvard Univ. Press.

Schlozman, Kay, and Sidney Verba. 1979. *Insult to injury: Unemployment, class, and political response.* Cambridge: Harvard Univ. Press.

Schneider, David. J., Albert H. Hastorf, and Phoebe C. Ellsworth. 1979. *Person perception.* Reading, Mass.: Addison-Wesley.

Schuman, Howard, and Stanley Presser. 1982. *Questions and answers in attitude surveys: Experiments on question form, wording, and context.* New York: Academic Press.

Seidel, G. 1975. Ambiguity in political discourse. In Maurice Bloch (ed.), *Political language and oratory in traditional society.* New York: Academic Press.

Shaver, Kelley G. 1970. Defensive attribution: Effects of severity and relevance on the responsibility assigned for an accident. *Journal of Personality and Social Psychology* 14:101-13.

——. 1985. *The attribution of blame: Causality, responsibility, and blameworthiness.* New York: Springer-Verlag.

Sherman, Steven J., and Eric Corty. 1984. Cognitive heuristics. In Robert S. Wyer, Jr. and Thomas K. Srull (eds.), *Handbook of social cognition,* vol. 1. Hillsdale, N.J.: Lawrence Erlbaum Associates.

Slovic, Paul, Baruch Fischhoff, and Sarah Lichtenstein. 1980. Knowing what you want: Measuring labile values. In Thomas S. Wallsten (ed.), *Cognitive processes in choice and decision behavior.* Hillsdale, N.J.: Lawrence Erlbaum Associates.

——. 1982. Response mode, framing, and information-processing effects in risk assessment. In Robin M. Hogarth (ed.), *New directions for methodology of social and behavioral science: Question framing and response consistency.* San Francisco: Jossey-Bass.

Smith, Tom. 1987. That which we call welfare by any other name would smell sweeter: An analysis of the impact of question wording on response patterns. *Public Opinion Quarterly* 51: 75-83.

Sniderman, Paul M., and Richard A. Brody. 1977. Coping: The ethic of self-reliance. *American Journal of Political Science* 21: 501-21.

Sniderman, Paul M., and Michael G. Hagen. 1985. *Race and inequality: A study in American values.* Chatham, N.J.: Chatham House Publishers.

Sullivan, John L., James Piereson, and George L. Marcus. 1982. *Political tolerance and American democracy.* Chicago: Univ. of Chicago Press.

Taylor, Shelley E. 1982. The availability bias in social psychology. In Daniel Kahneman, Paul Slovic, and Amos Tversky (eds.), *Judgment under uncertainty: Heuristics and biases.* London: Cambridge Univ. Press.

Taylor, Shelley, E. and Susan T. Fiske. 1979. Salience, attention, and attribution. In Leonard Berkowitz (ed.), *Advances in experimental social psychology,* vol. 11. New York: Academic Press.

Thaler, Richard. 1980. Toward a positive theory of consumer choice. *Journal of Economic Behavior and Organization* 1: 39-60.

———. 1987. The psychology and economics conference handbook. In Hillel J. Einhorn and Robin M. Hogarth (eds.), *Rational choice: The contrast between economics and psychology.* Chicago: Univ. of Chicago Press.

Tourangeau, Roger, Kenneth A. Rasinski, and Roy D'Andrade. 1989. Accessibility effects in survey responses. Department of Psychology, Univ. of California, San Diego. Mimeo.

Tuchman, Gaye. 1978. *Making news: A study in the construction of reality.* New York: The Free Press.

U. S. Congress. House. Subcommittee on Public Assistance and Unemployment Compensation. 1985. *Children in Poverty.* 99th Cong., 1st sess., 1985.

Verba, Sidney, and Gary Orren. 1985. *Equality in America: The view from the top.* Cambridge: Harvard Univ. Press.

Walster, Elaine H. 1966. Assignment of responsibility for an accident. *Journal of Personality* and Social Psychology 3: 73-79.

Weaver, Kent R. 1986. The politics of blame avoidance. *Journal of Public Policy* 6: 371-98.

Weaver, Paul H. 1972. Is television news biased? *The Public Interest* 26: 57-74.

Weiner, Bernard. 1985a. "Spontaneous" causal search. *Psychological Bulletin* 97: 74-94

———. 1985b. An attributional theory of achievement motivation and emotion. *Psychological Review* 92: 548-73.

Weintraub, Bernard. 1985. The presidency: How to blow hot and cold and inspire warmth. *New York Times,* 27 March sec. A.

Weisman, Steven R. 1984. Can the magic prevail? *New York Times Magazine,* 29 April.

Westin, Av. 1982. *Newswatch: How television decides the news.* New York: Simon & Schuster.

Wortman, Camille B. 1976. Causal attributions and personal control. In John H. Harvey, William Ickes, and Robert F. Kidd (eds.), *New directions in attribution research,* vol. 1. Hillsdale, N.J.: Lawrence Erlbaum Associates.

Wyer, Robert S., Jr., and Jon Hartwick. 1980. The role of information retrieval and conditional inference processes in belief formation and change. In Leonard Berkowitz (ed.), *Advances in experimental social psychology,* vol. 13. New York: Academic Press.

Wyer, Robert S., Jr., and Thomas K. Srull. 1984. Category accessibility: Some theoretic and empirical issues concerning the processing of social stimulus information. In E. Tory Higgins, Nicholas A. Kuiper, and Mark P. Zanna (eds.), *Social cognition: The Ontario symposium.* Hillsdale, N.J.: Lawrence Erlbaum Associates.

———. 1986. Human cognition in its social context. *Psychological Review* 93: 322-59.

Zaller, John, and Stanley Feldman. 1988. Answering questions versus revealing preferences. Paper delivered at the Fifth Annual Meeting of the Political Methodology Society, Los Angeles, Calif.

찾아
보기